SATISFAÇÃO

Dados Internacionais de Catalogação na Publicação (CIP)
(Câmara Brasileira do Livro, SP, Brasil)

Berndt, Christina
  Satisfação : como alcançá-la e por que ela vale mais do que a felicidade passageira / Christina Berndt ; tradução de Nélio Schneider. – 1. ed. – Petrópolis, RJ : Vozes, 2021.

  Título original : Zufriedenheit
  ISBN 978-65-5713-251-7

  1. Autoajuda 2. Bem-estar 3. Estilo de vida 4. Felicidade 5. Reflexão 6. Satisfação I. Título.

21-67203   CDD-150.1988

Índices para catálogo sistemático:

1. Satisfação : Bem-estar : psicologia positiva
150.1988

Maria Alice Ferreira – Bibliotecária – CRB-8/7964

CHRISTINA BERNDT

SATISFAÇÃO

Como alcançá-la e por que ela vale mais do que a felicidade passageira

Tradução de Nélio Schneider

© 2016 DTV Verlagsgesellschaft mbH & Co. KG, München
Direitos negociados através da Agência Literária Ute Körner

Tradução realizada a partir do original em alemão intitulado *Zufriedenheit – Wie man sie erreich und warum sie lohnender ist als das flüchtige Glück*

Direitos de publicação em língua portuguesa – Brasil:
2021, Editora Vozes Ltda.
Rua Frei Luís, 100
25689-900 Petrópolis, RJ
www.vozes.com.br
Brasil

Todos os direitos reservados. Nenhuma parte desta obra poderá ser reproduzida ou transmitida por qualquer forma e/ou quaisquer meios (eletrônico ou mecânico, incluindo fotocópia e gravação) ou arquivada em qualquer sistema ou banco de dados sem permissão escrita da editora.

CONSELHO EDITORIAL

Diretor
Gilberto Gonçalves Garcia

Editores
Aline dos Santos Carneiro
Edrian Josué Pasini
Marilac Loraine Oleniki
Welder Lancieri Marchini

Conselheiros
Francisco Morás
Ludovico Garmus
Teobaldo Heidemann
Volney J. Berkenbrock

Secretário executivo
João Batista Kreuch

Diagramação: Sheilandre Desenv. Gráfico
Revisão gráfica: Alessandra Karl
Capa: Ygor Moretti

ISBN 978-65-5713-251-7 (Brasil)
ISBN 978-3-423-26112-8 (Alemanha)

Editado conforme o novo acordo ortográfico.

Este livro foi composto e impresso pela Editora Vozes Ltda.

Para Peter, Linn e Tessa

SUMÁRIO

Introdução, 9

1. A desgastante busca da felicidade, 15
   Por que não tiramos a sorte grande?, 16
   O que, ainda assim, nos ensina a pesquisa sobre a felicidade, 25
   Por que é melhor buscar a satisfação do que a felicidade?, 30

2. Autoteste: qual é o meu grau de satisfação?, 41

3. A ciência da satisfação, 47
   Satisfação como traço essencial, 47
   Genes do bem-estar, 61
      A pessoa inquieta: Quando nenhum parceiro é bom o bastante, 69
   O que acontece no corpo: A química da satisfação, 72
      A pessoa que faz *doping* cerebral: O perigo de exigir cada vez mais de sua mente, 77
   O mau humor na crise da meia-idade, 84
      A pessoa que reduz a velocidade: Diminuir o ritmo pode ser uma medida inteligente, 89
   A mácula feminina: Por que as mulheres duvidam tanto de si mesmas e quase nunca estão satisfeitas consigo mesmas, 93
      A mulher perfeita: Como uma mãe quase entrou em colapso por causa de seu alto nível de exigências em termos de educação das crianças e vida doméstica, 106

O que pessoas satisfeitas fazem de outra maneira, 111

   A pessoa frugal: Como ficar satisfeito com pouca coisa, 121

Estar satisfeito é saudável, 126

   A mulher pacífica: Como uma paciente com reumatismo consegue estar satisfeita apesar da dor, 139

4. Como aprender a satisfação, 145

   Autoteste: O fosso entre desejo e realidade, 147

   A via ofensiva e a via defensiva, 152

      As pessoas sensatas: Renunciar a um desejo ardente pode ser libertador, 167

   A arte do desapego, 171

      O contador de centavos: Como a tentativa de otimização financeira desvia o olhar do essencial, 182

   A importância de buscar objetivos próprios, 188

      A pessoa subutilizada: Porque lazer em demasia provoca insatisfação, 201

   Os ingredientes da satisfação, 205

   Ficar mais satisfeito – bem concretamente, 209

5. Para terminar, 223

Anexo, 225

   Índice dos especialistas citados, 227

   Referências bibliográficas, 239

   Índice onomástico, 254

   Índice temático, 258

   Agradecimento, 262

INTRODUÇÃO

Como estás? "Estou bem satisfeito".
Dificilmente alguém responde com essa simplicidade à pergunta corriqueira pelo bem-estar real. E, quando alguém faz isso, geralmente não se trata de uma expressão de especial agrado. Rugas podem cobrir a testa de quem perguntou: afinal, o "estou satisfeito" geralmente tem a conotação de "pois é", querendo dizer, "bem, indo de um jeito ou de outro, eu me viro". Em geral, estar satisfeito, mostrar-se satisfeito é tido como capitulação diante das exigências da vida.
Mas, na verdade, o estado de satisfação é o melhor que se pode alcançar. O fato de estarmos exteriormente bem ou mal seguramente é secundário quando estamos – honesta e verdadeiramente – satisfeitos com a própria existência. Pouco importam os parâmetros auferidos com os instrumentos do sucesso, do sistema financeiro, do diagnóstico médico, quando, apesar dos resultados negativos e contrariando todos os prognósticos, nos sentimos bem como somos; quando conseguimos organizar nossa vida confortavelmente dentro dos limites exteriores impostos pela baixa renda ou por uma enfermidade crônica, reconhecendo e apreciando os aspectos bons da nossa existência, em vez de lamentar as chances desperdiçadas e ansiar por uma vida ainda mais agradável com possibilidades ainda melhores.
Nosso cotidiano é caracterizado pela nossa intenção de extrair o que há de melhor dele e de nós. Produtos visando a auto-otimização são campeões de venda. Constantemente nos torturamos

pensando em como poderíamos empregar nossos recursos de modo ainda mais preciso, mais efetivo, mais eficiente. Onde conseguir mais pelo mesmo dinheiro ou onde encontrar ainda mais felicidade. Há anos vem ocorrendo uma multiplicação de conselheiros da felicidade, aplicativos no *smartphone* nos lembram com certa insistência de nossos propósitos, para que não esqueçamos momentaneamente a busca da perfeição na prática do esporte, no consumo de alimentos e até em ter filhos. Cada vez mais, os trabalhadores recorrem a estimulantes neurais, preferindo treinar seus cérebros pela via química do que com a ajuda de sudokus ou *softwares*.

Infelizmente o resultado muitas vezes não é tão bom quanto se esperava. Entre ideal e realidade acaba se abrindo um fosso. Apesar de todo o empenho e de planos minuciosos, a carreira teima em não decolar; o peso insiste em não diminuir – ou, pelo menos, não até o nível mais baixo pretendido. Nem mesmo o bem-estar aumenta.

Paradoxalmente a busca da felicidade pode deixar as pessoas bem infelizes.

Portanto, chegou a hora de focar a reflexão no essencial: alegrar-se com o que a vida nos oferece, em vez de querer extrair cada vez mais dela. Traçar planos que podem ser realizados sem ambição destrutiva e que, por isso mesmo, acabam realmente proporcionando uma sensação de êxito e fortalecem a autoconfiança. Nem sempre ir atrás de sonhos mais difíceis que acabam estourando como bolhas de sabão, mas sonhar aqueles que podem se tornar realidade – e com os quais então também poderemos nos alegrar sem preocupação. Planos realistas, sonhos que se podem viver – eles não só nos deixam satisfeitos, mas, em consequência disso, também nos tornam fortes. Fortes para traçar e concretizar novos planos.

À primeira vista, a satisfação pode parecer a meia-irmã menos atraente, menos encantadora da felicidade. Mas ela é confiável e a longo prazo cumpre o que promete: ao contrário da grande felicidade, a satisfação é um sentimento duradouro, não tão entusiástico, não tão eufórico, mas tranquilo e estável. Diferentemente da altiva sensação de felicidade que sempre dá um jeito de se colocar em evidência, a satisfação prefere atuar em segundo plano. Ali ela é fonte de criatividade. Ela está fundada sobre um estado de espírito positivo, sobre uma afirmação fundamental da vida – e é dirigida mais pela cognição do que pelo coração ou, em termos mais científicos, mais do que pelas áreas do cérebro responsáveis pelos sentimentos. "Satisfação é o resultado de processos cognitivos", diz o psicólogo Philipp Mayring da Universidade Alpes-Ádria em Klagenfurt. Disso resulta uma vantagem imbatível: cada qual consegue exercer uma influência consideravelmente maior sobre sua satisfação do que sobre a felicidade passageira.

O grau de satisfação depende em grande parte da proporção em que se cumprem as expectativas que alguém tem em relação a si mesmo e à própria vida. Portanto, a satisfação é resultado de uma comparação: estabelecemos uma relação entre a nossa situação real e a concepção ideal de nossa vida. "Quanto menor for o fosso entre as duas, tanto mais satisfeitos estaremos", diz Jochen Brandtstädter, professor emérito de Psicologia da Universidade de Trier.

Isso também significa que há dois parafusos de regulagem da satisfação: podemos tentar cumprir a maior parte de nossas expectativas, mas podemos também reduzir nossas expectativas e aprender a conformar-nos mais com os fatos dados e, desse modo, contentar-nos no sentido positivo e matar a sede de ser cada vez melhor, voar cada vez mais alto e mais longe.

A primeira via rumo à satisfação é a ofensiva e, para chegar a ela, temos de nos esforçar e, no final da qual, a recompensa está à nossa espera. A segunda via é mais defensiva: aguentamos reveses, deixamos as coisas acontecerem, acomodamos nossas concepções à realidade. Essa via defensiva é mais difícil para a maioria das pessoas. Em nossa biologia, nossa maneira de ser humanos, somos projetados de tal modo que constantemente visamos ao reconhecimento e a novas conquistas e também estamos dispostos a nos empenhar por isso. Ao final, no curso da evolução, só sobreviveram as espécies biológicas que tomaram alguma iniciativa para encontrar alimento suficiente e que, apesar de todas as dificuldades, conseguiram criar descendentes. Faz parte do nosso cotidiano estabelecer metas. Por isso, a vida defensiva com frequência parece ser uma derrota.

A via ofensiva, sem dúvida, é a correta em muitas situações da vida. Ela nos estimula a dar o máximo de nós, a obter êxitos e a nos alegrar com eles. No entanto, a alegria geralmente tem vida curta, pois logo já estamos empenhados no próximo projeto. Por essa via não alcançaremos felicidade duradoura.

A busca incessante por ter cada vez mais pode até ser uma estratégia ruim quando fracassamos constantemente na realização do que imaginamos. O resultado disso é uma insatisfação torturante. A autoestima padece. Nossas fantasias de otimização nos atrai para dentro de um redemoinho que nos leva cada vez mais para baixo. Estafa e depressão são iminentes.

Na Antiguidade, a escola filosófica do estoicismo já incutia nas pessoas o seguinte pensamento: posses não têm valor; a via áurea para a sabedoria estoica consiste em deixar como estão as coisas de que não podemos dispor. Serenidade e paz de espírito são as qualidades mais importantes que um estoico devia se empenhar por obter. Metas bem parecidas são buscadas sobretudo pelas religiões orientais e doutrinas de meditação que ajudam a encontrar tranquilidade num mundo agitado.

É disso que se trata também no caso da satisfação: praticar a serenidade, aprender o desapego, deixar que desejos e sonhos venham e simplesmente vão embora de novo, perdoar nossos erros e nossas imperfeições – estas são as estratégias-chave. Faz parte disso deixar de lamentar possibilidades não aproveitadas e aceitar que elas são coisas do passado: é bem evidente que, no momento em que se ofereceram, havia razões para não ver essas possibilidades como oportunidades ou justamente para não aproveitá-las, apesar de sua atratividade. Por fim, satisfação também significa fazer as pazes consigo mesmo, com as próprias oportunidades perdidas e com pessoas e situações desagradáveis, com as quais cada pessoa repetidamente é confrontada em sua vida e das quais não há como fugir.

Em contrapartida, satisfação não significa enfiar a cabeça na areia, nem se conformar, nem ficar resignado ou sem iniciativa. Para alcançá-la, de fato é preciso fazer algo. Quem busca a satisfação também pode continuar a se engajar por um mundo melhor, empenhar-se por pessoas necessitadas e fazer carreira. Trata-se da própria realidade de vida e de uma postura de vida que contribui para lidar melhor com problemas e, dessa maneira, também ajuda a ter uma vida mais saudável.

O lado bom disso é que a satisfação pode ser aprendida. Afinal, trata-se de distinguir o factível do não factível. É preciso insistir em verificar criticamente os próprios planos e, em decorrência disso, também desistir de alguma meta ou modificá-la de acordo com as preferências atuais e bem pessoais: o que é realmente importante para mim agora? As páginas seguintes contam como se pode descobrir isso e promover a satisfação pessoal.

Para identificar e praticar as próprias maneiras de alcançar a satisfação é útil observar as experiências de outras pessoas. Com essa finalidade foram entremeadas neste livro nove narrativas de fatos reais. Os exemplos ilustram o quanto uma insatisfação prolongada e uma sede constante de mais felicidade são destrutivas – como se esperassem conseguir essa felicidade por meio do sucesso profissional, da otimização financeira, estando com o parceiro perfeito ou vivendo o dia a dia da família. Eles também mostram pessoas que se encontravam nessa situação desgastante e acharam uma solução para si mesmas: como elas ficaram satisfeitas sem precisar jogar de vez no lixo todas as suas concepções e metas.

1
A DESGASTANTE BUSCA DA FELICIDADE

O anseio por felicidade ficou tão intenso que já se tornou motivo de preocupação para os filósofos: "Muitas pessoas de repente ficaram tão loucas pela felicidade que é de se temer que possam ficar infelizes só por acreditar que não podem mais viver sem ela". Com essas palavras Wilhelm Schmid, certamente um dos mais renomados filósofos alemães da felicidade na atualidade, inicia seu livrinho intitulado *Felicidade*. Schmid constata que é urgente fazer uma "pequena pausa para tomar fôlego, em meio à histeria da felicidade que se alastra".

É fato: a felicidade é a tendência absoluta do momento. Mais de dois mil anos depois que filósofos propuseram pela primeira vez uma definição desse estado ótimo abstrato, a busca pela grande felicidade passou a ser normal. Durante séculos, as pessoas viram a vida como algo de que precisavam primeiro dar conta, algo que era interrompido por breves episódios de êxtase e vitalidade. A própria existência era tida como um desafio que deveria ser superado com o menor dano possível. Apenas poucos podiam se dar o luxo de tirar de sua existência mais do que o melhor. Esses poucos estavam tão liberados de obrigações exteriores, sua vida fluía tão ao natural que tinham dinheiro, tempo e energia suficientes para pedir mais: por uma vida feliz.

Entrementes muitas pessoas têm essas possibilidades. Embora o estresse e a pressão por ter um bom desempenho aumentem e, em decorrência disso, também a quantidade de enfermidades psíquicas, a maioria das pessoas ainda têm, depois de darem conta do seu dia a dia, ócio suficiente para buscar a sensação absolutamente boa. Modelos no cinema e na literatura de aconselhamento sugerem que a felicidade é o estado a ser almejado e que não devemos nos contentar com menos que isso. Há uma demanda por sensações transbordantes. Ninguém mais quer ficar na mediocridade. O que se quer agora é o máximo.

A despeito de tudo isso, a felicidade não passa nada bem. Pois essa postura transforma a felicidade em estresse. No final das contas, sua ausência não é mais considerada o estado normal, mas é sentida como uma deficiência, para a qual é preciso encontrar soluções. Mas toda pessoa sabe bem em seu íntimo que os momentos de júbilo e alegria são passageiros. Não é possível segurar a felicidade. Por essa razão, a sensação de felicidade frequentemente está associada a um ressaibo insípido – a saber, à preocupação de que logo possa ser perdida novamente. E quando a felicidade murcha, fica o anseio pungente de que rapidamente volte a se restabelecer. As pessoas estão sempre dispostas a fazer cada vez mais pelo estado ansiado. Justamente por conter um elemento extático, a felicidade vicia. Ela exerce o efeito de uma droga sobre o cérebro. A fruição logo se transforma em obrigação.

Por que não tiramos a sorte grande?

Nem estamos passando tão mal assim: muitos alemães – é o que eles próprios dizem – encontram a felicidade com bastante regularidade. Ao serem perguntados se foram felizes nas últimas quatro semanas, 8% responderam "com bastante frequência" e 45% disseram que esse foi o caso "com frequência". Portanto, assim mais do que uma pessoa em cada duas vivenciam momentos de felicidade com frequência. No entanto, 35% dos alemães também dizem que foram felizes apenas "às vezes", 9% marcam "raramente" e 3% até dizem "muito raramente".

Esses dados foram levantados pelo Instituto Alemão de Pesquisas Econômicas no *Painel socieconômico.* Com essa finalidade, anualmente os cientistas fazem perguntas sobre a situação de vida dos mesmos 11.000 lares com suas entrementes exatas 30.000 pessoas. Acompanhando o espírito da época, desde 2007, eles perguntam também sobre a felicidade.

Os dados do *Painel* mostram que momentos de felicidades não são raros, mas sua disseminação tampouco chega a ser inflacionada. Desde que o *Painel socieconômico* passou a abranger a felicidade, as pessoas perguntadas respondem com notável congruência: a parcela de pessoas que são felizes "com bastante frequência" ou "com frequência" permaneceu bem constante.

Então por que a felicidade dos alemães não cresce? Por que não aumenta a quantidade de pessoas felizes nesse país em que se busca a felicidade? A resposta decerto está, em última análise, na natureza do tema: a felicidade é algo fora do comum. Pois o ser humano sente felicidade só quando acontece algo arrebatador, algo especial do começo ao fim, algo incrivelmente fascinante. É assim que tem de ser; seria absurdo se nosso corpo reagisse às coisas cotidianas com esse sentimento avassalador. Felicidade é uma das melhores sensações que o ser humano pode ter. Todo o seu corpo fica envolvido (cf. adiante *O que acontece no corpo,* p. 72). Justamente por isso, as reações transbordantes só são possíveis quando sucede algo singular com o ser humano. A felicidade não pode se tornar estado normal das coisas nem é projetada para ser duradoura. Quem espera outra coisa simplesmente tem expectativas grandes demais. "Felicidade terrena significa: a desgraça não nos visita com tanta regularidade", observou de forma esclarecida o escritor Karl Gutzkow. Quem acredita que alguém pode ser "feliz até o fim dos seus dias" ainda acredita em contos de fadas – ou entende a palavra "feliz" no sentido de "satisfeito".

"Não somos feitos para ser constantemente felizes", diz o pesquisador do cérebro Manfred Spitzer, que se ocupou por muitos anos com o surgimento de estados de felicidade. De acordo com ele, felicidade é sobretudo uma reação do cérebro. Em um instante de felicidade, o comando central debaixo da nossa calota craniana se convence disto: "Uau! Este é um momento realmente bom, bem melhor do que eu esperava. Vou sinalizar isso para o corpo inteiro, para que ele perceba como a sensação de viver pode ser boa e o que ele deve almejar".

A sensação mais intensa de felicidade ocorre quando nos sucede algo bom de surpresa; porém sensações de felicidade também são a recompensa por uma meta alcançada ao final de um grande esforço. Nas duas situações, o cérebro libera grandes quantidades de hormônios da felicidade, como dopamina, endorfina e oxitocina. Sobretudo a dopamina nos motiva e aumenta nossa motivação para que continuemos a ter um bom desempenho. Mais uma coisa nos deixa felizes: ao lado da surpresa e do êxito, temos a sensação francamente agradável de que acaba uma situação estressante, desafiadora ou até ameaçadora. Quando isso ocorre, baixam os níveis dos hormônios do estresse em nosso sangue, da adrenalina e do cortisol, ocorre um relaxamento e somos invadidos por uma sensação de felicidade reconfortante, muitas vezes eufórica.

Portanto, a felicidade é química – mesmo que isso não soe tão romântico. Trata-se de mudanças bioquímicas que suscitam em nós sensações boas. Porém isso tem uma consequência incontornável: para que os hormônios da felicidade possam inundar o corpo, seu nível precisa forçosamente estar baixo, a sensação de vida precisa estar fluindo em um nível baixo para que haja espaço para a próxima onda de hormônios da felicidade. E quando inversamente níveis decrescentes de hormônios do estresse nos proporcionam boas sensações, esses hormônios desagradáveis precisam antes ter se esbaldado em nosso corpo. O relaxamento benfazejo só vai acontecer se antes estivemos sob estresse, só vivenciaremos êxitos se tivermos nos esforçado. Surpresas agradáveis só nos acontecem se ainda não estivermos andando pelo sétimo céu.

Logo, momentos de felicidade não ocorrem sem que antes deles a coisa tenha sido desagradável ou pelo menos sem graça. "Sem dificuldades ou tempos difíceis e até sofridos não há tempos de bem-estar", diz o filósofo Wilhelm Schmid. "A sensação de bem-

-estar fica vazia se existir só para si." Quanto mais insatisfatória tiver sido uma fase, tanto mais intensa costuma ser a sensação de felicidade quando ela acaba. E quanto maior tiver sido o anseio por alcançar um objetivo, tanto mais plena será a sensação quando ele finalmente é alcançado.

Portanto, estados permanentes de felicidade não funcionam, e isto já por razões biológicas. Os hormônios que o cérebro derrama em sua euforia e que geram as sensações reconfortantes voltam a ser decompostas pelo corpo. Cria-se espaço para novos momentos de felicidade. "Não há como segurar a felicidade", diz a socióloga Hilke Brockmann, do Grupo de Pesquisa sobre a Felicidade da Universidade Jacobs de Bremen. Porém é preciso dar-lhe uma chance de retornar. O médico e comediante Eckart von Hirschhausen formula esse ponto ironicamente: "Imagine que você mesmo é a felicidade; você gostaria de fazer uma visita para si mesma?"

Nem conseguiríamos suportar uma felicidade duradoura: em meados da década de 1950, pela primeira vez ratos de laboratório morreram de felicidade. O psicólogo estadunidense James Olds pesquisava ratos de laboratório na Universidade de Harvard. Ele pretendia mesmo descobrir algo sobre o aprendizado. Mas, durante o procedimento, ele descobriu que a ativação de certa área do cérebro causava sensações tão pronunciadamente agradáveis que os ratos não resistiam.

A atividade cerebral sempre é elétrica. Inclusive quando hormônios atuam nela, eles acabam desencadeando impulsos elétricos. Por isso, James Olds tinha desenvolvido uma aparelhagem que enviava impulsos elétricos de fora. Apertando um botão eram ativadas por meio de pequenos eletrodos aquelas áreas da cabeça dos ratos que hoje são denominadas "centro de recompensas" e de cujo poder irresistível sobre a vontade e o prazer de viver James Olds ainda não tinha noção no início do seu experimento.

O que a montagem do seu experimento tinha de especial era isto: os próprios ratos podiam acionar o botão que lhes proporcionava sensações de felicidade. Os animais o usaram com vontade. Os ratos se recompensaram até oito mil vezes por hora e isso por dias a fio, até que colapsaram esgotados. De tanta vontade de experimentar a felicidade eles tinham se esquecido de comer e de dormir. Nem mesmo por sexo continuaram a se interessar. Nada mais importava além do próximo breve momento de euforia.

Com seus experimentos, Olds não só comprovou a existência do centro de recompensas no cérebro. Ele também mostrou diretamente que a felicidade vicia e que a busca por ela pode ser destrutiva. Quem estiver só em busca do próximo momento de euforia esquecerá de satisfazer suas necessidades básicas. Decerto também por isso já está pré-programado no cérebro de humanos e animais o momento em que a felicidade acaba. "Nosso organismo está orientado para estabelecer o equilíbrio físico e psíquico", diz Inga Neumann, dirigente do Instituto de Neurobiologia e Fisiologia Animal da Universidade de Regensburgo. "É por isso que os circuitos da cabeça logo voltam a se aquietar."

Da perspectiva puramente biológica, as sensações de felicidade visam assegurar a sobrevivência: quem come algo nutritivo, faz sexo ou se alegra com a presença de pessoas queridas vivencia felicidade. Porém esse sentimento precisa refluir, senão certamente faltaria ao ser humano o impulso, ele simplesmente não evoluiria mais. Não haveria motivação para realizar algo, desenvolver um plano e concretizá-lo – qualquer que seja o campo. Também por isso a vontade de ser feliz é tão avassaladora: ela constitui uma incitação evolutiva, uma força motriz para buscar mais coisas e coisas melhores, sem a qual marcaríamos passo e acabaríamos morrendo de fome.

A desvantagem dessa mola propulsora da evolução é esta: quando é relativamente fácil conseguir a felicidade, a busca por ela logo se converte em vício. Isso não vale só para a felicidade resultante de um aperto de botão em um experimento com ratos nem só para a suposta felicidade que nos é proporcionada por drogas, mas também para momentos de felicidade do tipo constantemente disponível em um mundo rico. "Em nossa sociedade de consumo, estamos constantemente em busca de estímulos que provoquem em nós uma sensação de euforia", diz Tagrid Leménager da Clínica para o Comportamento Dependente e a Medicina do Vício do

Instituto Central para a Saúde Psíquica em Mannheim: conseguir euforia teria ficado muito fácil, mediante a compra de roupas novas, a reserva de uma bela viagem, o próximo evento social. No entanto, rapidamente nos habituamos inclusive ao que antes nos deixava inebriados. "Então, para gerar a mesma sensação boa precisamos de algo mais", diz Leménager. "Mais dinheiro, mais festas, mais viagens de férias." Como no caso do vício em drogas, é preciso aumentar constantemente a dose. Assim, a busca crescente e em parte insustentável da felicidade em nossa sociedade é consequência do seu bem-estar.

Todos sabem disto por experiência: não são só os novos objetos que logo perdem seu atrativo. Também as vivências mais belas se esvanecem. Mesmo que elas se repitam do mesmo modo que ainda há pouco nos fascinou tanto – ou justamente por isso: corpo e espírito não sentem algo que acontece de novo como tão extasiante quanto da primeira vez. Eles reagem de modo mais reservado e, em cada recorrência, o entusiasmo diminui. Falta o fator surpresa da sensação de felicidade. A verdadeira felicidade sempre tem algo de fatídico.

Níveis de carreira que, como acontece com muitos cargos públicos, são galgados automaticamente depois de uma quantidade preestabelecida de anos, talvez provoquem alegria porque uma nova placa é fixada na porta de entrada e a conta bancária passa a acomodar valores maiores. Porém eles não desencadeiam sensações de felicidade tão intensas quanto uma promoção conseguida com penoso esforço ou anunciada inesperadamente. Pois só quem se sente favorecido consegue se sentir profundamente feliz.

Essa é uma das razões pelas quais o ser humano logo fica insensível a repetições de momentos de felicidade. O inesperado já não é mais inesperado quando passa a ser recorrente. Corpo e espírito começam a contar com a recompensa e especulam com a sensação boa. Nesse momento, a possibilidade que resta para a pessoa que não está em busca de satisfação, mas da grande felicidade permanente, é a decepção. É o destino de todo amor que o milésimo beijo já não provoca o mesmo frio na barriga que o décimo ainda provocava.

"Comer caviar todo dia enjoa", diz Willibald Ruch, professor de Psicologia da personalidade na Universidade de Zurique. O cérebro precisa de alternância para poder se alegrar. O homem que, na primeira compra no supermercado em companhia de sua nova parceira, descobrisse que ela gosta de presunto Serrano e patê de fígado com trufas e dali por diante decidisse alegrá-la com esses mesmos produtos a cada fim de semana, colheria no mais tardar a partir da quarta semana um sorriso condescendente em vez de um sorriso animado.

Já no final da década de 1970 os psicólogos em torno do norte-americano Philip Brickman surpreenderam o mundo com a descoberta de que, a longo prazo, até acontecimentos incisivos alteram pouco as sensações de felicidade das pessoas. Só 18 meses após terem ganhado um valor alto na loteria, essas pessoas não se sentiam mais felizes do que aquelas que nada tinham ganhado. Desde então, incontáveis estudos confirmaram que os desenlaces felizes na vida logo voltam a cair no ritmo da normalidade (enquanto os infelizes podem perfeitamente ter repercussões delicadas, cf. p. 50). "Nós, humanos, somos extraordinariamente capazes de nos adaptar. Habituamo-nos rapidamente a novas circunstâncias de vida, como, por exemplo, também a uma duplicação do salário", diz o francês Daniel Cohen, professor de Economia. "Num primeiro momento, talvez nos alegremos com o fato de no futuro termos condições de fazer duas semanas a mais de férias. Mas já depois de alguns meses nos parece que essa mudança não tem nada de especial."

Assim, a felicidade sempre dura pouco. Por essa razão, querer senti-la repetidamente representa um grande desafio, correr atrás dela é um fardo pesado. O tempo todo precisam ocorrer mudanças surpreendentemente positivas para que se possa voltar a experimentar felicidade. Desde as pesquisas de Brickman sobre os ganhadores na loteria, os cientistas já falam da "monotonia hedonista", da monotonia da felicidade em que nos encontramos. Nós nos esfalfamos, mas não saímos do lugar. Ao cabo de breves píncaros de euforia, nosso nível de felicidade volta a estabilizar-se mais ou menos no mesmo nível em que sempre se encontrou.

O aspecto paradoxal disso é este: quanto mais buscarmos a felicidade tanto menos frequentes serão os momentos felizes que vivenciaremos. Quanto mais calculado for o sucesso tanto menor será a euforia desencadeada por ele. Já por essa razão a auto-otimização que entrementes ingressou em todas as esferas da vida não pode trazer felicidade. Sempre fica aquela sensação colateral insípida de que apenas conseguimos alcançar aquilo que há tempos já queríamos ter alcançado. E, quando isso acontece, a próxima meta já estará posta. "A felicidade é uma borboleta. Se você se puser a caçá-la, ela escapará, mas se você se sentar tranquilamente, ela pousará no seu ombro": é o que o sacerdote jesuíta Anthony de Mello faz um mestre dizer aos seus discípulos em seu livro *Gaste tempo com sua alma*.

Porque no fundo do seu coração o ser humano está ciente da brevidade da felicidade, a cada belo momento está associado o temor de logo em seguida a sensação agradável se perder de novo. Já no momento de felicidade imiscui-se, portanto, o pressentimento de que aquilo logo terá de acabar. Só por pouco tempo podemos nos entregar à sensação boa e, ao mesmo tempo, trememos e clamamos, desdenhados pelo Doutor Fausto: "Fica então! És tão belo!"

Quem busca muito a felicidade tem cada vez mais medo das adversidades da vida. Elas atrapalham seu plano, elas ameaçam os momentos bons e despreocupados. Quem quer ser feliz mandando tudo ao diabo precisa se esconder muito bem dele.

Perguntadas pelo sentido de suas vidas, muitas pessoas hoje respondem: "simplesmente ser feliz". O que, num primeiro momento, soa como uma evolução positiva – afastar-se de objetivos tão exteriores e pouco duradouros quanto carreira e *status* rumo a uma vida plena –, acabou se tornando, na verdade, uma nova idolatria. Agora talvez não se esteja mais correndo atrás de dinheiro e do próximo carguinho, mas, em compensação, corre-se atrás da felicidade. Por isso, o filósofo Robert Pfaller da Universidade de Arte Aplicada em Viena recomenda perguntar "em função de quê?" em vez de perguntar "para quê?" Não: para que vale a pena viver?, mas: em função de que vale a pena viver? Mesmo que as formulações soem bastante parecidas, as respostas a elas são fundamentalmente distintas: no caso do "em função de quê" justamente não se trata das grandes ideias e tarefas significativas às quais se poderia subordinar a vida – e cuja concretização ainda dependeria inteiramente do futuro. "Mesmo que a pergunta 'em função de que vale a pena viver?' possa parecer um desafio filosófico exigente, as respostas não são difíceis: conversar com amigos tomando café; desfrutar de um panorama; nadar um trecho; beber uma taça de vinho em boa companhia; momentos de carinho ou de amor", diz Pfaller. "Esses momentos nos dão a oportunidade de perceber que a vida vale a pena; possivelmente também vale em muitos outros momentos. Porém a vida só vale a pena se pudermos perceber isso."

"Nossa missão mais nobre é viver", disse o filósofo francês Michel de Montaigne no século XVI. Por essa razão, segundo Robert Pfaller, disso faz parte "vislumbrar algo afirmativo" na própria vida – e não em projetos como "casamento", "carreira", "segundo filho", que visam mascarar a gloriosa profanidade da vida.

Porém o amor pelos momentos simples é algo difícil para muitas pessoas num mundo em que tudo parece factível. O espírito da época passa a convicção de que cada pessoa pode alcançar tudo que quiser desde que se esforce o suficiente. "Cada qual é artífice de sua felicidade", já se diz desde a época dos imperadores romanos. No mundo atual, porém, as possibilidades de contribuir para a felicidade se tornaram imensas. Seja nos anúncios comerciais, nas oportunidades de fazer carreira ou nos aplicativos de namoro pelo celular usados com afinco: constantemente vemos novas possibilidades para otimizar nossa felicidade na vida. Quem sai atrás da felicidade vive permanentemente no futuro, está sempre ajeitando e criando e, ao mesmo tempo, defendendo-se de coisas adversas. O sentimento de bem-estar num instante se atrofia, assim como a fruição do que passou e que já foi alcançado. Porém os momentos de prazer do presente e as esperanças de uma felicidade no futuro nem de longe contribuem tanto quanto muitas pessoas supõem para que se sintam bem na vida. Em contraposição, reclinar-se relaxadamente na cadeira e alegrar-se sempre que fizer um retrospecto da felicidade vivida no passado pode ser enriquecedor de uma maneira muito tranquila e sem pressão. É por isso que o psicólogo e ganhador do prêmio nobel Daniel Kahneman diz: "Aprenda a valorizar o que você teve e tem!" Isso de fato não provoca tanta euforia, mas produz uma satisfação enorme.

O que, ainda assim, nos ensina a pesquisa sobre a felicidade

O anseio por felicidade vicia, faz adoecer e não pode ser satisfeito – a não ser por breves instantes. Assim se poderia resumir os resultados da pesquisa sobre a felicidade: entregar o tema "felicidade" ao acaso e voltar-nos para a satisfação. No entanto, a pesquisa sobre a felicidade não nos ensina só coisas desagradáveis sobre o tema "felicidade". Também quem quiser aprender algo mais sobre a satisfação, poderá extrair dele alguns conhecimentos.

Na realidade, a pesquisa sobre a felicidade se ocupa em grande parte com a satisfação. Os cientistas ainda gostam de falar de felicidade porque isso soa muito bem aos ouvidos das pessoas. Isso não vale só para leitores e estudantes, mas também para as pessoas que destinam verbas de pesquisa. Só que, nos *Happiness Research Groups* [Grupos de Pesquisa sobre a Felicidade] e *Happiness Laboratories* [Laboratórios da Felicidade] deste mundo muitas vezes nem se estuda a felicidade ("*happiness*"), mas com bastante frequência a satisfação com a vida ("*life satisfaction*") ou o bem-estar subjetivo ("*subjective well-being*" = SWB): esse bem-estar subjetivo abrange sobretudo a satisfação, que é enriquecida por momentos de euforia e de alegria e prejudicada por emoções negativas. De acordo com isso, o bem-estar subjetivo de uma pessoa é especialmente grande quando ela está satisfeita com sua vida de modo global (e com âmbitos parciais tão importantes quanto seu trabalho e suas relações) e quando a soma de seus estados de ânimo e sentimentos é mais positiva que negativa, e ela, portanto, vivencia com mais frequência alegria, afeição e entusiamo do que culpa, raiva ou vergonha. Vivências felizes naturalmente também contribuem para o bem-estar e a satisfação.

Já foi dito que é feliz quem se sente favorecido. Mas isso não vale só para o ajuste interior – ou seja, para quando expectativas que se tinha em relação a um momento ou uma situação não se cumprem além da conta. Uma pessoa também sente felicidade quando se sai bem na comparação com outras pessoas. "Estamos sempre nos comparando com outras pessoas. Sempre queremos ter mais do que nossos amigos, vizinhos e colegas", diz o economista Daniel Cohen. "Mais fama, mais sucesso, mais dinheiro." Felicidade significa, portanto, concorrência; feliz é quem obtém a vitória nos jogos olímpicos da vida, seja por obra do destino ou por desempenho próprio. No seu *Dicionário do diabo*, publicado em 1911, o jornalista e satírico norte-americano Ambrose Bierce definiu felicidade, de modo certeiro, como "sensação agradável que floresce da contemplação da miséria alheia".

Ao tomar conhecimento disso, não precisamos gritar "Catástrofe!", como faz Daniel Cohen. Pode-se perfeitamente tirar proveito da situação – por exemplo, disputando de modo bem consciente e com vontade o campeonato de uma divisão inferior. Pois as competições deixam feliz sobretudo o ganhador – e só em certas circunstâncias também alguns perdedores: por exemplo, aqueles que mal conseguiram um lugar diante dos holofotes. É ponto pacífico que quem ganhou o ouro é quem mais se rejubila. Porém, estudos mostraram que os ganhadores de uma medalha de prata de modo algum são os segundos a se alegrarem mais. Pelo contrário, eles se sentem mais infelizes do que os atletas que conseguiram obter apenas a medalha de bronze. Estes estão felizes por ainda terem chegado ao pódio; eles se sentem favorecidos na comparação com todos os atletas que não levaram nada, ao passo que o ganhador da medalha de prata pensa no ouro que lhe escapou.

Transposto para a vida do indivíduo, isso significa: em vez de ficar se desgastando na primeira divisão e ali sempre ficar em último lugar, a sensação de ficar entre os melhores da segunda divisão pode ser consideravelmente melhor. Para que haja momentos de felicidade, o que conta é a comparação direta.

Esse princípio pode ser aplicado a outras esferas da vida – por exemplo, à escolha do bairro residencial de uma cidade. Quem sonhou a vida inteira em residir na rica cidade de Grünwald perto de Munique e então concretiza esse sonho mediante o dispêndio de todos os seus recursos, no final se sentirá menos em casa do que em uma localidade mais simples. Pois a constante comparação com os bem ricos, que financiam tranquilamente suas mansões em Grünwald e que, para fazer isso, não precisam contar e recontar cada euro e, além disso, ainda dirigem carros melhores e vestem roupas melhores do que nós, desferem constantes pontadas no coração de quem não é desse meio. Em contraposição, num bairro residencial menos aquinhoado somos admirados pela atitude, pela roupa, pela profissão interessante, em vez de ficarmos lançando olhares de admiração para os demais e possivelmente ainda ter de dissimular isso.

Justamente no tocante a dinheiro pesa muito o olhar examinador dirigido às pessoas que vivem no entorno imediato, como descobriram os sociólogos Glenn Firebaugh e Matthew Schroeder da Universidade do Estado da Pensilvânia com a ajuda da *General Social Survey* [Pesquisa Social Geral]. Essa pesquisa pergunta regularmente a mais de 23.000 norte-americanos se são "felizes", "razoavelmente felizes" ou "não tão felizes"; essa pesquisa é comparável ao *Painel socieconômico* alemão. De acordo com ela, as pessoas ricas são tendencialmente mais felizes do que as pobres. Muito mais importante, porém, é a comparação com as pessoas na proximidade imediata. E as pessoas dão atenção especial para a condição em que se encontram aqueles que têm a mesma idade que elas e que, por essa razão, segundo sua convicção íntima, deveriam ter alcançado uma condição parecida. "É evidente que a própria geração é tida intuitivamente como o melhor grupo de comparação", diz Firebaugh. Em contraposição, seria quase irrelevante para a felicidade se alguém vive em um país rico ou um país pobre e se nele uma religião budista estiver disseminada, para a qual o bem-estar material não é tão importante quanto, por exemplo, nas sociedades de cunho cristão. Quem tem mais dinheiro do que seus colegas ou vizinhos da mesma idade se encontra em boa condição. É irrelevante se, em lugares distantes, haja, como é natural, pessoas bem mais abastadas.

No entanto, ficar de olho no próximo acaba influenciando a satisfação. Pois também esta é resultado sobretudo da comparação – tanto interior quanto exterior: as pessoas estão satisfeitas quando sua vida real preenche ao máximo suas pretensões e suas concepções. Porém também a comparação com os demais tem grande influência: quantas viagens eles fazem? Em que condições moram? O casamento deles é melhor? Qual é seu nível de sucesso no trabalho? Quando não nos saímos bem nessas comparações, isso solapa nosso bem-estar psíquico. Por isso, Daniel Cohen recomenda moderação. Ele diz: "Sempre haverá pessoas que são mais ricas, mais bem-sucedidas e mais bonitas do que nós. Se nos orientarmos sempre só por elas, sempre estaremos insatisfeitos".

O que contribui para a frustração também é a situação em que as pessoas têm a sensação de não passarem de brinquedos da sociedade, não podendo mais decidir sobre o que é bom e o que é ruim para elas. "É de eminente importância poder decidir pessoalmente sobre a própria vida", diz Daniel Kahneman. Pois quem decide pessoalmente sobre seu agir pode, no caso de ser bem-sucedido, desfrutar do sucesso com mais gosto do que alguém que de qualquer modo era apenas força auxiliar na consecução da ideia de outra pessoa.

A determinação de fora tem efeitos inclusive sobre a saúde. Quem trabalha em algum posto inferior da hierarquia da administração pública corre mais risco de contrair doença do que seus superiores – e até morre mais cedo. Em contraposição, manter-se no topo da hierarquia deixa a pessoa em forma. Isso também é mostrado por um estudo sobre os presidentes dos Estados Unidos. O que se poderia pensar é que deter esses cargos representa um estresse mortal. Afinal, nos casos de Bill Clinton e Barack Obama, foi possível observar como seus cabelos ficaram brancos rapidamente durante sua gestão. No entanto, os chefes de Estado não costumam ficar gravemente doentes. Eles têm uma vida tão longa quanto a das demais pessoas. O demógrafo Stuart Jay Olshansky comparou a idade média de falecimento de todos os presidentes dos Estados Unidos já falecidos desde George Washington com a expectativa de vida usual para homens de seus respectivos anos de nascimento. (Naturalmente ele não incluiu os quatro estadistas que foram assassinados.) Isso mostrou que as pressões a que a presidência está submetida não prejudicam a saúde: os presidentes atingiram em média 73,0 anos de idade, enquanto os mortais comuns atingiram em média 73,3 anos de idade.

Porém não é preciso ter poder sobre armas atômicas para experimentar a sensação de controle. Poder decidir sobre alguma coisa, por pouco que seja, já contribui para a serenidade e a saúde: assim, os residentes de um lar para idosos ficam menos estressados quando podem ao menos escolher sua comida ou ajudar a decidir qual será o destino do próximo passeio. Nesses lares até a mortalidade diminui.

O que vale para pequenas comunidades também é efetivo em grandes associações: em uma sociedade baseada no desempenho, o reconhecimento é dado sobretudo a quem está na linha de frente, como diz a socióloga Hilke Brockmann. Isso tem uma consequência desagradável: "Desse modo, a maioria das pessoas repetidamente se decepciona". Há, portanto, o perigo de que sociedades direcionadas para o aumento do desempenho, a maximização do lucro e a eficiência se transformem em um repositório de frustrados – mesmo que a lamentação acabe acontecendo em nível elevado.

Em contraposição, um Estado que confere aos seus cidadãos liberdades políticas, direito à voz, direito à livre-expressão de seu pensamento e a possibilidade de participar da formatação do mesmo promove o bem-estar das pessoas. Nessa linha, não há razão para rir do fato de o reino do Butão, já há alguns anos, dar menos valor ao produto interno bruto (PIB) do que à "felicidade nacional bruta (FNB)". Uma comissão estatal para a "FNB" apura regularmente a condição geral da população em nove áreas, a saber, cultura, comunidade, governo, formação, saúde, aproveitamento do tempo, meio ambiente, espiritualidade e bem-estar psíquico. Um desenvolvimento socialmente justo da sociedade e da economia é uma meta tão explícita quanto a promoção de valores culturais, a proteção ao meio ambiente, bem como boas estruturas administrativas.

Ao lado dos fatores pessoais, portanto, uma série de ingredientes externos desempenha um papel no bem-estar ou mal-estar das pessoas. Cada qual precisa de certo grau de segurança financeira, de pessoas que possa amar – e também de um sentido na vida. Quem consegue se realizar na profissão sente isso como algo especialmente satisfatório, mas uma atividade honorária, um *hobby*, a religião ou a família também podem ser inspiradores.

Por trás da caça à felicidade geralmente não há nada além da busca por um sentido na vida. Por isso é tão importante cuidar de alguém ou se engajar por algo. Não é preciso logo querer salvar o mundo.

Por que é melhor buscar a satisfação do que a felicidade?

A busca pela sorte grande está fadada ao fracasso. E, no entanto, permanece o desejo de levar uma vida com o máximo de plenitude. Há uma saída para esse dilema – a saber, a busca por uma outra espécie de felicidade; por um estado em que também se aceitam as facetas desagradáveis da vida, em que um "bom" já é suficiente e em que nem sempre as coisas precisam correr "super bem". Afinal, a vida está cheia de vivências melhores e piores, momentos felizes são seguidos de decepções e períodos mais sem graça, antes de voltar a acontecer algo bom e belo. Porém cada dia proporciona ocorrências que, se examinadas com carinho, podem perfeitamente ser descritas como venturosas. Entre elas figuram coisas pequenas com um delicioso café da manhã, o encontro cordial a caminho do trabalho, o encorajamento dos colegas e o raio de sol que vez ou outra entra pela janela. Quando se desfruta esses momentos, pode tranquilamente chover de vez em quando, a sacola de compras pode rasgar no caminho para casa e o chefe pode muito bem ficar de mau humor.

A satisfação comporta tudo isso. Quem aceita a vida em toda a sua amplitude, saudando na medida do possível também os momentos ruins, experimenta um estado consideravelmente mais desejável, duradouro e fundamental do que a felicidade passageira. Só em seu conjunto as vivências boas e não tão boas do dia a dia transmitem a impressão forte e satisfatória de que estamos realmente vivendo. Só quem conhece tudo, tanto as coisas boas quanto as coisas ruins, quem ora se encontra em intenso júbilo ora também entristecido até a morte, está em meio à vida, sentindo-a em toda a sua intensidade e todo o seu fascínio.

É preciso ser capaz de entrar no jogo. Porém isso nem é tão difícil, pois há muito já começamos a fazer isso: afinal todos nós sabemos em nosso íntimo que não há como ter uma vida sem infelicidade. Por isso, ainda mais desagradável do que a própria infelicidade muitas vezes é ter medo dela – o medo de que algo possivelmente não vá ser tão bom como se esperava. Quem não quiser pôr sua felicidade em perigo, acabará desistindo de correr riscos, viver aventuras e fazer experimentos. No entanto, a felicidade não funciona de acordo com um plano. Nesse caso, expectativas são preenchidas no cérebro, mas nenhum hormônio da alegria é liberado. Só é confrontado com surpresas quem aceita os desafios e todo o drama da vida.

Aprendamos, portanto, a conviver com a infelicidade. Pois de qualquer modo ninguém poderá antever se algo acabará bem ou mal. Por mais promissor que algo pareça, pode também redundar numa cascata de acontecimentos pouco agradáveis. Em contrapartida, às vezes decorrem oportunidades completamente inesperadas de ocorrências infelizes. Por essa razão, em alguns momentos, frustração e tristeza são sentimentos bastante injustos, como mostra de maneira bem convincente a parábola "felicidade na infelicidade – infelicidade na felicidade".

Essa breve palavra de sabedoria do taoismo trata de um homem justo e íntegro, cujo cavalo certo dia fugiu. "Que infelicidade!", exclamaram as pessoas. "Não se sabe", disse o homem. Logo seu cavalo retornou – acompanhado de alguns cavalos de raça. "Que felicidade!", exclamaram as pessoas. "Não se sabe", disse o homem. Poucos dias depois, seu filho caiu de um desses cavalos de raça e quebrou a perna. "Que infelicidade!", exclamaram as pessoas. "Não se sabe", disse o homem. E, ao recrutar todos os homens jovens daquela região para a guerra, o exército desistiu do filho com a perna quebrada. "Que felicidade!", exclamaram as pessoas. "Não se sabe."

Se é sorte ou azar – quem poderá saber? Mas também não faz mal alegrar-se com boas surpresas. Porém, em uma situação menos agradável, pode ser útil lembrar-se de que algo que, num primeiro momento, parece azar, pode tomar um rumo agradável. "Quem sabe para que serve isso!", dizem as avós ou os avôs muitas vezes para seus netos, bem porque eles fizeram essa experiência no curso de suas vidas. Quem hoje está profundamente magoado e abalado na autoestima porque seu empregador o demitiu, daqui a cinco anos possivelmente pensará que foi a melhor coisa que lhe podia ter acontecido – por ter encontrado um trabalho bem mais atraente, um posto em que pode realizar bem mais do que no seu antigo local de trabalho.

Porém isso não quer dizer que devemos pular de alegria toda vez que acontece uma infelicidade nem reprimir rapidamente todos os sentimentos desagradáveis – profundamente convencidos de que eles não seriam apropriados. Momentos de tristeza e melancolia também têm sua razão de ser em função de uma vida exitosa e até para uma vida feliz. Vale a pena acolhê-los.

Pois hoje toda pessoa que fica meio triste logo já pensa que se encontra na beira de uma depressão. A insatisfação momentânea, sentir-se infeliz ou triste não têm nada a ver com uma depressão clínica autêntica, na qual o mundo inteiro fica sem cor e nenhuma esperança parece possível. Pelo contrário, a melancolia passageira acarreta um leque das mais intensas sensações, que não devem ser desprezadas: a pessoa melancólica é sensível para o mundo, experimenta-o com todos os seus sentidos, reflete sobre a vida e presta atenção em si mesma. Ela promove a amplitude de sua alma e da sua sensibilidade. Diferentemente da depressão autêntica, não há absolutamente nada a curar na melancolia. Pode fazer muito bem se entregar a ela, dedicar volta e meia um bom tempo para a tristeza.

Portanto, a melancolia também faz sentido. E isso não só para que possamos experimentar a vida em toda a riqueza do seu conteúdo. Sob o pretensioso título *Don't Worry, Be Sad!* [Não se preocupe, fique triste!], o psicólogo Joseph Forgas, da Universidade de Nova Gales do Sul em Sydney sintetizou a atual pesquisa sobre a melancolia. O professor de psicologia escreve o seguinte em defesa da melancolia: "A época atual se concentra unilateralmente nas vantagens da sensação de bem-estar". Todavia, o mau humor, a "disforia", não só faz parte do dia a dia do ser humano, como também é eminentemente importante.

Afinal, não foi sem motivo que a evolução nos dotou desse mau humor: nos anos passados, os cientistas reiteradamente constataram que os contemporâneos carrancudos apresentam reações intelectualmente mais flexíveis. Quando se deparam com uma situação inesperada ou têm de resolver um problema, eles são mais bem-sucedidos do que as pessoas espirituosas ao seu redor. Forgas diz: "Muitas pessoas carregam um roteiro que lhes diz como reagir a um problema, mas quando estão chateadas, elas também deixam esse itinerário de lado e inventam algo novo". Pois o mau humor contribui para que as pessoas desconfiem das próprias concepções e dos próprios estereótipos – não só os que dizem respeito a outras pessoas, mas também os que dizem respeito a elas próprias. "Dogmas": assim os psicólogos chamam aquelas convicções profundas e muitas vezes negativas que temos de nós mesmos. Um dogma muito disseminado é "não consigo estacionar o carro", outro é "não tenho nenhum dom musical". Com demasiada frequência repetimos algo assim para nós mesmos – e por isso nem tentamos estacionar ou cantar junto com os demais ou falhamos na hora. Porém, quando estamos de mau humor, isso desperta nossa renitência. Subitamente colocamos de lado as velhas convicções. Joseph Forgas diz: "Simplesmente somos mais receptivos. Em contraposição, quem está bem-humorado acredita em clichês".

Isso evidentemente também tem a ver com o fato de que nosso corpo percebe nosso mau humor como um sinal de alerta biológico: "Atenção, a situação em que você se encontra não é cômoda! Você deve ficar alerta, pois se trata de um desafio!" É isso que os hormônios do mau humor podem nos dar a entender. "Num estado de ânimo como esse, prestamos mais atenção aos sinais de fora, para poder nos adaptar à situação", diz o psicólogo Klaus Fiedler da Universidade de Heidelberg. "Em contraposição, quem está alegre e tranquilo não precisa se preocupar tanto com os eventos no seu entorno." Assim, a pessoa triste e mal-humorada se volta mais para fora, ao passo que a pessoa alegre dirige seus sentidos para dentro. Assim, parece que uma força criativa de fato é inerente à tristeza e à melancolia.

A biologia da melancolia tem mais uma consequência, a princípio surpreendente: resmungões e melancólicos são pessoas até mais sociáveis do que aquelas que constantemente espalham bom humor. Pelo menos em estudos que testam a generosidade e o senso de justiça elas comprovam ser o tipo de pessoas nas quais preferiríamos depositar nossa confiança em caso de dúvida.

Pessoas mal-humoradas nem mesmo são as mais difíceis de suportar. Elas chegam a mostrar-se mais gentis quando têm de pedir algo aos outros, como demonstrou Joseph Forgas já em 1999. Em contraposição, é mais provável que quem está bem venha a ofender alguém porque às vezes pode não saber administrar tão bem sua energia positiva. Em seus estudos, Joseph Forgas solicitou a estudantes que defendessem por escrito um tema controvertido. Nessa tarefa, os estudantes que defenderam taxas escolares mais elevadas foram mais convincentes quando estavam irritados na hora de escrever. Eles não só escolheram um tom mais brando, mas também os melhores argumentos, porque seu astral baixo evidentemente estimulou sua criatividade. Muitas invenções significativas e altas performances artísticas surgiram em um estado de pesar ou depressão.

Até a memória melhora com a melancolia: em alguns estudos, os psicólogos fizeram os participantes assistir filmes tristes ou pediram para que narrassem uma situação em que não se sentiram bem. Depois disso, eles deveriam passear por uma loja com os olhos bem abertos. O resultado foi claro: os que estavam tristes ou com raiva lembraram bem mais detalhes. A razão disso poderia ser que um cérebro sob pressão emocional está mais exposto a hormônios de estresse. E estes parecem desencadear processos moleculares no cérebro que levam a ligações mais fortes entre os neurônios – e, assim, a memórias mais intensas, como descobriram pesquisadores em torno do neurocientista Robert Malinow da Universidade da Califórnia, em São Diego.

Estudantes em estado de espírito ruim também perceberam mais incongruências quando foram testemunhas de uma discussão entre pessoas. Os ranzinzas são mais críticos em relação às impressões de fora; eles estão atentos e se esforçando. Em contraposição, quando estão com astral alto, as pessoas tendem a acreditar em quase tudo que ouvem e veem. Os psicólogos chamam esse fenômeno de "leveza cognitiva": para quem está de boa muita coisa sai fácil. E "fácil" sinaliza para o cérebro: aqui está tudo correndo bem.

Por essa razão, os contemporâneos taciturnos não se deixam ofuscar tão rapidamente. Enquanto as pessoas em geral tendem a considerar grandes pessoas como especialmente convincentes e portadores de óculos como mais inteligentes, as pessoas mal-humoradas são mais críticas também nesse ponto: elas olham com mais atenção.

Não se pretende fazer aqui a defesa de uma vida pesarosa. Pelo contrário. Mesmo diante dos aspectos vantajosos da melancolia, fica evidente, uma vez mais, como é importante toda a plenitude da vida para o nosso bem-estar. O pensamento preciso, o ceticismo, o viés social, a análise das falhas – a melancolia só tem efeitos bons quando aparece em fases curtas. Para ficar insensível ao pesar o ser humano leva o mesmo tempo que para deixar de sentir a mais intensa felicidade.

Portanto, que venha a alternância! Mas não deveríamos deixar os momentos difíceis em nossa vida só porque não podemos excluí-los completamente, não só porque eles enriquecem a vida com sensações importantes nem só porque às vezes nos tornam mais atenciosos e socialmente compatíveis. Os momentos difíceis deveriam ser bem-vindos também porque saímos fortalecidos deles. "A arte consiste em aceitar os desafios, as tarefas e crises da vida e entendê-las como convite para o aperfeiçoamento pessoal", diz a psicóloga Katja Schwab.

Pois é justamente a superação de obstáculos que consolida nossa autoestima. Quer tenhamos controlado uma crise, atingido uma meta difícil ou resolvido um problema: a sensação boa ao final nos dá força para o próximo desafio. Depois de vivenciar algo especialmente ruim, frequentemente sentimos que vale mais a pena viver nossa vida, que ela é mais valiosa e mais enriquecedora.

O inventor da palavra "estresse", o médico húngaro-austríaco Hans Selye, já sabia que exigência e pressão também podem ser coisas boas. Ao inventar a palavra "estresse" no ano de 1936 para descrever um fenômeno do espírito da época que constatou com frequência cada vez maior em seu entorno e em seus pacientes, ele adicionou à palavra que designava o estresse ruim, ou seja, o *"distress"*, logo também a que designava o estresse bom, proveitoso, positivo, o *"eustress"*. Ele escreveu: "Na vida cotidiana, contudo, deve-se diferenciar duas espécies de estresse, a saber, o "eustresse" (do grego *eu* = bom – como em eufonia, euforia, eulogia) e o "distresse" (do latim *dis* = ruim – como em dissonância, '*disease* [doença]', '*dissatisfaction*' [insatisfação]". "Dependendo das condições dadas em cada caso, o estresse está associado a consequências desejadas ou indesejadas."

Sentimo-nos especialmente bem quando temos de resolver tarefas para as quais pensamos ter condições, mas ao mesmo tempo exigem que nos esforcemos. Receber presentes ou deitar preguiçosamente na rede é muito agradável. O mais agradável, contudo, é quando fazemos algo em que podemos empregar nossas capacidades de maneira otimizada. E isso não se refere só ao conhecimento profissional ou à habilidade técnica, mas a todas as nossas forças físicas e intelectuais: nossa motivação, as qualidades da nossa personalidade e nossa capacidade de desempenho.

"*Flow*" ["fluir, fluxo"] é como o psicólogo Mihaly Csikszentmihalyi, que por longo tempo ensinou na Universidade de Chicago, denominou esse estado em que nos dedicamos a alguma com tanta concentração que perdemos por completo a noção do tempo. "Enquanto dura essa fase, a consciência trabalha com suavidade, as atividades se sucedem sem interrupção", diz Csikszentmihalyi. Imersos em nosso fazer, instaura-se a agradável sensação do esquecimento de si mesmo, na qual nos dedicamos inteiramente à coisa com que estamos nos ocupando. *Flow* não é um estado de felicidade eufórica, mas um estado das mais duradouras boas sensações. Uma sensação de estar em unidade consigo e com o mundo. Satisfação pura.

Portanto, as pessoas mais felizes são aquelas que não pensam sobre isso nem investem tudo na intenção de serem felizes. Há mais de 2.500 anos, muitos antes que se pensasse em experimentos psicológicos do tipo inventado, por exemplo, por Mihaly Csikszentmihalyi, o filósofo chinês Lao Zi teria dito: "Felicidade completa é a não existência da busca da felicidade". De acordo com isso, o ser humano só é realmente feliz quando para de espreitar a felicidade. Essa felicidade de Lao Zi, no fundo, nada mais é do que satisfação.

Naturalmente não se trata de conformar-se com tudo. O objetivo é, muito mais, moderar as próprias exigências, adequá-las às condições momentâneas e aceitar que existem coisas sedutoras que não se consegue alcançar ou só se consegue mediante um dispêndio destrutivo das forças. Ao proceder assim, não se precisa perder de vista os problemas do mundo. Pois não há dúvida de que no momento as condições no mundo com demasiada frequência não oferecem nenhum ensejo para a satisfação.

Satisfação autêntica significa que, depois de atingir uma meta, nós nos recuperamos e voltamos a reunir forças – para vivenciar e realizar coisas novas. Inquietação produtiva é uma parte significativa da vida, que, no entanto, também precisa de alternância e em cujo final se encontra uma realização, em cima da qual podemos descansar por algum tempo.

Há vantagens imbatíveis em almejar a satisfação em vez de mirar na sorte grande – e isto não só porque sensações de felicidade não podem ser duradouras nem só porque a busca da felicidade impede isso mais do que a torna atingível. Além disso, a felicidade quase sempre é uma reação a estímulos de fora, sendo, portanto, menos previsível e não tão fácil de influenciar. É possível até ser "feliz sem motivo" porque os hormônios se agitam.

A satisfação, pelo contrário, vem do íntimo, tem muito a ver com o entendimento, podendo, portanto, ser direcionada com muito mais facilidade do que a felicidade, que sempre precisa também ser esperada. A satisfação se apresenta sobretudo quando aprendemos a apreciar de novo os pequenos momentos ditosos da vida e a admirar as grandes visões amistosamente de longe, enquanto se tenta pôr em prática os sonhos realizáveis. Para que isso aconteça não podemos ficar o tempo todo na moleza, mas o momento mais provável de sentir satisfação é quando a aventura faz uma pausa para descansar.

Assim, a satisfação está mais profundamente enraizada na personalidade de uma pessoa do que a felicidade. Sentir-se bem e confortável é expressão da sua essência, o resultado de uma postura fundamental diante da vida. Também por isso a satisfação se mantém por muito mais tempo do que a felicidade, que escapa com tanta facilidade: ela está posta sobre um fundamento mais estável e é mais independente de acontecimentos exteriores. Não é por acaso que a palavra "*Zufriedenheit* [satisfação]" vem de "*Frieden* [paz]". Trata-se de paz interior, paz de espírito.

Satisfação e felicidade – a relação entre ambas é semelhante à que há entre o amor e a paixão aguda que nos catapulta ao sétimo céu. Estar apaixonado é uma das mais intensas sensações de felicidade, pelo menos tão boa quanto ganhar na loteria, mas, como a felicidade, costuma ter uma duração previsível. Um amor de longos anos, em contraposição, está fundado na dedicação duradoura, mesmo que então ele se mova num grau mais baixo de euforia – como faz a satisfação.

A busca do êxtase permanente no amor está tão fadada ao fracasso quanto a busca da felicidade permanente na vida. Para não se espatifar na primeira crise, um casamento precisa da noção e da compreensão de que nem todo dia é lua de mel, de que da felicidade comum também fazem parte as vivências negativas, que fazem com que os bons momentos pareçam mais brilhantes e intensos. É desagradável sentar-se de barriga cheia a uma mesa repleta de iguarias. Do mesmo modo, a satisfação contínua dos desejos com o tempo se torna insípida. Do mesmo modo que a busca da satisfação é a única maneira de atingir um estado duradouro de bem-estar, o amor no "Quarto céu" – que o cantor e compositor berlinense Philipp Dittberner interpretou tão bem em seu sucesso do ano de 2015 – é a única chance de ter um casamento duradouro.

Para isso, porém, não basta dizer sim uma vez diante do altar ou então nos momentos mais felizes em que gozamos do maior reconhecimento e atingimos um objetivo. É preciso conseguir dizer sim também em tempos difíceis – para o parceiro, para o casamento, para o amor ou justamente para a vida como ela é. Portanto, a estratégia a ser adotada é constituir a própria vida de tal modo que se possa reiteradamente dizer sim para ela e, por isso mesmo, também estar satisfeito com ela. Em vista disso, diferentes pessoas dão importância a coisas bem diferentes. Escutando em volta, ouve-se uma jovem mãe dizer: felicidade é ouvir o riso das minhas crianças. Uma aposentada fica feliz quando precisam dela. Uma criança se alegra com o tempo que seu pai gasta brincando com ela. Um homem idoso se dá por satisfeito quando tem o suficiente para comer e quando a calefação funciona. Uma mulher diz que está tudo bem quando momentaneamente não tem nenhum desejo. E um homem jovem quer sobretudo que o queiram bem.

Para poder ficar satisfeito, cada pessoa tem de se perguntar primeiro o que é importante para ela pessoalmente – e então focar nisso. Isso tem ainda outra vantagem: quando se sabe no que prestar atenção é mais fácil identificar os bons momentos da vida que não nos subjugam com o extravasamento hormonal da felicidade concentrada. Pode-se fazer uma pausa e se deixar invadir por esses instantes que fluem tranquilamente, oferecer à borboleta um ombro em que ela possa pousar. Assim, é possível até treinar a satisfação (cf. *Como aprender a satisfação,* p. 145).

Quem conseguir explorar cada vez mais essa sensação de vida, permanecendo em sintonia consigo mesmo e com o mundo também nos momentos dolorosos, melancólicos e de dúvida, responderá à pergunta pelo bem-estar com um "estou satisfeito" cheio de convicção, em vez de associar isso em pensamento com um "pois é"; pois essa pessoa sabe que não lhe pode suceder nada melhor do que estar satisfeito. Felicidade? Esta é totalmente superestimada.

2
AUTOTESTE: QUAL É O MEU GRAU DE SATISFAÇÃO?

A visão bem pessoal de si mesmo e da própria existência: isto é um parâmetro essencial da satisfação. É claro que um elogio sincero pode fazer com que a visão de si mesmo seja bem mais positiva. E quando a vida não é especialmente favorável a alguém, a satisfação também padece. Porém, mais do que por circunstâncias exteriores, a satisfação é determinada pela atitude mental que alguém tem em relação a si mesmo e sua vida.

Por isso, quem quiser descobrir a quantas realmente anda sua satisfação, tem de perguntar pelo bem-estar subjetivo que lhe é próprio – e não, por exemplo, pelo bem-estar objetivo, expresso na qualidade de vida que pessoas de fora atribuem à vida segundo fatores mensuráveis. A qualidade de vida é determinada, por exemplo, por uma boa saúde, certa riqueza material e um posto de trabalho assegurado. Porém, também se pode estar satisfeito sem tudo isso, pois satisfação é o resultado de um juízo cognitivo a respeito da própria vida. Por essa razão, tampouco é possível medir a satisfação – por exemplo, pela determinação de hormônios da felicidade ou por meio de uma olhada dentro do cérebro. No entanto, para investigar a fundo a própria satisfação é preciso fazer isto: responder as perguntas a respeito dela de modo sério e honesto.

Isso também vale para o autoteste da satisfação. Trata-se de um aperfeiçoamento da "Satisfaction With Life Scale" (SWLS) [= Escala de Satisfação com a Vida – ESV], desenvolvida em meados da década de 1980 pelo professor de psicologia Ed Diener na Universidade de Illinois, em Urbana-Champaign. O teste de Diener é o teste cientificamente mais bem documentado para captar a satisfação de um ser humano – não importando o grau de formação desse ser humano, o gênero ou grupo étnico a que ele pertence. (No entanto, a satisfação aumenta facilmente com a idade.) Como, porém, a sensação de bem-estar mental e espiritual também exerce influência considerável sobre a satisfação, o teste de Diener foi ampliado nesse ponto com a "Warwick-Edinburgh Mental Well-Being Scale" (WEMWBS) [= Escala de Bem-estar Mental de Warwick-Edinburgh" – EBEMWE], elaborada em universidades britânicas.

Adiante você encontrará 20 enunciados com os quais poderá concordar ou com os quais talvez nem esteja de acordo.

Use a escala de 1 a 7 para expressar o grau de sua concordância ou discordância e escreva o número correto na linha que antecede a afirmação correspondente. Seja franco e honesto nas suas respostas.

A escala de 7 pontos:
1 = Discordo completamente.
2 = Discordo.
3 = Não concordo inteiramente com essa opinião.
4 = Não concordo nem tenho outra opinião.
5 = Concordo em parte.
6 = Concordo.
7 = Concordo enfaticamente.

Os 20 enunciados:
_ Olho para o futuro com otimismo.
_ Sou útil.
_ Minhas atuais circunstâncias de vida são excelentes.*

_ Consigo relaxar bem.
_ Interesso-me por outras pessoas.
_ Minha vida se aproxima da minha concepção ideal.*
_ Ainda tenho energia de sobra.
_ Ao despertar, alegro-me por ter um novo dia pela frente.
_ A vida é boa comigo.
_ Consigo lidar bem com problemas.
_ Consegui as coisas importantes que gostaria de alcançar na minha vida.*
_ Sinto-me bem quando penso em mim mesmo.
_ Sinto-me próximo de outras pessoas.
_ Sou seguro de mim mesmo.
_ Estou satisfeito com a minha vida.*
_ Formo minha própria opinião.
_ Sinto-me amado.
_ Interesso-me por coisas novas.
_ Sou alegre.
_ Se eu pudesse viver de novo a minha vida, não mudaria quase nada.*

*Estas são as perguntas do teste de Diener

Agora faça a soma dos pontos.

Interpretação:

120 a 140 pontos: você está muito satisfeito.

Quem atinge essa pontuação elevada ama a vida e acha que as coisas estão correndo muito bem. Sua vida não é perfeita, mas você pensa que é tão boa quanto possível. O fato de estar satisfeito não significa que você seja presunçoso. Pelo contrário, os desafios e as possibilidades de crescimento que você identifica em sua vida contribuem para sua satisfação. Você desfruta da sua vida em todas as possíveis esferas, como trabalho ou escola, família, amigos, lazer e desenvolvimento pessoal.

100 a 119 pontos: você está satisfeito.
Você gosta de sua vida e pensa que as coisas estão correndo bem. Naturalmente sua vida não é perfeita, mas, na maioria das vezes, você acha que ela é boa. O fato de estar satisfeito não significa que você seja presunçoso. Na maioria das esferas importantes – como trabalho ou escola, família, amigos, lazer e desenvolvimento pessoal –, você sente que sua vida é agradável. As esferas com as quais você está insatisfeito lhe proporcionam motivação.

80 a 99 pontos: você está medianamente satisfeito.
Esse resultado situa você na média. De modo geral, você está satisfeito, mas também há algumas esferas em sua vida – como trabalho ou escola, família, amigos, lazer e desenvolvimento pessoal – que você deseja que melhorem. Também pode ser que você esteja declaradamente satisfeito com amplas partes de sua vida e anseie melhorar bastante apenas alguns aspectos.

60 a 79 pontos: você está menos satisfeito do que a média.
Pessoas com esse resultado têm problemas menores, mas inequívocos em diversas esferas da vida. Ou há muita coisa correndo bem – como trabalho ou escola, família, amigos, lazer e desenvolvimento pessoal –, enquanto uma dessas esferas representa um problema substancial para você. Se foi por causa de um acontecimento grave que você baixou de um nível mais elevado de satisfação para esse valor, é previsível que sua satisfação logo melhore. Porém, se estiver permanentemente insatisfeita com alguma esfera da vida, você deveria buscar mudanças. Também pode ser que você simplesmente espere demais.

40 a 59 pontos: você está insatisfeito.
Pessoas com esse resultado estão substancialmente insatisfeitas. Possivelmente você acha que as coisas não vão bem em muitas esferas da vida – como trabalho ou escola, família, amigos, lazer e desenvolvimento pessoal. Ou há duas esferas em que elas têm pro-

blemas consideráveis. Se você baixou para esse nível de satisfação em consequência de um acontecimento grave, como, por exemplo, um falecimento, um divórcio ou um problema grave no trabalho, provavelmente voltará a estar satisfeito em curto prazo. Porém, se sua satisfação se mantiver baixa, mudanças em sua vida seriam apropriadas. Isso pode significar mudar de atitude, adotar um novo padrão de pensamento ou uma nova atividade. Possivelmente você necessitá de ajuda profissional para fazer isso.

20 a 39 pontos: você está extremamente insatisfeito.
Pessoas com esse resultado estão muito insatisfeitas. Em alguns casos, isso é uma reação a um acontecimento grave. Possivelmente você perdeu há pouco tempo seu emprego ou seu parceiro. Nesse caso, a probabilidade é grande de que você consiga sair dessa depressão. Porém, se sua insatisfação extrema for crônica, supõe-se que você necessitará da ajuda de um médico ou terapeuta. Uma mudança clara é necessária em sua vida.

3
A CIÊNCIA DA SATISFAÇÃO

Quem mais contribui para a própria satisfação somos nós mesmos. Justamente por ser tão fortemente influenciado pelo entendimento, o ser humano pode tomar medidas para que a satisfação com sua vida aumente. Mas é claro que também há fatores externos que influenciam o modo como apreciamos nossa existência. Há milhares de anos os filósofos já se perguntam o que é preciso para ter uma vida em que nos sentimos bem e confortáveis. E há algumas décadas a ciência moderna também passou a se ocupar com a elaboração dos fatores para ter uma vida assim. Quanta satisfação já vem com o ser humano? Ela faz parte de sua personalidade ou está ancorada exclusivamente nos seus genes? O que acontece no cérebro quando alguém está satisfeito? E qual é a contribuição das circunstâncias da vida para isso? Este capítulo oferece uma visão panorâmica do estado atual da ciência da satisfação.

Satisfação como traço essencial

Há coisas que realmente conseguem acabar com o nosso bom humor. Ninguém fica satisfeito quando, depois de um longo dia de trabalho, de um projeto penosamente preparado ou de um convite bem intencionado para um jantar feito em casa, fica sabendo que o resultado deixou a desejar. Porém, enquanto uma pessoa precisa de uma boa razão para classificar o que acontece hoje no mundo como desagradável, a outra já não consegue passar sem resmungar. Isso pode ser constatado diariamente em toda cafeteria, no ônibus, no restaurante ou, quando se tem azar, também durante o café da manhã em família: é evidente que para muitos contemporâneos reclamar de tudo faz parte da vida. Quase se tem a impressão de que ranzinzas engajados ficam especialmente satisfeitos quando conseguem dar vazão ao seu mau humor.

Ou, olhando bem objetivamente, quem está sempre resmungando de fato tem mais razões para se queixar? Faz muito tempo que cientistas querem saber se pessoas satisfeitas continuariam satisfeitas se tivessem de trocar de vida com as insatisfeitas. Talvez alguns perderiam sua cômoda serenidade se tivessem de suportar em pessoa as condições de vida bem mais duras de outra pessoa.

Em todo caso, essa era a expectativa dos psicólogos há alguns anos. Nos tempos em que ainda não se refletia sobre autorrealização, organização do tempo livre nem sobre *work life balance* [equilíbrio entre trabalho e vida], os cientistas estavam convencidos de que uma renda elevada, uma parceria estável, boa saúde e um emprego compensador deveriam contribuir consideravelmente para o grau de satisfação de alguém. Mas logo as primeiras dúvidas a esse respeito vieram à tona: os especialistas olharam atônitos para as investigações que lhes apresentou Saul Feinman da Universidade de Wyoming em Laramie no final da década de 1970. Feinman havia entrevistado pessoas cegas a respeito de sua sensação de bem-estar e decerto ele próprio se surpreendeu com os resultados. O título com que Feinman publicou seu trabalho já permite intuir que ele ficou muito espantado durante a análise dos seus dados: *Os cegos como pessoas bem normais*. Ele resumiu os resultados a que chegou de modo curto e direto: "Em comparação com pessoas que enxergam, os cegos são mais pobres, não tão bem educados e raramente casados. E, não obstante, pessoas cegas relatam mais sensações de felicidade". A concepção da pessoa saudável feliz e do enfermo deplorável sofreu um forte abalo.

A convicção de que o dinheiro traz felicidade ou até satisfação também logo foi liquidada: ficou bem evidente que a sensação de bem-estar das pessoas só acompanha o crescimento do seu conforto até estarem financeiramente tão asseguradas que sua pobreza não as incomoda mais. Porém a riqueza adicional já não aumenta mais a satisfação, como constatou em 1974 o economista Richard Easterlin da Universidade da Pensilvânia em seu famoso artigo "O crescimento econômico melhora a sorte humana?" Easterlin escreveu que, nos últimos 50 anos, a renda média se multiplicou nas sociedades ocidentais, e as pessoas passaram a viver de modo consideravelmente mais confortável do que seus antepassados, puderam adquirir muito mais coisas que tornam a vida agradável – e, não obstante, não ficaram mais felizes nem mais satisfeitas nessa época. Os habitantes de países ricos nem mesmo são mais felizes do que os de países pobres. E a ascensão da classe média para a classe alta não teve praticamente nenhum efeito sobre a sensação de bem-estar. A partir de certo ponto, o dinheiro até torna a pessoa mais infeliz. Essas observações deixaram os especialistas e a esfera pública tão atônitos na década de 1970 que o fenômeno se tornou conhecido como o "paradoxo do estado de bem-estar". Desde estão, as observações de Easterlin passaram por uma análise aprofundada. O resumo permanece este: não se pode comprar felicidade nem satisfação.

Por fim, a fé no poder das circunstâncias ruiu completamente quando, além disso, ficou evidente que a longo prazo as pessoas não ficam mais satisfeitas nem mesmo quando casam, ficam curadas de uma enfermidade grave ou conseguem subir um degrau na escada da carreira. À semelhança da felicidade dos ganhadores da loteria (cf. p. 22), um aumento de satisfação muitas vezes é de curta duração. Assim, cada pessoa parece ter seu nível bem particular de satisfação no qual ela se acomodou. Vivências boas ou desagradáveis podem até levar a erupções para cima ou para baixo. Porém depois de algum tempo a satisfação – do mesmo modo que a felicidade – volta a pender para o ponto fixo pessoal ou ponto de equilíbrio, como foi descrito pela primeira vez pelo psicólogo norte-americano David Lykken em sua "teoria do ponto fixo da felicidade [*set point theory of happiness*]". Isso vale inclusive para eventos extremos como um divórcio ou uma falência financeira. Num primeiro momento, essas vivências fortes desencadeiam emoções extremas e fazem com que a pessoa passe algum tempo flutuando ou andando cabisbaixa pela vida. Porém, justamente a euforia logo volta a se desfazer. Em contraposição, as vivências negativas podem deixar marcas mais fortes e duradouras. Por muito tempo os cientistas pensaram que uma pessoa, tendo passado por uma crise ou por evento feliz, já depois de três meses voltaria a ser exatamente como era antes, tendo alcançado novamente seu nível médio de satisfação. Porém, fica cada vez mais evidente que o tempo que isso dura em cada caso depende do tipo de acontecimento que sacode a vida como um turbilhão. Enquanto um casamento de fato perde com relativa rapidez sua importância para a sensação subjetiva de bem-estar, outros acontecimentos, especialmente os desagradáveis, frequentemente acompanham a pessoa por muitos anos. De acordo com isso, é especialmente difícil dar conta de divórcios, da morte do cônjuge e do aparecimento de uma deficiência física, como descobriram os psicólogos Michael Eid e Maike Luhmann da Universidade Livre de Berlim baseados em 188 estudos com um total de 65.000 participantes. E um verdadeiro atentado é cometido contra a satisfação na vida quando se perde o emprego. O desemprego parece representar um ataque tão forte à autoestima da pessoa que não há como trabalhá-lo sem mais nem menos e reduz o nível de satisfação por anos. Isso vale também para a Alemanha com seu forte sistema de seguridade social.

Logo, parece ser mais difícil elevar de modo duradouro nosso nível médio de satisfação do que diminuí-lo permanentemente. Mas a professora de psicologia Sonja Lyubomirsky da Universidade da Califórnia em Riverside diz: "Apesar disso, é possível aumentar a satisfação". Porém, isso não acontece simplesmente por meio de circunstâncias felizes; para chegar lá seria preciso desenvolver atividades bem objetivas (cf. *Os ingredientes da satisfação*, p. 209). O economista e sociólogo Gert Georg Wagner da Universidade Técnica de Berlim e seus colegas Ruud Muffels da Universidade de Tilburg e Bruce Headey da Universidade de Melbourne enfatizam o seguinte: a satisfação na vida pode ser ativamente incrementada – quando se toma as decisões certas na esfera privada ou na esfera profissional.

Em todo caso, no curso de uma vida, a satisfação oscila de um lado para o outro bem mais do que a ciência durante muito tempo estimou. Isso foi demonstrado por Wagner, Muffels e Headey com a ajuda do painel socieconômico pelo qual os alemães medem sua satisfação numa escala de 0 a 10 há mais de 25 anos. Os dados individuais variaram claramente no decorrer do tempo: para quase 40% dos entrevistados o grau de satisfação se alterou em 25% no decorrer de 20 anos. Segundo Wagner, "para 10% das pessoas o valor oscilou em até 50% num prazo de 20 anos".

De qualquer forma, o modo como alguém lida com um acontecimento marcante é muito diferenciado de indivíduo para indivíduo. Um papel importante nesse processo é desempenhado pela capacidade de resistência psíquica, a resiliência. Além disso, pessoas que não têm uma personalidade tão estável tendem a necessitar de mais tempo para digerir golpes do destino. Inversamente, quando se juntam qualidades favoráveis em número suficiente, pode até suceder que nem mesmo acontecimentos inimaginavelmente terríveis sejam capazes de abalar de modo permanente a sensação de bem-estar de uma pessoa, como mostrou o neurologista belga Steven Laureys em um estudo especialmente impressionante.

Laureys trabalha no hospital universitário de Lüttich com pacientes que sofrem da síndrome de encarceramento. Nesses pacientes, um espírito ativo se encontra encerrado dentro de um corpo insensível e quase completamente paralisado por terem sofrido, por exemplo, um acidente vascular cerebral grave ou porque seu cérebro teve sequelas de um acidente. Muitas vezes só lhes resta a possibilidade de mover os olhos. Por essa razão, esses pacientes só conseguem se comunicar, piscando os olhos ou movendo-os para os lados: quando um cuidador ou um computador lhes recita o alfabeto, eles os detêm por meio de um piscar de olhos e assim ditam um texto, letra por letra, com grande esforço. "E, no entanto, a grande maioria dos pacientes com a síndrome do encarceramento está satisfeita com sua vida", diz Laureys. Enquanto os espectadores podem pensar que prefeririam estar mortos se tivessem de viver em uma situação como essa, dificilmente algum dos 65 pacientes que

Steven Laureys entrevistou para o seu estudo gostaria de morrer. 72% deles se disseram satisfeitos – e, assim, mais ou menos tantos quanto entre a população normal.

Questão de caráter

Se, em muitos casos, os eventos contundentes têm tão pouco efeito sobre a satisfação, então as circunstâncias bem normais da vida possivelmente não desempenham nenhum papel? "Alguma influência elas naturalmente têm, mas esta frequentemente é bem pequena", diz a psicóloga Elisabeth Hahn. Há quase 50 anos os cientistas pesquisam sobre o bem-estar humano. E, quando se resume todos os seus resultados, pode-se dizer que renda, nível de formação, condição da família, gênero e profissão religiosa contribuem com apenas alguns pontos percentuais para a sensação subjetiva de bem-estar. Poderiam ser 3%. Ou 5%.

Portanto, devem ser outros fatores que causam as grandes diferenças entre as pessoas no que se refere à sensação de bem-estar. Pois, sem dúvida, as há. Quem depois de 25 anos participa de um encontro de ex-alunos constatará com o mesmo grau de admiração de dissimulada alegria que não foi só ele ou ela que praticamente não mudou nada além do penteado e do estilo de se vestir. Os demais também ficaram em grande parte fiéis a si mesmos. O resmungão de outrora pode até ter engordado alguns quilos e perdido algum cabelo, mas ele continua a se lamentar com a mesma disposição dos tempos de escola. E a mais velha da classe, sempre compreensiva, autossuficiente, ainda tem essa aura de agradável contentamento.

A satisfação seria, portanto, questão de caráter? Essa pergunta não deixou Ed Diener em paz. O psicólogo tinha sido o primeiro cientista a desenvolver um teste breve de apenas cinco perguntas, com o qual ele pôde medir a satisfação (cf. *Autoteste: qual é o meu grau de satisfação?*, p. 41). Ele queria então aplicá-lo para pesquisar a influência da personalidade sobre a sensação subjetiva de bem-estar. Associando-se com Martin Seligman da

Universidade da Pensilvânia, escolheu para isso as pessoas mais acessíveis a ele: seus estudantes. Como era de se esperar, a satisfação dos 222 jovens com sua existência resultou extremamente diferenciada. Mas o fato é que todos eles pertenciam ao grupo dos privilegiados que podiam estudar em uma universidade um ramo tão pouco direcionado à segurança financeira quanto a psicologia. Preocupação com dinheiro e angústias em relação ao futuro manifestamente não desempenhavam um papel importante em sua vida. Exteriormente eles sem dúvida estavam bem. E, no entanto, alguns dos contemporâneos estavam extremamente insatisfeitos e outros estavam especialmente satisfeitos.

Para descobrir se a razão disso residia em sua personalidade, Ed Diener se valeu de ferramentas com as quais os psicólogos há muito descrevem a personalidade das pessoas. Pois para isso basta analisar cinco qualidades importantes, as *Big Five* [cinco grandes]", da personalidade humana. Essas cinco dimensões da personalidade dizem o decisivo sobre a essência de uma pessoa: ela está aberta a experiências novas? Quanto ela tem de conscienciosidade e sociabilidade? Ela tem capacidade de entusiasmar-se (extroversão)? Ou ela se distingue pela instabilidade emocional (neuroticismo)? Todas as *Big Five* são tidas como características que não são facilmente influenciadas pela mudança de vida de uma pessoa. Naturalmente nem de longe elas abarcam todos os traços essenciais que uma pessoa pode ter. Fundamentalmente o conjunto das qualidades atinentes ao pensamento, sentimento e comportamento de pessoas também descreve sua personalidade. Porém já na língua inglesa se trata de quase 18.000 palavras, como constataram resignados os psicólogos Gordon Allport e Henry Odbert na década de 1930. "Um pesadelo semântico", escreveram eles – e reduziram a lista a 4.504 adjetivos, excluindo conceitos similares.

Pouco a pouco, porém, gerações de psicólogos foram constatando que a quantidade bastante considerável de qualidades pode ser condensada ainda mais. Assim, no final das contas, restaram os cinco fatores superiores da personalidade, as *"Big Five"*. Elas retratam bem o caráter de uma pessoa, como entrementes comprovaram os mais de 3.000 estudos realizados em nível internacional. Afinal, a pessoa conscienciosa é simultaneamente precisa, meticulosa, confiável e muitas coisas mais. E a pessoa extrovertida é aberta, sociável e alegre.

O que se oculta atrás das *"Big Five"*

	Se esta qualidade se destacar, as pessoas são...	Se esta qualidade não for tão nítida, as pessoas são...
Neuroticismo	instáveis, vulneráveis, medrosas, nervosas, frequentemente tristes, tensas, embaraçadas, inseguras, preocupadas, estressadas; tendem para a hipocondria e fantasias.	seguras de si, tranquilas, estáveis, relaxadas, satisfeitas.
Extroversão	sociáveis, entusiasmadas, alegres, otimistas, falantes, ativas; reagem bem a estímulos.	circunspectas, reservadas, quietas, independentes, gostam de estar sós.
Abertura para experiências	abertas, inventivas, curiosas, intelectuais, imaginativas, sensíveis, têm sede de saber, gostam de experimentar, têm múltiplos interesses; gostam de variação.	convencionais, conservadoras, consistentes, precavidas, realistas, objetivas, pés no chão.
Conscienciosidade	precisas, efetivas, organizadas, planejam, determinadas, responsáveis, confiáveis, disciplinadas, cuidadosas, pedantes (em casos extremos).	espontâneas, descuidadas, soltas, inconstantes, desarrumadas, despreocupadas, negligentes.
Sociabilidade	amistosas, cooperadoras, empáticas, sociáveis, compreensivas e confiantes, solícitas, afáveis, indulgentes.	egocêntricas, competitivas, desconfiadas, incompreensivas.

Esses cinco fatores da personalidade de fato repercutem consideravelmente na satisfação. Depois de Diener e Seligman, muitos outros cientistas também já investigaram isso – sempre com um resultado parecido. De acordo com ele, pessoas especialmente satisfeitas também são especialmente entusiasmadas, sociáveis, conscienciosas e evidentemente menos instáveis, inibidas ou medrosas do que as insatisfeitas. As satisfeitas possuem, ademais, condições sociais mais consolidadas, vivem com mais frequência em relações amorosas estáveis e, em seu conjunto, são mais sociáveis. Assim, os estudantes que, no estudo de Diener e Seligman, estavam entre os mais satisfeitos, também eram o que de longe passavam mais tempo com outros.

É evidente que um efeito especialmente favorável é exercido pela extroversão e conscienciosidade. Sobre a razão de isso ser assim apenas se poderia especular, enfatizam Elisabeth Hahn e Frank Spinath da Universidade de Saarland. No entanto, é fácil de entender o mecanismo: quem está voltado para fora espera da vida e de seus semelhantes, em primeiro lugar, coisas boas; dessa maneira, a pessoa vivencia mais coisas positivas e fica mais satisfeita de modo geral. A conscienciosidade, por sua vez, segundo Hahn e Spinath, na maioria das vezes, vem acompanhada de um grau superior de estruturação, "o que ajuda a dar conta das demandas da vida cotidiana e assim poderia contribuir para aumentar a sensação de bem-estar". A abertura para experiências também tem um efeito positivo na satisfação com a vida – ainda que não seja tão forte quanto o da extroversão e da conscienciosidade. Abertura significa, no final das contas, que a pessoa gosta de enfrentar novos desafios e resolver problemas intelectualmente. Nesse caso, as dificuldades que aparecem não são logo percebidas como atentado contra a própria sensação de bem-estar.

Em contraposição, instabilidade emocional e satisfação não se coadunam. "O neuroticismo abrange a tendência bastante generalizada de ficar preocupado com tudo que é possível", diz o psicólogo Jens Asendorpf, que até pouco tempo atrás foi docente de psicologia da personalidade na Universidade Humboldt em Berlim. Essas pessoas se sentem mais rapidamente sobrecarregadas e sofrem mais com o estresse. É fácil imaginar que isso as deixa insatisfeitas.

Um olhar objetivo dirá que os estudantes mais alegres de Ed Diener, em todo caso, não se deparavam com mais coisas positivas do que aqueles que vegetavam na depressão com frequência desproporcional. Apesar disso, os de ânimo alegre pensaram ter vivenciado coisas boas com bastante frequência e os outros estavam convencidos de ter se dado mal na loteria das belas experiências. "Esse modelo da vivência positiva permanece o mesmo a vida inteira", diz Diener. Ele acredita que pessoas abertas, extrovertidas, captam as impressões positivas com especial intensidade, ao passo que pessoas neuróticas atraem coisas ruins por terem essa expectativa e, por essa razão, também recordarem essas coisas de modo especialmente intenso.

Os fatores da personalidade influenciam em 50% a satisfação como um todo. Mas eles não só determinam o quanto uma pessoa está satisfeita em seu todo. Eles influenciam com a mesma força também a satisfação com esferas parciais da vida: por exemplo, com o trabalho ou com a relação conjugal. Assim, um casamento com um parceiro emocionalmente instável está destinado a não durar muito. "Quando um dos parceiros apresenta traços neuróticos, isso é um indicativo especialmente forte de posterior separação", diz Jens Asendorpf. Porém também no local de trabalho, que oferece condições parecidas para muitas pessoas, as diferenças de caráter com frequência exercem uma influência especialmente clara. Enquanto este colaborador comparece ao trabalho com alegria e todo dia extrai o melhor dessa atividade, aquele, no mesmo emprego, geme sob a carga de trabalho e se queixa regularmente ao conselho da empresa das péssimas condições de trabalho. Ou, como o expressa Asendorpf: "As pessoas se diferenciam em sua tendência de estarem satisfeitas ou não com o trabalho, independentemente da situação real do trabalho".

A influência da personalidade é tão clara que, já no caso dos estudantes, é possível predizer se algum dia gostarão de fazer seu trabalho. Os psicólogos Avshalom Caspi e Phil Silva, na época docentes da Universidade de Wisconsin, arriscaram fazer esse prognóstico em 1995 em relação a estudantes universitários do último ano de estudos – e acertaram em uma proporção bastante alta. Quem já na universidade reclamava o tempo todo de suas tarefas e passava a impressão de ser inconstante e pouco consciencioso tinha mais chances de se frustrar também depois na vida profissional. Ed Diener mostrou que esse prognóstico se confirma até por décadas.

A personalidade é forte, mas pode ser formada

Embora as *Big Five* constituam os fatores essenciais da personalidade, o professor de psicologia Willibald Ruch, da Escola Técnica de Zurique quis obter um conhecimento mais preciso sobre isso. Por isso, ele apurou de modo um pouco mais detalhado quais são os pontos fortes do caráter de pessoas que se sentem particularmente bem. Mais tarde, com o auxílio de Martin Seligman, ele confirmou seus primeiros resultados obtidos na Suíça numa amostra de quase 13.000 pessoas. Desde então, está estabelecido qual o caráter da satisfação. De acordo com esse estudo, a esperança, o entusiasmo (ímpeto para agir), a capacidade de criar vínculos (capacidade de amar), a curiosidade e a gratidão deixam a pessoa especialmente satisfeita. Em contraposição, outras qualidades do caráter – igualmente positivas – como abertura, senso para o belo, autenticidade, criatividade e modéstia praticamente não têm influência (cf. ilustração).

Conexão entre pontos fortes do caráter e satisfação com a vida
(segundo Willibald Ruch)

Influência considerável também é exercida pela autoestima. Ela nos acompanha durante toda a nossa vida de modo tão estável que às vezes já é tida como característica da personalidade. Pelo menos em culturas individualistas como a nossa, a satisfação depende em grande medida da autoestima. Em contraposição, ela não é tão importante para se levar uma vida satisfeita em Bangladesh, como descobriu a equipe de Ed Diener em 1995. Em culturas pobres, o dinheiro conta mais – decerto também porque lá as pessoas de baixa renda sofrem bem mais do que pessoas de baixa posição social no mundo ocidental. Porém, só porque a satisfação com a vida depende tão claramente da personalidade, não quer dizer que ela seja inalterável. Pois a personalidade tampouco é esculpida em pedra. Embora permaneçamos fiéis a nós mesmos em muitas qualidades, como já mostra o comparecimento ao encontro de ex-alunos da mesma classe, a personalidade de modo algum é tão estável como os cientistas pensaram por muito tempo.

"Antigamente se dizia que uma pessoa praticamente não muda mais a partir do 30º ano de vida", diz Jens Asendorpf. Porém isso entrementes foi refutado por numerosos trabalhos de pesquisa. "Nesse meio tempo ficamos sabendo que a personalidade se modifica sistematicamente ao longo de toda a vida", complementa a professora Jule Specht de Berlim. Ela própria mal pôde acreditar quando encontrou, ao analisar ao dados do painel socioeconômico da Alemanha, claras mudanças de caráter até entre aposentados. Ela relatou: "Eu fiquei ali diante dos resultados, pensando: isso é loucura; o que é que está acontecendo aí?" Até pessoas com mais de 70 anos de idade voltaram a dar em parte um novo rumo para sua vida. Em idade avançada, um carreirista ainda pode se converter em um avô prestativo, uma pessoa agressiva em uma pessoa sociável, a mãe sempre conscienciosa em uma mulher que preza sua liberdade e não dá a mínima para convenções. O oposto também é possível. Portanto, a personalidade não se torna automaticamente mais estável na medida em que envelhecemos, mas mudanças são possíveis – sobretudo quando eventos marcantes modificam nossas posturas em relação à vida.

No entanto, nem todos os fatores da personalidade podem ser modificados na mesma medida. A extroversão claramente é a que menos se modifica. É verdade que pessoas jovens costumam ser sociáveis e falantes, aquietando-se um pouco mais na idade adulta. Porém a diferença não é grande. A conscienciosidade, em contraposição, aumenta visivelmente com a idade. As pessoas jovens geralmente não conseguem controlar muito bem suas emoções e não são especialmente ordeiras, confiáveis e cônscias de sua responsabilidade. Porém com passar dos anos elas crescem nessas coisas. Specht diz: "Até os 40 isso se modifica rapidamente, de modo que, a partir dessa idade, as pessoas atingem em média um nível estável e claramente superior de conscienciosidade".

Em contraposição, os contemporâneos insuportáveis só se tornam suportáveis mais ou menos a partir dos 60 anos. O conjunto resultante constitui, então, a avó afável e benevolente e o avô cordial e modesto. "O velho resmungão nem é tão frequente quanto nos faz crer o estereótipo", diz Jule Specht. "Em média, a ternura da pessoa idosa parece estar claramente mais disseminada."

Em contrapartida, os aposentados já não são mais especialmente abertos, receptivos. "Com o avançar da idade essa qualidade da personalidade diminui cada vez mais", diz a psicóloga. "De modo correspondente, pessoas mais velhas se agarram mais fortemente a suas opiniões e, em média, interessam-se menos por maneiras de pensar novas ou diferentes do que em idade mais jovem." A tendência para a neurose também aumenta com a idade. "O quanto alguém é seguro de si e mantém a serenidade diante de situações de estresse aumenta em média um pouco no início da idade adulta", diz Jule Specht. Porém, a partir dos 30, essa qualidade se desfaz lentamente.

"Isso soa mais ou menos como se os leopardos pudessem alterar suas manchas, mas de fato funciona", diz Chris Boyce da Universidade de Manchester, que, em colaboração com colegas da Escola de Economia e Ciência Política de Londres, chegou a conclusões parecidas com as de Jule Specht. "Nossa personalidade pode se modificar com o tempo e de fato se modifica."

O mais importante nesse tocante é isto: pelo fato de a personalidade exercer uma influência tão grande sobre a sensação de bem-estar, "essas pequenas alterações da personalidade tem forte incidência sobre nossa satisfação", enfatiza Boyce. Os governos deveriam ter isso mais em vista, opina o psicólogo. "Eles deveriam optar por se concentrar na promoção das condições, sob as quais acontece o crescimento da personalidade – ensino escolar, a comunidade, a educação infantil. Isso poderia ser muito mais efetivo na promoção da sensação nacional de bem-estar do que o crescimento do produto interno bruto."

Evidentemente, portanto, ainda sobra algum espaço de manobra para cada um de nós. Mas, então, por que é tão raro as pessoas mudarem? "Na maioria dos casos é porque as pessoas não conseguem imaginar uma mudança, pois sempre já viveram daquela maneira e tudo sempre já foi assim", diz Werner Stangl, psicólogo na Universidade de Linz. "Como as pessoas projetam seu futuro a partir de suas experiências do passado, apenas poucas dispõem de um modelo de como a vida poderia ser diferente. Só no momento em que se acredita pessoalmente na possibilidade de uma mudança, descobre-se os passos adequados para mudanças pessoais efetivas."

Jule Specht também enfatiza isto: "O desenvolvimento da personalidade e da autoestima, bem como o maior grau de satisfação obtido por essa via, não aparecem por si sós". É preciso fazer algo para chegar a eles. Specht recomenda ocupar-se ativamente com a própria vida vivida – e com as metas e visões que ainda temos: "Uma capacidade importante pode ser, por exemplo, reconciliar-se com as qualidades negativas de sua personalidade e tratar a si próprio com mais clemência".

Genes do bem-estar

Portanto, a personalidade contribui com a metade do peso que determina o quanto uma pessoa está satisfeita. Uma percentagem baixíssima cabe ao nível de riqueza ou de saúde. E o restante? É possível que a satisfação esteja mesmo em grande parte simplesmente ancorada nos genes?

A maioria das pessoas sequer consegue imaginar isso. É isso que dá a entender um estudo mais antigo que perguntou a leigos em psicologia quais são as causas que levam a ser feliz: no ano de 2.000, Adrian Furnham do University College de Londres e Helen Cheng da Universidade de Londres entrevistaram 233 pessoas, perguntando-lhes o que leva uma pessoa a ser feliz. Eles apresentaram aos participantes do estudo um conjunto de 38 enunciados, propondo possíveis razões para uma vida feliz. As pessoas entrevistadas deviam indicar em uma escala de um a sete o grau de importância que atribuíam a cada um dos enunciados. As pessoas testadas acharam mais convincentes as seguintes razões: ter amigos chegados, ter muitos amigos ou pai e mãe amorosos, ou então, ser amado e aceito por outras pessoas. Especialmente sem importância acharam, em contraposição, ser inteligente, ter um diploma escolar superior ou ter uma aparência especialmente boa. Porém o ponto com que menos concordaram foi que "genes felizes" desempenham algum papel. Para elas, portanto, sentir-se bem não se deve a alguma predisposição genética.

Ledo engano! Pois a influência da personalidade já mostra que os genes inquestionavelmente desempenham um papel na felicidade e na satisfação. Afinal, a própria personalidade é em boa parte predeterminada pela nossa bagagem genética. Parece que o meio ambiente e os genes dividem meio a meio sua influência sobre as *Big Five*, sendo que a abertura para novas experiências, com uma hereditariedade estimada em 57%, detém a maior parcela genética, enquanto a sociabilidade com 42% detém a menor parcela. Considera-se que a extroversão seja 54% hereditária, a conscienciosidade 49% e o neuroticismo 48%. Mas, indo além da personalidade, parece haver outros genes que deixam a pessoa especialmente satisfeita.

Para descobrir o tamanho da importância da disposição genética para o bem-estar, os cientistas gostam de observar gêmeos, aliás, como ocorre em toda avaliação de influências genéticas. Pois é fato que os genes dos gêmeos univitelinos são quase 100% os mesmos. Quando eles se diferenciam em seu comportamento, isso só pode, portanto, dever-se a influências externas – por exemplo, o entorno no qual se movimentam. Por essa razão, gêmeos univitelinos que não crescem na mesma família, mas foram separados bem cedo, são considerados pessoas especialmente adequadas para testar a influência do entorno e dos genes.

O psicólogo norte-americano Auke Tellegen e seu colega entrementes falecido David Lykken dispunham de um acervo grandioso, ao qual podiam recorrer. Na Universidade de Minnesota, há décadas são reunidos dados sobre gêmeos para fins de pesquisa. O "Estudo sobre a família de gêmeos de Minnesota" abrange hoje mais de 8.000 pares de gêmeos. Os participantes mais antigos nasceram em 1936; alguns são univitelinos, outros bivitelinos; alguns cresceram com seus progenitores genéticos, outros foram separados bem cedo. Com o auxílio dessa coleção gigantesca de gêmeos, Lykken e Tellegen examinaram as mais diferentes questões. E uma delas foi a questão das causas da satisfação e da sensação subjetiva de bem-estar.

Nesse processo, ficou evidente que os genes de uma pessoa exercem influência considerável sobre seu estado de ânimo e sobre a satisfação com a vida. Já em 1988, Auke Tellegen havia examinado mais detidamente os 71 pares de gêmeos univitelinos de sua coleção de dados que haviam crescido separados um do outro. Apesar das diferentes condições em que essas crianças cresceram, elas eram notavelmente parecidas quanto a sua satisfação com a vida. Esses pares de gêmeos univitelinos separados do Minnesota até eram consideravelmente mais parecidos quanto a sua sensação de bem-estar do que gêmeos bivitelinos que cresceram juntos em companhia de seu pai e sua mãe e, portanto, tiveram o mesmo *status* socioeconômico, ficaram expostos ao mesmo estilo de educação e – presume-se – receberam a mesma dose de amor. Tellegen e Lykken calcularam que a hereditariedade era em torno de 48% e escreveram o seguinte: "Metade de nossa sensação de bem-estar é influenciada pela grande loteria genética que acontece no momento da fecundação".

Isso parece se aplicar até a macacos: pois o psicólogo Alexander Weiss da Universidade de Edimburgo chegou a resultados muito parecidos quando pesquisou, em companhia de colegas japoneses, a satisfação de chipanzés. Ele entrou em contato com zoológicos, institutos de pesquisa e lares de idosos para macacos de pesquisa na Austrália, no Japão e nos Estados Unidos para descobrir por que alguns chipanzés são contemporâneos rabugentos, que enxotam seus filhotinhos e têm pavio curto quando não ganham logo sua comida, ao passo que outros são o suprassumo peludo da serenidade. No final das contas, Alexander Weiss conseguiu pesquisar 146 animais. Em contraposição aos gêmeos humanos, os macacos naturalmente não puderam preencher um questionário sobre sua sensação subjetiva de bem-estar. Em vez disso, Weiss permitiu que seus cuidadores estimassem o quanto consideravam os animais satisfeitos. Os cuidadores haviam acompanhado os chipanzés durante anos e conheciam bem cada um deles. O que disseram sobre cada macaco ainda foi comparado pelos biólogos com o local em que os macacos viviam (ou seja, com o meio ambiente) e com seu parentesco genético: para isso nem tiveram de tirar sangue dos animais para testagem. Pois os zoológicos fazem registros precisos – já para evitar o incesto – sobre o parentesco entre seus chipanzés. O resultado foi este: o nível de satisfação de um chipanzé, exatamente como no caso do ser humano, depende em cerca de 50% de seus genes.

Entretanto, esse conhecimento nem de longe esgotava o que se podia pesquisar sobre a influência dos genes sobre a satisfação. Logo ficou claro que o poder da bagagem genética podia ser calculado de modo ainda mais preciso. Pois os cientistas notaram algo incomum quando examinaram a similaridade de gêmeos bivitelinos que cresceram separados. Gêmeos bivitelinos também são geneticamente parecidos entre si, mas compartilham apenas a metade dos genes um com o outro. Do ponto de vista da bagagem genética, eles não passam de irmãos nascidos ao mesmo tempo. Assim, – pressupondo uma disposição inata para a satisfação –, não causa surpresa que, mesmo gêmeos bivitelinos que cresceram separados ainda são satisfeitos de modo similar. No entanto, a similaridade não é tão grande como se poderia supor. Como os gêmeos bivitelinos compartilham entre si a metade da carga genética quando comparados com os gêmeos univitelinos, um quarto de sua similaridade referente à satisfação com a vida deveria ser herdada. Todavia, análises dispendiosas resultaram em uma hereditariedade de apenas 18% em vez dos esperados 25% para a satisfação de gêmeos bivitelinos. A geneticista comportamental Elisabeth Hahn encontra só uma explicação para isso: "A razão disso só pode ser que os genes responsáveis pela satisfação reforçam seu efeito". Quando dois deles se juntam, sua contribuição para a satisfação de uma pessoa é maior do que a soma de seus efeitos individuais.

Hahn quis saber mais precisamente o que isso significa. Ela extraiu dos dados do painel socioeconômico da Alemanha tudo que havia sobre gêmeos. Assim, ela encontrou ao todo 1.308 pares com idades entre 17 e 70 anos. Ela comparou seus dados sobre a satisfação não só entre si, mas também com a satisfação de irmãos não gêmeos, pai e mãe e avós. "Por essa via, conseguimos apreender de modo mais diferenciado as influências dos genes e do meio ambiente", diz Hahn. Desse modo se constatou que os genes não são responsáveis pela metade da satisfação, como se pensara até então, mas por uma percentagem um pouco menor: eles perfazem apenas algo entre 30% e 37% do quanto gostamos da nossa vida.

É evidente que a satisfação de uma pessoa não é tão hereditária quanto sua personalidade, diz Elisabeth Hahn. E é evidente que a personalidade de uma pessoa exerce uma influência mais forte sobre sua satisfação do que o faz a bagagem genética. Porém os genes parecem desempenhar um papel significativo especialmente em um ponto – no *set point* da satisfação com a vida, ou seja, naquele nível pessoal de satisfação no qual a sensação de bem-estar volta a equilibrar-se logo depois de ter chegado por curto tempo a um pico esporádico por causa de um casamento ou uma promoção profissional.

Embora a influência dos genes sobre a satisfação entrementes tenha sido investigada com precisão, ainda não se sabe quais são as disposições hereditárias específicas que desempenham um papel nesse tocante. Nos anos passados, os cientistas examinaram mais detidamente os genes responsáveis no corpo pelos hormônios da felicidade como dopamina ou a endorfina; além disso, eles levantaram a hipótese de que as moléculas que desempenham um papel no processamento do estresse poderiam ser importantes para a sensação de bem-estar. Contudo, eles não foram capazes de identificar de modo convincente um "gene da satisfação". "Uma das razões principais disso deve ser que muitos genes diferentes estão envolvidos em determinar se somos tendencialmente mais satisfeitos ou insatisfeitos", diz Elisabeth Hahn. "Cada um deles é responsável, em cada caso, apenas por pequenas contribuições para os formatos individuais de graus diversificados de satisfação." É por isso que tecnicamente é bem difícil descobrir genes individuais.

Um bom candidato foi apresentado recentemente pelos economistas da Universidade de Warwick. Eles se interessaram em saber por que alguns povos são tão inacreditavelmente satisfeitos. Afinal, é perfeitamente possível que isso tenha algo a ver com seus genes. O que chama a atenção é que são sempre os mesmos povos que assumem as primeiras posições quando o tema é satisfação. Quer se trate do "eurobarômetro" da Comissão Europeia ou do "Relatório Mundial da Felicidade" (que, na verdade, é um relatório sobre a sensação subjetiva de bem-estar, como admitem os próprios autores): em todas as listas de classificação referentes à satisfação os dinamarqueses despontam ao lado dos suecos, noruegueses e holandeses. Os italianos, em contraposição, são sempre ranzinzas terríveis, ao passo que os alemães pelo menos se situam no campo intermediário.

Mais ou menos dois terços do alto grau da satisfação dinamarquesa podem ser explicados com o estado de bem-estar excepcionalmente elevado – em comparação com os demais países do mundo –, o bom sistema de seguridade social, a alta expectativa de vida saudável, a grande liberdade e o baixo índice de corrupção no país. Porém, o que também pode contribuir é o tipo de expectativa que os dinamarqueses nutrem. Eles dão valor sobretudo a uma comunidade intacta e o bom atendimento pelo Estado. Diferentemente dos cidadãos estadunidenses que sempre escutam a história do lavador de pratos que pode se tornar milionário, os dinamarqueses possivelmente têm expectativas mais realistas para suas vidas. Porém, em todos esses modelos explicativos para a alta satisfação dos escandinavos, resta um terço que dá margem a pontos de interrogação: o que é mesmo que deixa os dinamarqueses tão satisfeitos?

Poderia ser um gene que influencia nosso equilíbrio hormonal, sugeriram Eugenio Proto e Andrew Oswald da Universidade de Warwick: eles supõem que, na disposição hereditária do hormônio serotonina, resida um dos genes da satisfação há tanto tempo procurados. A serotonina nos dá a sensação de serenidade, de tranquilidade interior e de equilíbrio emocional. É por isso que, na boca do povo, a serotonina com frequência é equivocadamente chamada de "hormônio da felicidade"; na verdade, ela é o "hormônio da satisfação", pois ela deixa a pessoa tranquila e não eufórica. Proto e Oswald calcularam o grau de satisfação de povos de 131 países, levando em conta fatores de influência como o sistema de seguridade social, o produto interno bruto e a situação geográfica, por exemplo, com uma quantidade especialmente baixa de horas de sol. Em seguida, eles apuraram o quanto esses povos se assemelham geneticamente com os dinamarqueses. De fato se evidenciou que as pessoas de países em que predomina um grau especialmente elevado de insatisfação se encontram, por condicionamento evolutivo, a uma distância genética particularmente grande dos dinamarqueses.

Proto e Oswald se detiveram então na análise de um gene, mais exatamente, o transportador de serotonina 5-HTTLPR. Essa molécula providencia o transporte de serotonina no cérebro e, desse modo, influencia a duração do efeito do hormônio da satisfação. Porém há duas formas de 5-HTTLPR: uma mais curta e outra mais longa. E quem pegou a mais curta na loteria genética parece ser, entre outras coisas, mais suscetível a depressões e rompantes de violência.

Proto e Oswald descobriram a frequência com que cada uma das formas de 5-HTTLPR ocorre em cada povo – e, nesse processo, de fato apareceu uma conexão com a satisfação das pessoas. Onde há muitos cidadãos particularmente insatisfeitos também há uma quantidade especialmente grande de pessoas com o gene curto para o transporte de serotonina. Na Dinamarca, em contraposição, quando muito apenas 40% dos habitantes possuem a variante curta. É por isso que na grande influência de um minúsculo gene poderia residir que os estadunidenses com antepassados italianos ficam boiando num nível de satisfação parecido com o dos italianos que vivem na Itália. "Há uma correlação surpreendentemente estreita e até hoje não esclarecida entre a satisfação dessas pessoas, mesmo depois que se desconta a renda pessoal e a religião", dizem Oswald e Proto.

Possivelmente eles acabaram mesmo descobrindo o primeiro gene da satisfação nesse gene vinculado ao transportador de serotonina. Mas os cientistas já têm certeza de que esse não será o único, mas que a satisfação de toda pessoa é determinada por todo um *pot-pourri* de genes.

O artífice da felicidade

Inteiros 50% de personalidade, mais de 30% de hereditariedade e no máximo 10% de meio ambiente: é assim que, no estado atual da pesquisa, mais ou menos se distribui a influência sobre a satisfação. Porém, essa distribuição não é tão clara quanto soa. Pois, em última análise, todas as esferas interferem em tudo: o meio ambiente e os genes não são simples adversários, como imaginaram os sociólogos e geneticistas nos primórdios da pesquisa genética. Vai ficando cada vez mais claro que eles exercem forte influência recíproca. Quem tem genes de ranzinza pode ficar mais satisfeito em um entorno especialmente amoroso do que ficaria apenas em virtude de sua disposição genética. Além disso, a personalidade também reside nos genes e o meio ambiente não é simplesmente dado por Deus. "O conjunto das influências genéticas sobre a satisfação com a vida tem efeito concomitante sobre a personalidade", diz Elisabeth Hahn. "Mas nossa análise também mostra que existem fatores ambientais que influenciam por igual a satisfação e a personalidade."

É claro que as condições direcionam o ser humano, mas não deveríamos esquecer que inversamente o ser humano também direciona seu meio ambiente. Afinal, buscamos para nós mesmos ativamente os nichos sociais, nos quais nos sentimos bem e que com frequência ainda reforçam a nossa personalidade. Quem é sociável gosta de se misturar com gente. Ali a pessoa recebe um *feedback* positivo, porque os demais gostam do seu jeito afetuoso e isso faz com que ela se torne um tanto mais sociável. É verdade que toda criança nasce dentro de uma família e está um tanto exposta ao caráter e ao estilo de educação do seu pai e da sua mãe. Porém ela também influencia consideravelmente esse estilo de educação e o modo com que o pai e a mãe lidam com a própria criança – por meio da personalidade com que ela vem ao mundo.

"Sem dúvida, existe um componente genético estável da satisfação", diz Elisabeth Hahn. "Em consequência, cada pessoa possui uma tendência básica de estar mais satisfeita ou mais insatisfeita com sua vida." Porém isso não significa que alguém seja por assim dizer condenado por seus genes a ver as coisas sempre só positivamente ou sempre só negativamente. "Contudo, uma propensão inata para o pessimismo significa para a pessoa implicada que ela provavelmente terá de se esforçar mais para, não obstante, ficar satisfeita em sua vida."

A pessoa inquieta:
Quando nenhum parceiro é bom o bastante

Três anos. Mais do que isso quase nunca corria bem. Depois de passar um par de anos com um homem que, de início, considerara um exemplar particularmente atraente de sua espécie, Luise Braun* dava um basta. Ela terminava a relação totalmente resoluta. Até completar 34 anos de idade, a advogada de Kiel nem se deu conta deste ritmo curioso de afeto íntimo, exame crítico e separação decidida. Ela achava que era acaso quando, mais ou menos depois do mesmo espaço de tempo, voltava a encontrar um novo homem dos sonhos. Toda vez ela tinha plena convicção de que naquele momento realmente quereria viver com essa pessoa até o fim dos seus dias. Porém, no mais tardar após a primeira briga, imiscuíam-se as dúvidas. Dali por diante ela passava a olhar criticamente para toda e qualquer atitude indesejada. Então Luise Braun quase só dava mais atenção para aquilo que a incomodava. Ela praticamente não percebia mais os "lados bons" do seu parceiro. E, quando num belo dia, topava com outro homem atraente, ela pulava fora.

Só quando completou os 35 anos de idade, foi que Luise Braun teve um lampejo: "O que aconteceu não foi nenhum acaso, foi princípio!", recorda ela, agora com 41 anos de idade. "Eu até era capaz de enumerar, em cada caso, boa quantidade de razões pelas quais eu deixei aquele homem", diz ela. Porém, em seu íntimo, ela sabia que tinha mais coisas por trás daquilo. É certo que este um bastante ambicioso, o outro um tanto aburguesado, o terceiro não lhe concedeu liberdades suficientes, outro ainda às vezes era bastante enfadonho. E naturalmente depois de alguns meses todos eles já não eram mais tão excitantes, bem arrumados e gentis como na primeira fase da paixão

---
* Nome modificado.

intensa. Porém, embora isso tudo se mantinha dentro de limites aceitáveis, aos olhos de Luise Braun os homens jovens eram "ambiciosos demais", "burgueses demais", "ciumentos demais" e "frouxos demais". Eles não estavam à altura das exigências.

Alguma coisa ou alguém evidentemente havia consolidado em Luise Braun a opinião de que ela tinha de estar 100% satisfeita com um homem. "Certo, talvez ele pudesse ter alguns defeitos bem pequenininhos e bem queridos", brinca ela. "Digamos, portanto, que eu queria achar um que fosse 99,5% perfeito."

Ela não sabia de onde vinha essa ideia fixa do "Sr. Perfeito": se teve origem na revista *Bravo*, na televisão RTL ou em sua mãe? "Em todo caso, eu nunca mais ficava bem satisfeita depois que a primeira fase do apaixonamento tinha arrefecido", diz Braun. "Faltava-me, então, a euforia inicial, a firme convicção de ter achado o homem mais maravilhoso do mundo, para o qual nenhum outro poderia ser páreo. E nem me ocorreu a ideia de que isso poderia ser algo normal. Para mim estava claro: eu sempre quero ser paparicada, meu coração precisa disparar, preciso caminhar nas nuvens. E brigas eram terminantemente proibidas."

Por essa razão, as despedidas dos homens praticamente não lhe causaram dor. Afinal, ela não queria nenhum "Sr. Imperfeito" e, na maioria das vezes, ao cair fora ela de qualquer modo já tinha outro. Ela era atraente, afetuosa, agradável – e disposta a fazer o que fosse preciso por seu sonho de amor cor-de-rosa.

A coisa só ficou doída quando um dia seu pai, sua mãe e seus irmãos disseram que não tinham mais vontade de participar daquilo. Ela queria trazer seu novo namorado para a celebração de Natal? Mas novamente um novo? Por favor, não faça isso, disse a mãe pouco antes dos dias festivos de 2009. Ela não queria sempre celebrar o Natal na presença de estranhos. Além disso, ela sentia muito toda vez que havia se acostumado com um daqueles jovens homens tão gentis e ele então já não estaria mais presente.

Isso a acertou em cheio. A própria Luise Braun já não tinha mais coragem de agir assim. "De repente fiquei com medo da minha insatisfação", diz ela. Quando seu namorado daquele período se foi, pois tinha conseguido um emprego atrativo no exterior, ela ficou sozinha pela primeira vez depois de anos. Por ansiar tanto uma relação perfeita e tendo em mente as palavras de decepção da mãe, ela já não sentia mais tanta vontade de envolver-se com um homem. Os relacionamentos se tornaram cada vez mais breves, a roda começou a girar cada vez mais rápido até que ela passou a estar disposta no máximo a um flerte. "Em cada encontro eu já tinha na cabeça o tempo que ele duraria, como se algum lugar debaixo da camisa desse homem estivesse escondido um carimbo com seu prazo de validade." "A expectativa de que, em algum momento, apareça o homem perfeito deixa a pessoa solitária", diz a terapeuta de casais e famílias Sandra Konrad de Hamburgo. A razão disso é simples: o homem sem defeito não existe. "Quem tenta se convencer de que apenas precisa encontrar 'a pessoa certa' fracassará", diz Konrad, que também já escreveu um livro sobre expectativas equivocadas em relação ao amor. Pois, segundo ela, não há aquela pessoa certa, mas muitos parceiros compatíveis para cada qual. "Só temos que arriscar nos envolver com eles", diz a terapeuta.

Luise Braun há muito já intuía que teria de mudar algo em suas expectativas. "Afinal, eu não queira chegar aos 60 anos trocando de homem nem abandonar o pai da criança assim que ela completasse dois anos", conta ela. Em outras esferas da vida, também lhe acontecia algo similar: o casaco de inverno que acabara de comprar logo já não parecia ser suficientemente bom, ela mudava de apartamento quase com a mesma frequência com que trocava de parceiro e também na profissão ela era claramente mais flexível do que seus conhecidos por acreditar que sempre ainda devia conseguir mais. "Sou ambiciosa", diz ela. "Em si não acho que isso seja ruim. É assim que se chega a ter algo. Porém, em algum momento, isso desembocou nessa inquietude. Eu só olhava mais para fora. Onde ainda havia algo para alcançar?" Com a ajuda de uma terapeuta, ela acabou aceitando que a imperfeição faz parte da vida. "Toda relação e todo emprego têm seus defeitos", diz ela. "Mas é melhor aprimorar esta parte do que sempre voltar para a estaca zero."

A jurista está convencida de que não foram só suas expectativas exageradas que contribuíram para essa sua roleta de parceiros, mas também o mundo moderno com suas muitas possibilidades. "Com certeza também comecei algo novo com tanta frequência porque simplesmente tive a oportunidade de fazer isso", conta ela. "Há 50 anos, meu comportamento teria sido impossível, pois uma mulher nem poderia se permitir tal troca de parceiros. Provavelmente eu teria me casado com meu primeiro namorado e, de alguma forma, o teria aceitado como ele é. Hoje é possível fazer constantemente um novo começo e constituir tudo de outra maneira. E eu tenho boa aparência, sou sociável e curiosa. Encontro rapidamente novos parceiros." Recentemente aplicativos de encontros como Tinder tornam as pessoas ainda mais permutáveis. Ali a breve ilusão do parceiro perfeito aparece diariamente de maneira nova, só para estourar de novo tanto mais rapidamente. O psicólogo Barry Schwartz chama isso de o "paradoxo da escolha". Possibilidades de escolha em demasia representam estresse, diz ele, tornam a pessoa inquieta, inconstante e nervosa (cf. *A mácula feminina*, p. 93). E no final ela sempre está insatisfeita com sua decisão.

"Não quero mais esse estresse", diz Luise Braun hoje com convicção. "Sei que prefiro lutar por aquilo que tenho." No verão passado, ela se envolveu com o Martin. Ela estava terrivelmente apaixonada, mas já naquele momento ela intuiu o que mais tarde a incomodaria nele: no primeiro encontro, havia uma calça jeans suja pendurada sobre o espaldar da cadeira da cozinha. Ele provavelmente jamais compartilharia o gosto dela pelas coisas bem organizadas. "De fato hoje muitas vezes eu me incomodo com ele, exatamente por causa da desordem. O tempo todo ele deixa as meias usadas jogadas no banheiro; e também não compartilho suas preferências culinárias. Mas, apesar disso, acho maravilhoso estar com ele."

O que acontece no corpo: A química da satisfação

Sentimos satisfação em todo o corpo. Uma sensação agradável perpassa o abdômen e se espalha por todos os membros. O coração bate com mais calma, a respiração se torna mais profunda. Mas é no cérebro que a satisfação ocorre de modo mais intenso. Ali ela é transmitida sobretudo pelo hormônio serotonina, um produto químico inexpressivo, composto de 25 átomos nada espetaculares dos tipos mais disseminados que existem em nosso universo: carbono, hidrogênio, nitrogênio, oxigênio – e nada mais.

O ser humano tem dez miligramas de serotonina no corpo, quase todos no trato gastrointestinal. Ali a serotonina faz com que o alimento seja digerido de maneira apropriada, pondo o intestino em movimento. Porém os 5% do hormônio que inundam o cérebro são os que realmente fazem a diferença: ali a serotonina nos dá uma sensação de serenidade, de tranquilidade interior, de harmonia e satisfação. E, ao mesmo tempo, ela abafa muitas emoções desagradáveis que perturbariam nossa satisfação. Angústia, agressividade, tristeza e também a fome diminuem quando a serotonina flui das células cerebrais e se espalha pelo cérebro. A mensagem tem o seguinte teor: "Você pode relaxar, você está saciado, ninguém ameaça você, não se preocupe".

Por nos deixar tão serenos e relaxados e, em consequência, afastar de nós as agressões, a serotonina também é chamada de "o hormônio que nos torna civilizados". "Nossa vida sentimental é como um concerto", disse certa vez o neurocientista Solomon Snyder da Universidade Johns Hopkins, "e serotonina é o dirigente pelo qual todos se guiam." Os mais diferentes estímulos e neurotransmissores estão implicados quando percebemos um copo d'água diante de nós. Porém é a quantidade de serotonina em nosso cérebro que decide se vemos o copo meio cheio ou meio vazio.

Em contraposição às endorfinas que provocam euforia e são responsáveis pelos momentos de grande felicidade, a serotonina é, portanto, a variante mais tranquila. Os hormônios da felicidade provocam o gozo, eles extasiam e não é só por acaso que se assemelham quimicamente à morfina, ao ópio e à heroína. Trata-se de hormônios avassaladores que nos deixam profundamente felizes. Infelizmente, porém, seu efeito passa rápido. "Essa sensação de felicidade dura pouco tempo e logo pede mais", diz o pesquisador do cérebro Gerhard Roth da Universidade de Bremen. Em contraposição, a serotonina é um neurotransmissor que só se decompõe lentamente. Ele não chega a promover o gozo. Mas ele é liberado durante a ejaculação e é responsável pela satisfação profunda após o orgasmo. A serotonina aparece quando nossas necessidades, inclusive as não sexuais, são amplamente satisfeitas.

A felicidade e a satisfação não só são transmitidas por diferentes substâncias, mas também atuam em regiões bem diferentes do cérebro. Os breves momentos de felicidade – por exemplo, a alegria desencadeada por um presente, a felicidade de abraçar alguém que esteve muito tempo ausente – ocorrem sobretudo no sistema de recompensa do nosso cérebro, mais precisamente no *nucleus accumbens*, que também desempenha um papel importante na gênese do vício. A satisfação, por sua vez, se localiza em um ponto bem diferente. Quando desfrutamos de um reconhecimento duradouro ou de uma amizade de longa data, são ativadas áreas do córtex cerebral. Trata-se de uma região superior do cérebro particularmente recente do ponto de vista da história da evolução; nela, os instintos mais baixos não têm lugar; nela, a consciência processa suas experiências.

Sensações de felicidade também são desencadeadas pela dopamina, que não é tão forte. Porém a dopamina desperta acima de tudo o anseio por algo. Quando a dopamina nos inunda, esperamos que algo bom nos aconteça. Trata-se de um hormônio da alegria antecipada, que igualmente atua no sistema de recompensa do cérebro. Porém ela não nos recompensa, mas nutre a expectativa de que a recompensa logo virá. Desse modo, ela nos motiva e nos torna dispostos a correr o risco. Que sabe como é boa a sensação de continuar correndo a passo lento diante dos espectadores em júbilo após conquistar a vitória numa corrida de 100 metros rasos, libera já no bloco de largada grande quantidade de dopamina, supondo que logo aquela boa sensação se repetirá. Quem se delicia com a sensação de chegar ao cume da montanha depois de uma escalada assume os riscos para chegar lá porque a dopamina o prepara para isso no seu cérebro. E contemporâneos menos ativos podem sentir um entusiasmo parecido ao verem uma barra de chocolate porque já sentem antecipadamente na língua o doce sabor que lhes proporciona sensações tão agradáveis. Café e nicotina também promovem a liberação de dopamina. É por isso que elas têm um efeito tão estimulante. Roth explica: "A dopamina não é em si uma substância da felicidade, mas ela nos promete a felicidade". É por isso que ela nos proporciona um forte impulso. Só depois que a dopamina reflui e depois de cumprida a tarefa, há lugar para a satisfação.

A felicidade é curta não só porque os hormônios da felicidade logo se decompõem. O cérebro, além disso, rapidamente se habitua ao efeito dos opiáceos e da dopamina. E uma vez que os neurônios gastaram sua felicidade, não há mais como entusiasmá-los tão cedo de novo. É quando nos "acabamos de alegria", como diz o pesquisador do cérebro Roth. A habituação também aumenta com a idade. Pessoas mais velhas vivenciam mais raramente momentos de êxtase – também porque seus receptores de opiáceos se embotam. Na velhice, não é só o corpo que se debilita mais, mas também o sistema de recompensa se esgota. Muitas vezes as pessoas mais velhas já não conseguem mais se entusiasmar. Em parte, isso se deve ao fato de já terem visto muita coisa na vida. Porém também tem a ver com a diminuição da capacidade dos seus neurônios de se entusiasmarem. Isso não é necessariamente negativo: pessoas mais velhas reiteradamente descrevem a boa sensação de terem se tornado mais tranquilas, dizendo que não ficam mais tão incomodadas como antes, que não se sentem mais a inquietude constante, premente e incansável que os levava a crer que tinham de trabalhar mais, envolver-se mais, não perder nenhuma oportunidade. Pois o que aumenta nessa hora é a satisfação.

Estar feliz o tempo todo seria até claramente prejudicial à saúde. Pessoas que padecem de transtorno bipolar de fato vivenciam uma fase de felicidade duradoura e extática. Trata-se, porém, das fases maníacas de uma doença psiquiátrica grave. No caso dessas pessoas, os neurotransmissores do cérebro se desorganizaram totalmente. Por essa razão, a pessoa que está nessa fase maníaca se lança sobre o melhor que a vida lhe oferece naquele momento – isso pode ser sexo, álcool, o êxtase da velocidade, mas também um projeto profissional que ela põe em prática com um engajamento de tirar o fôlego. Ao fazer isso, pessoas de fora podem perfeitamente ser arrastadas junto: o projeto pode ter grande sucesso e pessoas estranhas se entusiasmam com a sociabilidade e a presença de espírito daquela pessoa. No entanto, durante essa fase o paciente negligencia completamente outras coisas: o orçamento doméstico e a família justamente lhe parecem muito sem graça para fazer com que algum hormônio entre em ebulição no seu cérebro. Para ela o sono é sem importância, sem graça e entediante. É óbvio que isso não pode durar muito, já por razões físicas.

Quando estamos em *flow* [fluxo], ou seja, quando esquecemos nosso entorno ao fazer algo, outras regiões do cérebro também participam. Há quem goste de designar o estado de *flow* como a vivência última da felicidade, mas na realidade trata-se de uma dissolução completa no aqui e agora. Não há nenhum espaço para sensações de felicidade, por estarmos por demais ocupados com certa atividade. Vivenciamos o *flow*, quando resolvemos uma tarefa não muito fácil com a máxima concentração, ou seja, quando não ficamos entediados nem sentimos que a tarefa está além da nossa capacidade, mas aplicamos todo nosso conhecimento e nossas capacidades para dar conta de um desafio para nossa satisfação. Quem se encontra em *flow* são os músicos, esportistas, alpinistas e também jornalistas que se aprofundam em seu livro. Nesses momentos, confiamos no que sabemos. Cumprimos tarefas quase automaticamente e resolvemos problemas. Só somos capazes de fazer isso porque os gânglios da base emitem sinais sem parar – trata-se das regiões do cérebro situadas abaixo do córtex cerebral, nas quais estão armazenados todos os hábitos e automatismos. O que fazemos é realmente "coisa de quem conhece", diz Gerhard Roth.

Logo, só chegamos ao *flow* quando não estamos estressados. Afinal, no estresse também são liberados hormônios que frequentemente exercem uma ação contrária à dos hormônios da sensação de bem-estar. O coração de quem pela primeira vez veleja sozinho ou de alguém que, com a habilitação recém-obtida, pela primeira vez dirige um carro, sem que o instrutor esteja ao seu lado para pisar no freio, bate forte e descompassadamente. Os hormônios da preocupação se espalham. Nessas situações, a satisfação não tem lugar. Quem a obtém é o profissional que serenamente apara as rajadas de vento e consegue desfrutar da velocidade porque sabe que a domina.

O baterista Martin Grubinger falou certa vez em uma entrevista de modo marcante sobre o *"flow"* que ele vivencia quando passa uma noite inteira fazendo música. Às vezes Grubinger dá vários concertos em sequência, podendo chegar a seis em uma noite. Grubinger conta essa vivência assim: "É esse momento difícil de descrever, quando de repente estamos no *flow* e só ouvimos mais o pulsar do próprio coração, mas não percebemos mais nada à nossa volta conscientemente. Quando subitamente nos tornamos um com o dirigente, com a orquestra, com os músicos e não percebemos mais o público, mas estamos apenas dentro deste túnel. Nesse momento, não sinto mais nenhum esforço, nenhuma pressão ou nervosismo, mas somente a satisfação e a tranquilidade interior completa. Isso é a busca pelo limite: do que ainda somos capazes? O que mais podemos fazer com o instrumento em termos técnicos e musicais?"

A pessoa que faz *doping* cerebral:
O perigo de exigir cada vez mais de sua mente

Patrick Harms[*] tentou sujeitar seu cérebro pela primeira vez em um momento de necessidade extrema. Esse momento aconteceu exatamente um mês antes do início do seu primeiro exame nacional de suficiência em medicina. A quantidade de material que o estudante de medicina ainda teria de absorver nas quatro semanas e meia seguintes desencadeou nele uma sensação muito desagradável de pânico em gestação. "A carga de conteúdo da faculdade é gigantesca. Outras pessoas não aprendem em toda a vida a quantidade de conteúdo que tive de assimilar naquela vez apenas para uma prova", diz o jovem médico hoje em retrospectiva e dá risada. Naquela ocasião, ele não achou tanta graça da sua situação. Um mês antes do início das provas já não

---
[*] Nome modificado.

havia mais como conseguir dar conta da quantidade de temas das muitas disciplinas. Ele deveria ter iniciado seus preparativos muito antes disso. Agora teria de estudar todo dia e na verdade também toda noite, mesmo não sabendo como conseguiria aguentar isso fisicamente. Mas então uma colega lhe ofereceu um medicamento chamado "Vigília". Belo jogo de palavras. Vigília significa passar a noite desperto. "Você quer provar uma?", perguntou a estudante e puxou uma embalagem da gaveta de sua escrivaninha. "Isso deixa você totalmente desperto."

Totalmente desperto: era isso que Patrick Harms queria. Finalmente não se sentir mais tão cansado ao anoitecer, quando ele ainda se torturava em confusão mental com seu material de estudos após as horas de estudos diurnas. Em vez disso: totalmente desperto! Tão desperto que conseguiu meter na cabeça sem esforço outro capítulo do manual. Isso soou bem tentador.

Quando tomou seu primeiro comprimido, ele teve uma sensação incrivelmente agradável. Na verdade, a modafinila (esse é o nome do princípio ativo) é um medicamento indicado para a narcolepsia, uma doença enigmática em que as pessoas caem em sono profundo de um segundo para o outro, não importando se estão caminhando ou parados. Patrick Harms também tinha a sensação de que isso logo poderia lhe acontecer se continuasse a estudar seus livros até tarde da noite, mas é claro que ele não tinha a doença do sono; ele estava cansado de tanto estudar e da falta de sono. Com a modafinila isso sumiu como que por encanto: "Eu me sentava diante dos meus escritos e tudo de repente ficou claro como a luz do sol", conta ele. Não restou nenhum vestígio de confusão, incompreensão e conteúdo programático demais. "Eu conseguia me concentrar até de noite ainda por horas sem me distrair com a verificação constante de *e-mails* ou com a leitura das postagens mais recentes no *Facebook*", conta Patrick, hoje com 31 anos de idade. E de fato, no exame, ele se saiu bem melhor do que esperara um mês antes do início das provas.

É claro que esse primeiro episódio de otimização cerebral de Patrick Harms não foi o único. Sempre que acreditava necessitar proximamente de uma mente mais desperta ou mais capaz de aprender, ele tomava um comprimido. Logo o estudante já não confiava poder enfrentar situações difíceis sem a ajuda do medicamento. E após meses de experiência com a modafinila, ele também experimentou outras substâncias para turbinar seu cérebro e chegar a desempenhos extremos. "Tornei-me, no sentido literal da palavra, chegado num trago", diz Harms. Ele ficou entusiasmado com o metilfenidato, mais conhecido pelo nome comercial de Ritalina. Na sua opinião, este medicamento lhe proporcionava uma concentração especialmente boa. "Com a Ritalina eu me encontrava em um estado eufórico de trabalho", conta ele.

Leandro Panizzon presumivelmente teria gostado das histórias de Patrick Harms. O químico desenvolvera o medicamento na década de 1940 no conglomerado farmacêutico suíço Ciba e certo dia o trouxe para casa e o ofereceu a sua esposa. Ele lhe disse que o experimentasse, talvez a deixasse mais animada. Funcionou: Marguerite, chamada de Rita, passou a tomar a substância mais tarde chamada pelo seu nome sempre antes dos jogos de tênis – e a lenda conta que dali por diante ela simplesmente liquidava suas adversárias. Ritalina "estimula e anima – com moderação e objetividade" constou em 1954 no texto da primeira licença. Logo a Ritalina, que tem afinidade química com as anfetaminas, passou a fazer carreira como meio para tratar crianças com transtornos de atenção. No entanto, ela também passou a ser cada vez mais apreciada em outros círculos. Estudantes e atores esperam dela o efeito de incrementar a concentração tanto quanto pilotos, modelos, cientistas e administradores. Já faz alguns anos que dois milhões de alemães disseram, em uma pesquisa de opinião do Instituto Forsa, ter feito experiências com preparados ativadores do cérebro. E, segundo a *Deutsche Angestellten-Krankenkasse* [Caixa de Saúde para Empregados da Alemanha], 800.000 trabalhadores saudáveis engolem comprimidos regularmente para suportar melhor o dia a dia. Testes de *doping* após o trabalho de conclusão de curso já poderiam ser instituídos como procedimento padrão na Universidade, caso se possa dar crédito aos neurocientistas que se ocupam com o *doping* do cérebro.

Metilfenidato induz um aumento da concentração de dopamina no cérebro, ou seja, ele proporciona felicidade e recompensa – e a pessoa costuma querer cada vez mais disso. E ele de fato eleva o estado de alerta, aumenta a atenção e reduz o tempo de reação. "O efeito da Ritalina não é diferente do da cocaína, só não é tão forte", diz o neurologista Gerald Hüther da Clínica Universitária de Göttingen. A modafinila eleva por um lado a quantidade de serotonina, o hormônio da satisfação, no cérebro, mas parece que, diferentemente do que se pensou por muito tempo, ela eleva ao mesmo tempo também o nível de dopamina, não atuando só no sentido de reduzir o Ácido Gama Aminobutílico [GABA, em inglês] que inibe a dopamina. É por isso que a modafinila também vicia. "Altamente concentrado e cheio de energia", é como Patrick Harms se sentia com a Ritalina. Ele abafou o medo de efeitos colaterais.

No início, o estudante ainda tomava a substância ativa em forma de comprimido. Mas, em seguida, ele começou a pulverizá-la e a aspirá-la pelo nariz como se fosse cocaína. Logo isso tampouco lhe bastou. Ele passou a dissolver as pílulas e a injetar o estimulante da atenção direto na veia. "Eu me comportava como um drogado e de fato era um drogado", diz ele. E o que buscava era tão somente funcionar melhor no seu cotidiano estudantil. Hoje ele diz: "Foi algo completamente desproporcional meter essa droga na cabeça só por causa disso. Porém, naquela época, eu tremia nas bases só de pensar em ter de me virar sem a Ritalina".

Mas é de se perguntar por que não. Há especialistas que dizem: há muito já fazemos coisas parecidas diariamente, otimizando-nos em todos os aspectos, para satisfazer nossas exigências ou as de nosso empregador. Se meios como o metilfenidato e a modafinila de fato podem elevar nossa atenção e aumentar nossa resistência: não seria sustentável turbinar farmacologicamente seus giros cerebrais? E isso não é tudo: os passageiros não veriam com bons olhos se todos os pilotos de avião tivessem o dever de engolir esses comprimidos? E não poderíamos então finalmente aprender tudo que queremos? "O dom inventivo do ser humano nos deu a escrita, a imprensa e a *internet*", escreveram sete neurobiólogos há alguns anos na revista especializada *Nature*. Afinal, os seres humanos sempre vão querer melhorar sua *performance*; no momento em que o *doping* do cérebro se tornar inofensivo, ele poderia trazer muitos benefícios à sociedade. Os pesquisadores dizem: "As drogas parecem ser algo especial por alterarem as funções cerebrais. Porém, se formos honestos, esporte, alimentação e leitura também fazem isso".

A forte pressão por cumprir horários, a obrigação ou o ímpeto de ser melhor do que o colega, a constante disponibilidade por meio de *e-mails* e *smartphones*, a angústia existencial – justamente em tempos de crise, muitos acreditam que só conseguirão dar conta do trabalho apelando a esses pequenos ajudantes. De cada quatro alemães, um acha justificável se dopar. "As pessoas exigem de si mesmas desempenhos acima de sua capacidade natural", diz o especialista em vícios Götz Mundle das Clínicas de Oberberg, na Floresta Negra. "O limiar de inibição baixou de modo preocupante."

"As relações são doentias", escreveu Günter Amendt, o educador sexual da geração de 1968, em seu livro *No Drugs. No Future* [Sem drogas, não há futuro]. Na sociedade de alto desempenho, as pessoas simplesmente não poderiam mais subsistir sem drogas. De fato, cada época tem seu comprimido: na década de 1950, as donas de casa tornavam a hipocrisia pós-guerra suportável com o *valium*, nos anos sessenta os *hippies* se transportavam para campos floridos com o LSD, nos anos oitenta, os *yuppies* aceleraram sua vida com o *speed* e a juventude eterna dos anos de 1990 dançou no embalo do *ecstasy*. Agora, a era do estresse e do *burnout* promove precisamente as drogas para dar conta do trabalho. Entre elas, não se encontram mais só o metilfenidato e a modafinila. Toma-se até medicamentos contra problemas cardíacos, *alzheimer* e esquizofrenia para superar o estresse ou fomentar a capacidade da memória.

O que perturba é muitos especialistas dizerem que todas essas substâncias não têm absolutamente nenhum efeito em pessoas saudáveis. Em todo caso, praticamente nenhum. Em estudos com pessoas que tomaram modafinila, elas talvez tenham ficado um pouco mais animadas. E com Ritalina elas talvez tenham se mostrado um pouco mais receptivas. Porém, para ter o mesmo efeito se poderia beber duas ou três xícaras de café, diz Andreas Franke, médico e especialista em *doping* cerebral. Em todo caso, as pessoas testadas por ele de modo nenhum ficaram mais concentradas após tomarem Ritalina, mas cometeram mais erros e escreveram coisas confusas na sua euforia guiada pela dopamina. Em contraposição, estudos mais recentes registram um efeito de despertamento quando as pessoas testadas tiveram de resolver tarefas mais complexas e reagir a estímulos visuais e auditivos.

Patrick Harms, em todo caso, tinha a forte impressão de que a Ritalina liberava o seu cérebro para qualquer quantidade de matérias a serem estudadas. Ele se sentia capaz de mostrar alto desempenho, acreditava ter força inesgotável. Será que tudo isso não passou de um efeito placebo? Em todo caso, é o que supõe Klaus Lieb, cujo grupo de trabalho na clínica psiquiátrica da Universidade de Mainz examinou com a colaboração de Andreas Franke o quanto é realmente bom o desempenho dos estudantes. A mente é poderosa. Bastaria que alguém cresse ser mais capaz por causa de um comprimido engolido – e já acontece exatamente isso. "O metilfenidato intensifica a autoapreciação subjetiva", esclarece o cientista. "A meu ver, os relatos entusiásticos de experiências feitas surgem do efeito euforizante da substância mais do que de um autêntico aumento do desempenho."

A fé deve ser levada em conta. Em todo caso, também no que se refere à vontade de tomar o próximo comprimido, seu efeito real é quase irrelevante. As substâncias usadas para o doping cerebral de qualquer modo geram uma dependência mais mental do que física. E para isso basta a convicção de que os comprimidos ajudam a estudar. Patrick Harms acreditava poder preencher melhor as próprias expectativas com o auxílio das drogas. Sem as drogas, ele brigava constantemente consigo mesmo: muito desconcentrado, muito esquecido, muito distraído.

"A pressão constante de pôr em prática todas as possibilidades que se oferecem ainda ganha impulso com o doping cerebral", diz Klaus Lieb. As pessoas teriam desaprendido a dizer não. Elas estariam sempre querendo extrair o máximo de si mesmas, só para depois continuar a ser constantemente acossadas. Como eu me otimizo? Lieb diz que isso começa com a cirurgia estética, passa por aplicativos que oferecem o melhor treinamento para o corpo e vai até o cérebro. "Os mecanismos são muito parecidos", de acordo com Lieb. "E são perigosos."

"Se formos constantemente além das nossas forças, é claro que acumularemos um déficit de sono", diz Klaus Lieb. "Quando não fazemos pausas, entramos numa espiral de tensionamento constante, doping e ficar sem dormir. Lançar mão do comprimido é extremamente arriscado, porque é muito difícil conseguir sair dessa espiral." Dados mais recentes indicam que a Ritalina evidentemente também altera a estrutura do cérebro.

Com o auxílio de um terapeuta Patrick Harms acabou conseguindo se livrar das drogas. Contudo, o que o levou a isso não foi tanto a noção de que era ele mesmo que fazia exigências grandes demais a si mesmo, as quais ele, por sua vez, só conseguiria enfrentar exigindo demais de si mesmo. Não foi a noção de que estrutura e mais realismo o teriam ajudado mais a dar conta de suas tarefas. No caso de Patrick Harms, os efeitos colaterais não podiam mais ser ignorados.

Assim, ele foi advertido com veemência cada vez maior por seus amigos. Eles foram os primeiros a chamar sua atenção para o fato de que tinha se tornado cada vez mais insatisfeito, de que ele estava frequentemente de mau humor e agressivo. As substâncias começaram a alterar sua personalidade. Isso Patrick Harms talvez ainda tivesse ignorado. Ao mesmo tempo, porém, ele foi se tornando cada vez mais leviano e, apesar de todos os comprimidos, negligente e desconcentrado. A Secretaria Central Alemã para os Riscos de Dependência adverte que, no início, o metilfenidato até deixa a pessoa eufórica e expansiva, mas a capacidade de planejamento já não continua a mesma. E que a euforia leva a superestimar a própria capacidade de desempenho: "Assim, provas muitas vezes são encaradas com menos seriedade e cuidado". No caso de Patrick Harms, os comprimidos que inicialmente lhe possibilitaram tanto aprendizado adicional acabaram tendo um efeito negativo sobre as notas. Ele disse: "Isso foi a deixa. Se o desempenho tivesse sido o esperado, provavelmente eu não teria parado de usar".

O mau humor na crise da meia-idade

Por melhores que sejam os genes e por maior que seja a satisfação de alguém de modo geral, sempre ocorre um ataque à sensação subjetiva de bem-estar, do qual dificilmente alguém consegue escapar, e este se chama crise da meia-idade. Mestres na arte de viver e profissionais autônomos passam por ela tanto quanto o trabalhador sacaneado no emprego mal-remunerado ou o administrador das engrenagens do poder: em algum momento entre os 40 e os 50 anos de idade, eles são atingidos por uma forte bordoada que provoca um considerável abalo na autocompreensão da pessoa e também na concordância consigo mesma e com o mundo, apesar de toda a experiência de vida e de toda a capacidade de tomar decisões sábias que comumente se alcançou nessa idade. "Isso foi observado em todas as partes do mundo", diz a neurocientista Tali Sharot. "Da Suíça ao Equador, da Romênia à China." A diferença reside tão somente em que idade o humor atinge o ponto mais baixo. A crise atinge os britânicos em média já aos 35,8 anos, ao passo que os italianos chegam ao fundo do poço só aos 64,2 anos de idade. E os alemães têm sua crise da meia-idade de fato mais ou menos na metade de vida – em média com 42,9 anos.

Portanto, quem aos 40 anos de idade de repente começa a levantar da cama pela manhã com ideias sombrias ou fica cada vez mais pensativo sobre si e sobre o mundo, realmente não está sozinho nisso. E há mais um aspecto consolador: mesmo que não se consiga acreditar muito nisso enquanto se está diretamente envolvido nela, a crise da meia-idade também tem seu lado bom. Pois ela é um sinal inconfundível de que logo as coisas vão melhorar de novo. Quem está afundado na crise geralmente já passou alguns anos vendo sua satisfação sumir pouco a pouco. Porém, quando chegamos ao vale de lágrimas, podemos estar certos de que um ganho de prazer e sensação de bem-estar é apenas uma questão de bem pouco tempo. Pois a satisfação costuma traçar na vida de uma pessoa uma curva em forma de U: na juventude, a satisfação de quase todo contemporâneo é especialmente grande e, a partir daí, ela vai diminuindo continuamente até atingir o ponto mais baixo mais ou menos na metade dos 40. É quando se dá a crise. Mais ou menos a partir do 50º aniversário a sensação de bem-estar começa a aumentar de novo. A satisfação vai crescendo até pouco antes da morte, conta Tali Sharot.

Os cientistas tentam achar a razão pela qual a sensação de bem-estar das pessoas descreve essa curva, mas até agora não chegaram a uma explicação convincente. Algumas tentativas de explicação são plausíveis: a origem da crise dos 40 não poderia ser o fato de a vida ser particularmente desgastante nos 30 e nos 40? Talvez por estarmos tentando chegar a alguma coisa na profissão e, ao mesmo tempo, termos crianças pequenas que demandam atenção e cuidado? Ou por que há fases difíceis de controlar – talvez uma separação ou os filhos deixando a casa dos pais? Tali Sharot diz: "Não, a razão não é essa". Pois a curva em U também vale para pessoas sem filhos. Além disso, ela independe do nível de formação, da renda, de parcerias. E até do gênero: ela se aplica igualmente a homens e mulheres. "Responsável pela crise da meia-idade não é, portanto, a menopausa nem algum papel específico de gênero", enfatiza o economista social britânico Andrew Oswald. Pode ser que as mulheres sofram especialmente com isso quando, na medida em que envelhecem, vão perdendo os atrativos pelos quais são definidas com bastante frequência. Porém, mesmo que isso certamente não torne a crise da meia-idade mais suportável: a fase atribulada transcorre de maneira muito parecida em homens e mulheres.

Logo, por trás da crise da meia-idade, parece encontrar-se um fenômeno biológico universal. Pois o ponto baixo da crise não atravessa só todos os estratos, etnias e povos humanos, mas também ocorre nos macacos. Os chipanzés e orangotangos também chegam a um ponto de mutação na metade de suas vidas, que se expressa por meio de insatisfação e rabugice e às vezes também pela agressividade contra seus companheiros. E observe-se que os macacos antropoides não precisam dar conta, na metade de suas vidas, de nenhuma separação e nenhuma hipoteca pesa contra eles.

O conhecimento do humor deplorável dos macacos na fase média da vida provém do psicólogo Alexander Weiss, que já estudou a personalidade e a satisfação dos macacos (cf. *Genes do bem-estar*, p. 61). Weiss entrevistou os cuidadores de 508 chipanzés e orangotangos em zoológicos, perguntando-lhes como avaliam a sensação de bem-estar dos seus protegidos e confrontou essa impressão com a idade dos animais. Os cuidadores deveriam responder quatro perguntas: com que frequência o macaco que eles conheciam bem estava positivamente disposto e com que frequência estava de mau humor? Quanta alegria de vida ele conseguia extrair da convivência social com outros macacos? O quanto ele era bem-sucedido em alcançar seus objetivos? E o quanto os cuidadores seriam felizes se fossem este animal por uma semana?

Ao fazerem isso, diversos cuidadores chegaram a apreciações surpreendentemente similares do mesmo animal. E, não importando se os macacos viviam em zoológicos japoneses ou na Austrália, no Canadá, nos Estados Unidos ou em Singapura: em toda parte, é bem evidente que, na metade de suas vidas, estavam piores do que antes e depois dessa fase. De acordo com isso, pelo menos nos zoológicos, os chipanzés e orangotangos padecem de uma cristalina crise da meia-idade, que, a exemplo do que ocorre no ser humano, depois de alguns anos se esgota. Os macacos atingem o ponto mais baixo de sua condição psíquica em média com 32 anos – ou seja, tendo em vista sua expectativa de vida mais breve, em um ponto da vida equiparável ao dos italianos. Alexander Weiss opina que possivelmente não se deve atribuir a infelicidade à civilização humana, mas ela deve ter fundamento biológico e foi fixada nas estruturas cerebrais já no nascimento.

Ou isso singelamente está relacionado com o aprendizado social: afinal, caso não sofra de perda geral da noção de realidade, todo ser humano na meia-idade registra que algumas portas já não estão mais abertas para ele. Ao passo que pessoas com 20 anos de idade têm possibilidades não imaginadas e geralmente acreditam nisso, toda pessoa que completou seu 40º aniversário sabe que há limites para o seu desenvolvimento. É mais provável que ela não se torne mais uma famosa cantora lírica e provavelmente não iniciará mais uma faculdade de física nuclear nem terminará a tese de doutorado que começou há anos. Nessa idade, já teriam sido tomadas decisões que determinam a vida e dificilmente podem ser anuladas, diz a socióloga Hilke Brockmann de Bremen: "Quem então estiver insatisfeito com o curso da carreira profissional ou se entedia com seu parceiro possivelmente se sinta imobilizado".

Só em idade mais avançada voltamos a nos habituar com as chances desperdiçadas e nos arranjamos com os sonhos desfeitos. Por essa razão, a satisfação volta a aumentar depois de alguns anos de pesar.

Se essa teoria estiver correta, a quebra na satisfação durante a meia-idade seria, uma vez mais, consequência da comparação mental. Isso se encaixaria bem. Afinal, comparações desempenham um papel importante para a satisfação – interior e exterior (cf. *O que ainda assim nos ensina a pesquisa sobre a felicidade*, p. 25). O que deixa alguém satisfeito não é só o fato de, como pessoa de classe média, conviver mais com pessoas de nível social inferior do que com uma clique de ricos materialmente mais bem situados do que ela própria, nem só o fato de, em seu círculo de amigos, ainda se encontrar entre os que chegaram mais longe; de acordo com isso, está satisfeito também quem se garante mais na comparação com as próprias exigências. Este balanço passa por uma prova dura na metade da vida. Como uma pessoa jovem pensou que seria sua vida de adulto? Estas esperanças se cumpriram ou o quarentão ficou bem aquém do que imaginou para si mesmo no passado? Nesse ponto, surge, na vida de muitas pessoas, uma dolorosa discrepância entre a realidade da sua vida e o que certa vez esperavam da própria vida, e ela as deixa insatisfeitas.

No filme *The Kid* [*Duas vidas*, em português], Bruce Willis aliás Russell Duritz, passa muita vergonha ao ter um encontro consigo mesmo na idade de oito anos pouco antes do seu 40º aniversário: ele vê um menino pequeno e gorducho chamado Rusty, sem amigos e totalmente avesso a contatos com pessoas, quase um caso para um psiquiatra infantil. Entrementes Russell se tornou um consultor de imagem egocêntrico, mas bem-sucedido, dono de um carrão e de uma casa chique. Ele tinha reprimido completamente o que tinha vivenciado quando criança. Porém o pequeno e simpático Rusty também não ficou exatamente entusiasmado com o seu *alter ego* adulto: é isso que ele será um dia? Não um piloto, mas um consultor esquisito que não tem esposa nem filhos nem mesmo um cachorro?! Rusty acha que está em vias de se tornar um fracassado completo.

Só que, diferentemente do que acontece no filme hollywoodiano, nossos desejos e anseios infantis normalmente não são destruídos por um vislumbre do futuro, mas todo adulto volta e meia faz uma comparação interior com as imagens que tinha no passado. No caso de Russell, a coisa ainda acaba bem. Após o encontro com Rusty, o tipo egocêntrico se abre para a colega simpática que já gostava dele o tempo todo, casa com ela, tem quatro crianças e o cachorro que tanto queria em sua infância. Contudo, na realidade, a comparação frequentemente é dolorosa porque não há como realizar os desejos. E isso também se deve ao fato de, como crianças, nutrirmos sonhos bem grandes.

Quem é jovem com frequência constrói castelos nas nuvens, diz o economista Hannes Schwandt da Universidade de Zurique, especializado em Economia do Desenvolvimento de Crianças e Jovens. "Pessoas jovens superestimam fortemente seu futuro; elas são superotimistas", diz ele. "Elas acreditam que serão do tipo que não se divorciará, que terá dinheiro, bons empregos e crianças saudáveis." Então chega a vida real. Nela os jovens forçosamente se decepcionam, porque não conseguem assegurar o emprego dos sonhos e seus rendimentos não são suficientes nem para financiar uma cavalgadura ou uma casa antiga. Na condição de quarentões, eles têm de lidar com seu pesar por não terem realizado seus sonhos nem poderem mais realizá-los. O que se vê são carinhas tristes.

Schwandt analisou os dados de 23.000 pessoas entrevistadas durante um intervalo de tempo de dez anos no quadro do painel socioeconômico. Ele se interessou, de um lado, pelo grau de satisfação momentâneo das pessoas testadas. Mas ele também queria saber qual era a opinião delas sobre seu grau de satisfação dali a cinco anos. O resultado era claramente favorável aos mais velhos:

"Pessoas mais velhas não só conseguem lidar melhor com chances desperdiçadas", diz Schwandt. Elas tampouco têm expectativas tão grandes em relação ao futuro. Assim elas não esperam ainda fazer carreira. Elas se tornam mais satisfeitas porque se ajeitaram na vida. Ao fazerem isso, elas até subestimam o que a vida ainda tem a lhes oferecer. Em consequência, os mais velhos – diferentemente dos jovens com seus castelos nas nuvens – frequentemente são surpreendidos positivamente pela realidade. E isso as deixa bem satisfeitas.

A pessoa que reduz a velocidade:
Diminuir o ritmo pode ser uma medida inteligente

Faz tempo que ele não sente inveja. Afinal, faz anos que Johannes Althoff transita na pista de ultrapassagem. Já no final dos trinta, seus chefes o designaram como novo diretor de departamento da firma de relações públicas, na qual ele havia ingressado logo após a conclusão da faculdade. E Althoff continuou pisando no acelerador. Ele amava esse emprego, no qual era tão bom quanto havia sonhado desde o início. Os clientes gostavam demais dos seus projetos e ele tinha um sucesso incrível. Não o incomodava o fato de facilmente chegar a trabalhar 80 horas por semana. Pois ele sabia para que: seu apartamento em Colônia era quatro vezes maior do que os de seus colegas de curso. Dinheiro não era preocupação para ele. E o entusiasmo dos chefes e dos clientes o impulsionava ao desempenho máximo.

Até que, depois de tantos anos, já quarentão, subitamente reaparece a inveja. Esse sentimento há muito esquecido. Ele fora causado pelo telefonema de um amigo bem, bem antigo. A conversa foi curta como na verdade quase sempre nos últimos anos. Afinal, Johannes Althoff nem tinha mais vontade de puxar longas conversas particulares. Da sua vida privada de qualquer modo não havia muito o que dizer. E, além disso, ele ainda queria rapidamente terminar o próximo projeto. Porém a frase do amigo o atingiu em cheio: "Pena que não vens conosco. Antigamente sempre nos divertíamos tanto no bar".

---
* Nome modificado.

De repente instalou-se a saudade. "Eu tinha esquecido completamente a sensação de ter um amigo realmente bom e de sair com ele; eu tinha esquecido o que é a amizade verdadeira", diz Johannes Althoff. Durante mais de dez anos ele não dera muita importância para isso. Ele tinha tirado mais proveito dos seus êxitos profissionais do que de encontros com amigos. "Eu direcionava quase todos os meus esforços para avançar no emprego", diz Althoff. "As conversas e piadinhas dos outros na verdade me entediavam."

No entanto, uma vez inflamada, foi crescendo nele a inveja de todos aqueles que, ao anoitecer, depois de cumprirem as horas regulamentares de trabalho, ainda tinham tempo e energia para beber um copo de cerveja em boa companhia. Subitamente Johannes Althoff começou a olhar diferente para seu próximo desafio profissional. "Eu me senti mais como alguém que cumpre o dever e não sentia mais tanta alegria no trabalho", conta ele. "Frequentemente eu levantava da cama de manhã com uma sensação ruim, pois achava que só conseguiria fazer o meu trabalho no meu nível de exigência em termos de qualidade se novamente fizesse algumas horas extras. Eu me senti como um escravo da minha agenda. Isso me deixou completamente insatisfeito."

Ele não só sentiu a pressão, mas de repente também viu o preço que estava pagando por seus êxitos, ou seja, tudo que ele estava perdendo. Antes ele passava bem satisfeito seu tempo livre no escritório e levava trabalho para fazer em casa. Ele se alegrava por resolver as coisas e fazê-las bem feitas. Agora, porém, sempre que ia trabalhar no escritório durante um domingo, em vez de empreender um passeio com amigos, ele sentia a tristeza se avolumar dentro dele. Ele sabia que ninguém realmente sentiria sua falta, pois de qualquer modo ele já não fazia mais parte do grupo. "Cada vez mais eu me perguntava: para que tudo isso?", diz Johannes, agora com 48 anos de idade. "E ficou claro para mim que, na verdade, há muito tempo eu mesmo já não existia mais." Quando, além disso, seu irmão ficou doente, ficou claro: antes que a vida passe, é preciso vivê-la, inclusive fora do escritório.

Foi difícil para Althoff comparecer diante dos seus chefes e pedir para trabalhar menos. Porém ele se deparou com total incompreensão.

Disseram que no ramo das relações públicas se exige empenho total. Tempo parcial não era viável. Muito menos na posição que ele ocupava. E quanto a ser rebaixado de posto: eles não acreditavam que um macho alfa como Althoff conseguisse se conformar com isso. Como ele se enquadraria no nível inferior? Porém Althoff pressionou e, por fim, seus superiores aceitaram que, dali por diante, ele diminuísse o ritmo. Desde então ele só trabalha mais quatro dias por semana. Nas sextas-feiras ele tem folga. Nem sempre ele cumpre isso estritamente, porque quer continuar a entregar seus projetos bem feitos, mantendo seu parâmetro de qualidade, e, para isso, o período de quatro dias de trabalho muitas vezes não é suficiente. Mas ele tenta passar pelo menos dois dias da semana sem trabalhar. Ele diz: "Agora minha renda é 20% menor, mas tenho 50% a mais de lazer". Ele opina que o único propósito de ganhar muito dinheiro é gastá-lo logo de novo. "Sendo que nem se pode comprar a coisa mais preciosa na vida: o tempo."

Inquestionavelmente seria preciso aprender a viver a nova vida. "No início, frequentemente me senti vazio. Eu já nem sabia mais como era o lazer", conta o especialista em relações públicas. Nesse meio tempo, também aconteciam crises menores e ataques maiores de pânico. "Provocar uma reviravolta como essa na vida e encontrar realização na liberdade requer uma vontade forte e muita força", diz Althoff.

Nos Estados Unidos, isso há muito já foi reconhecido. Lá o fenômeno de recuar profissionalmente já tem um nome há quase 20 anos: "*downshifting*" se diz para reduzir a marcha do carro. Para isso, porém, frequentemente é preciso que alguma coisa mude dentro da cabeça. Estudos estadunidenses mostram que quase a metade de todas as pessoas profissionalmente ativas mencionam ter pelo menos uma vez recusado promoções, reduzido o tempo de trabalho ou as metas a serem alcançadas – e isto voluntariamente. Lá tais medidas contam com ampla aceitação social. Na Alemanha, contudo, ainda se olha com menosprezo para pessoas que reduzem o ritmo no exercício da profissão. Até se considera isso mais ou menos aceitável quando acontece "por causa das crianças". Mas simplesmente para curtir a vida? Para estar mais satisfeito? "No mundo em que eu me movimentava antes, eu ainda me deparava com incompreensão completa em relação a isso", conta Althoff. "Muitos acham que eu devo ter tido um *burnout* ou alguma outra doença. Eles não conseguem entender que eu simplesmente queria trabalhar menos e viver mais."

Mas esse desejo também está muito disseminado aqui na Alemanha: segundo um estudo do Ministério Federal da Família, três quartos dos homens e mais ou menos a metade das mulheres desejam reduzir seu tempo de trabalho. "As pessoas buscam mais satisfação", diz o consultor Arnd Corts de Hagen, ele próprio foi alguém que reduziu a marcha e agora ajuda pessoas a dar esse passo. Há alguns anos, ele largou seu emprego de diretor de *marketing* e agora trabalha como profissional liberal. "Menos pode ser mais", diz ele. Afinal, pessoas constantemente estressadas, esgotadas e insatisfeitas acabam tendo menos ideias boas. No entanto, Corts recomenda que não se tome decisões graves e de amplo alcance só por causa de uma experiência de estresse. As pessoas que decidem espontaneamente reduzir a marcha deveriam primeiramente tirar uma folga de algumas semanas e, durante a mesma, refletir sobre suas prioridades. Seria bom perguntar para si mesmo: que tipo de vida quero levar? Quanto dinheiro preciso para isso? Quais são as minhas metas? Poderei usar de modo suficiente minhas capacidades? O que quero conseguir com minha profissão, além, é claro, de prover o sustento da minha vida? Sendo realista, o que pode ser mudado na profissão atual? Será que minha carreira me afastou demais da minha profissão original? Limito-me a administrar em vez de fazer algo de que gostava muito, ou seja, resolver as tarefas na base? Quero mesmo ser uma liderança? A maioria das pessoas têm muita facilidade em formular as coisas que não lhes agradam (mais). "Muito mais difícil é descobrir o que se quer propriamente", diz Corts. Porém, o período de folga constitui uma boa chance de sentir qual é a real importância do tempo livre quanto dele se precisa.

Hoje, quatro anos depois de ter tirado o pé do acelerador, Johannes Althoff não tem mais nenhuma dúvida de que tomou a decisão certa. "Voltei a gostar de fazer o meu trabalho, não tenho mais a sensação de estar ali só cumprindo deveres", diz ele. "E, ao mesmo tempo, voltei a sentir que também sou um ser social com necessidades sociais e um entorno social."

A mácula feminina: Por que as mulheres duvidam tanto de si mesmas e quase nunca estão satisfeitas consigo mesmas

Que mulher! Sabine Johnson* tem grande quantidade de admiradores e talvez uma quantidade ainda maior de mulheres que a invejam. É realmente impressionante com quantas coisas ela se ocupa e com que precisão e êxito ela, apesar disso, dá conta de suas tarefas. Contrariando todos os prognósticos, ela ascendeu até o terceiro nível de liderança na multinacional de automóveis dominada por homens em que trabalha – com apenas 38 anos de idade. Ela também é bem-vinda como convidada em outras firmas, nas quais ensina ao pessoal que toma as decisões como melhorar a cultura empresarial. Regularmente ela ocupa palcos, é convidada para programas de auditório e, além de tudo, ainda tem boa aparência. Ela acabou de se mudar com seu marido e as duas crianças para a residência unifamiliar com que sempre sonhara. Para todos os que olham de fora está claro: essa mulher é no mínimo admirável, quando não invejável.

Sabine Johnson é a única que pensa:
De manhã cedo: "Meu Deus, olha só minha aparência! As noites sem dormir por causa do bebê realmente deixaram marcas em mim".
Durante a manhã: "De novo esqueci de dar a Sofia o abrigo esportivo para a prática de esportes! Estou fazendo muitos erros nos últimos tempos".
Pouco antes do meio-dia: "O colega foi mais ágil do que eu na discussão. Por que não reagi mais rápido?"
Logo depois do almoço: "O vestido está apertado. Eu devia ter comido só uma salada!"
Durante a tarde: "O planejamento do projeto não correu da melhor forma. Será que sou realmente boa o suficiente para dar o próximo salto na carreira?"

---

* Nome modificado.

Depois de sair do trabalho: "Agora não tenho nenhuma vontade de brincar com o Ruben. Sou mesmo uma mãe desnaturada!"

À noite: "Agora estamos assistindo de novo esse filme água com açúcar na TV aberta. Na verdade, eu deveria ler um bom livro".

Na hora de ir para a cama: "Estou cansada demais para pensar em algo que não seja dormir. Mas e o meu marido? Ele já não deve me achar atraente".

O que seu marido pensa:
Nada disso.
Nem sobre si mesmo.
Nem sobre sua mulher.

Quem sabe dizer algo sobre isso não são só os psicólogos de spas para mães esgotadas, mas também instrutores, especialistas do departamento de pessoal das firmas e olheiros de caçadores de talentos: a frequência com que mulheres sofrem de dúvidas a respeito de si mesmas é nitidamente maior do que a dos homens e é raro que elas estejam realmente satisfeitas consigo mesmas.

"Quando o colaborador de algum programa de auditório liga para uma mulher e pergunta se ela gostaria de participar de um programa sobre determinado tema, a mulher frequentemente recusa", conta a consultora de comunicação Dorothee von Bose, de Munique, que durante muitos anos organizou e moderou programas de auditório para a Televisão da Baviera. A justificativa geralmente tem o seguinte teor: não tenho conhecimento suficiente sobre isso, esse não é bem meu tema, eu me ocupo mais com um aspecto secundário um pouco diferente... Dorothee von Bose conta que: "A maioria dos homens, por sua vez, já aceitam antes mesmo de saber de que tema se trata".

Isso não se deve só à autoconfiança das mulheres, que frequentemente é menos pronunciada, mas também a expectativas mais elevadas que elas têm em relação a si mesmas. Os homens com frequência acham que podem mais do que corresponde a suas capacidades. Eles ficam satisfeitos com sua jornada de trabalho. As mulheres, por sua vez, são mais dadas ao perfeccionismo. Quando ainda eram pequenas, suas mães exigiam que elas fossem precisas, confiáveis, efetivas e, além disso, empáticas, sociáveis e solícitas. Mas elas não conseguem satisfazer essas altas exigências durante toda a vida. Por isso, mesmo mulheres excelentes hesitam quando se trata de integrar a linha de frente. Elas escondem seus talentos e precisam de um empurrão para dar um passo à frente. Quando colegas dominadores se atravessam no seu caminho, elas logo recuam. Elas preferem postergar reivindicações de aumento de salário para que seus superiores não lhes digam aquilo que frequentemente acreditam a respeito de si mesmas: que não servem para nada. E quando são realmente bem-sucedidas, pensam com demasiada frequência que, acima de tudo, tiveram sorte.

Birgitt Morrien também conhece muitas mulheres que, apesar do grande sucesso profissional, sempre voltam a ser atormentadas por dúvidas a respeito de si mesmas: "Não importa se são empresárias, personalidades políticas ou proeminentes apresentadoras de programas de televisão: esse tema repetidamente aflora", diz Morrien, que dirige uma agência de consultoria de *coaching* em Colônia. "É claro que esse fenômeno também ocorre com homens. E há lideranças masculinas que até às vezes desejariam que houvesse mais espaço para dúvidas sobre si mesmas. Frequentemente elas sentem a pressão de não poderem admitir fraquezas. Porém as mulheres foram educadas para reagir com mais sensibilidade ao seu entorno. É por isso que também estão constantemente se perguntando o que o entorno pensa delas", diz Morrien.

A terapeuta Eva-Maria Zurhorst, que se especializou em *coaching* de relacionamento, diz algo parecido até sobre si mesma: "Sou casada, tenho uma ótima família e um trabalho que gosto de fazer e no qual também sou bem-sucedida – ou seja, eu poderia relaxar e me sentir satisfeita o dia inteiro. Mas não estou. Repetidamente eu também tenho esse sentimento me roendo". Por isso, Zurhorst assumiu a busca da satisfação como sua tarefa. Em seus seminários, ela faz com as participantes "uma viagem rumo a mais satisfação", como ela diz.

Nessa atividade, ela constata que as mulheres frequentemente se sentem inseguras – não importa o quanto conseguiram alcançar na vida. Elas tentam desempenhar um papel com perfeição e, justamente por isso, constantemente estão cientes de sua imperfeição. Na opinião de Zurhorst, as mulheres frequentemente têm uma concepção muito rígida da vida. Elas embutem nela o que acham que seria bom, mas também coisas, a respeito das quais ouviram que seriam as corretas. "Nós nos matamos de tanto nos aperfeiçoar", diz Zurhorst.

Aí está o exemplo da jovem moderadora de seminários que, ao final de um curso recebe enorme manifestação de aprovação – exceto de um homem na sala. Ele diz que o seminário não lhe agregou muita coisa. Isso basta: em vez de se alegrar com o louvor dos outros participantes, as palavras do único crítico ainda ficaram roendo a jovem mulher durante dias. Ela armazena o seminário na memória como insucesso. "Um homem provavelmente só guardaria o som da crítica positiva", diz Dorothee von Bose.

Isso naturalmente não vale para todo e qualquer homem. Porém a tendência está correta, como comprovam inúmeros estudos sobre a autoestima e sobre a satisfação de homens e mulheres consigo mesmos e com seu desempenho. Na Alemanha, as diferenças acabaram dando origem a uma ampla pesquisa de opinião, realizada pelo instituto de pesquisa de mercado GfK de Nürnberg no ano de 2010 por encomenda das "Farmácias Umschau". Entre as quase 2.000 pessoas entrevistadas, uma em cada três mulheres (33,1%) disse ficar muito abatida quando é criticada, ao passo que a crítica atinge bem menos homens (23,7%) com a mesma intensidade. Uma em cada cinco mulheres (20,1%) chegou a admitir que é corroída constantemente por dúvidas a respeito de si mesma e que tem medo de falhar. Dos homens só um em cada sete disse isso (14,4%).

O problema é que as mulheres confiam muito pouco no seu julgamento quando se trata da autoestima. Pois pessoas que têm uma opinião elevada a respeito de si mesmas "estão relativamente satisfeitas consigo e com sua vida, vivem em parcerias satisfatórias e têm alto desempenho", como diz Astrid Schütz, professora de psicologia da personalidade na Universidade de Bamberg. No entanto, quando mulheres têm uma opinião elevada a seu respeito, isso geralmente é assim porque acreditam que outros as têm em alta conta.

Fundamentalmente a autoestima – ou seja, a concepção sobre quem somos e quanto valemos – se alimenta de três rios diferentes: a auto-observação, a partir da qual uma pessoa está convencida de seu valor, à qual se soma a comparação que fazemos com outros e, por fim, os retornos que recebemos de outras pessoas. "Os homens extraem sua autoconfiança com frequência da comparação com outros", diz Astrid Schütz. "As mulheres, por sua vez, são muito mais interdependentes" – ou seja, dependentes do que outros dizem sobre elas e para elas. "É importante para elas serem reconhecidas e aceitas pelos demais", diz Schütz. Logo, o *feedback* desempenha um papel importante para as mulheres – tanto o real quanto o imaginário, que só ocorre dentro da cabeça delas. As mulheres ficam o tempo todo perguntando a si mesmos e à sua volta: sou boa? Sou boa o suficiente?

Porém a dependência do reconhecimento social não é uma boa fonte de autoestima, como ressalta Astrid Schütz. Afinal, sempre existe o perigo de que boas apoiadoras um dia se transformem em críticas perversas ou que não haja ninguém disposto a elogiar. Além disso, as noções que temos da impressão de outros podem ser totalmente equivocadas. Durante uma palestra algumas pessoas se levantaram e saíram? Muitas mulheres permitem que isso as incomode profundamente. Porém a saída dessas pessoas não significa necessariamente que a palestra não lhes tenha agradado, desde que não tenham emitido vaias ao deixar o recinto. É possível que ainda tivessem outro compromisso naquela noite, mas acharam a palestra e a palestrante tão interessantes que quiseram pelo menos ouvir o início, e tiveram de retirar-se, lamentando não terem podido continuar assistindo. "Com frequência se pode olhar para um acontecimento a partir de duas perspectivas totalmente diferentes", diz

Birgitt Morrien. "É importante sempre ter clareza sobre isso e, em caso de dúvidas, decidir-se pela variante positiva."

Realmente conscientes de si são só aquelas pessoas que sabem quem são a partir de si mesmas. Sua autoestima permanece mesmo que uma parceria fracasse, que amigos se retraiam e o elogio de fora de repente não aconteça mais. Por essa razão, elas não dependem de êxitos nem de que outras pessoas vejam e reconheçam esses êxitos.

Mas também a comparação social, da qual muitos homens extraem sua autoconfiança e que foi bem perfilada pelo *slogan* "minha casa, meu carro, meu barco!"[1], tem suas armadilhas. Quem extrai a sua autoestima do fato de ser mais atraente, mais bem-sucedido, mais abastado ou mais esportivo do que outra pessoa pode um dia vir a ficar muito abalado na imagem que tem de si mesmo. Isso já começa quando fica mais velho e com menos cabelos, quando a força se esvai, quando tem de vender a casa devido a um divórcio ou quando tem de dar conta de um insucesso profissional.

Apesar disso, essa comparação social com frequência serve mais aos homens do que às mulheres. É que elas se valem dessa fonte de autoestima de maneira especialmente hábil: pois elas não se comparam com qualquer pessoa – mas tendem a comparar-se com homens que, nesse confronto de ideias, não se saem tão bem quanto elas. É por isso que os participantes masculinos de um programa de auditório geralmente vão para casa satisfeitos. Eles visualizam os participantes que não conseguiram participar tanto ou não conseguiram convencer, e se sentem bem com isso. As mulheres, por sua vez, ainda ficam pensando por muito tempo naquela frase que talvez não tenha sido tão inteligente. E elas comparam sua atuação com a do rei do pedaço naquela rodada, que como superprofissional acabou de participar do seu milésimo programa de auditório. Ou, pior ainda: com demasiada frequência ocorre que as mulheres nem se comparam com um ser do mundo real, mas para cúmulo

---

1. Referência a um famoso comercial do banco de poupança alemão Sparkasse da década de 1990, em que um amigo trunfa o outro com as conquistas financeiras obtidas por meio da assessoria financeira do banco em questão. Cf. em https://www.youtube.com/watch?v=Tl5FnxUYD8s. (N. T.)

com uma figura ideal, ou seja, com sua concepção de como deveria ter sido sua atuação no melhor dos casos, diz Monika Sieverding, professora de ciências de gênero e psicologia da saúde na Universidade de Heidelberg. "Numa comparação dessas, forçosamente a pessoa se sai mal."

Portanto, os homens não só comparam com mais inteligência, mas também se mantêm mais próximos da realidade: a imagem que eles acabam tendo de si mesmos corresponde mais à realidade, como diz Monika Sieverding. Entrementes, numerosos estudos comprovaram isso, inclusive um da própria professora Sieverding. A discrepância entre autoimagem, imagem alheia e realidade pode ser mostrada de modo impressionante com o uso de apreciações cujo teor de verdade pode ser medido concretamente. Isso vale, por exemplo, para a opinião que a pessoa tem sobre o seu peso corporal. Naturalmente é de conhecimento geral o quanto as mulheres são autocríticas nesse ponto. Porém, um estudo do cientista alimentar Christopher Wharton da Universidade do Estado do Arizona documentou há alguns anos de modo notável as dimensões absurdas que a questão entrementes está assumindo: para isso, mais de 38.000 estudantes com a média de idade de apenas 20 anos deram sua opinião a respeito do tamanho do próprio corpo. O estudo desmascarou o olhar amoroso com que os homens jovens olharam para si mesmos e a maneira negativa com que as mulheres lidaram com o seu corpo. Pois os cientistas perguntaram às referidas pessoas jovens se se achavam muito gordas, muito magras ou exatamente no ponto certo – e em seguida compararam essa apreciação com o infalsificável índice de massa corporal (IMC) das pessoas entrevistadas.

O resultado foi impressionante: 71% das mulheres tinham peso normal, mas só 55% das participantes do teste viam isso dessa forma. 36% acharam que estavam acima do peso, embora isso fosse verdade só para 22% delas. Os homens, por sua vez, tinham um olhar bem mais complacente para os seus pneuzinhos. 58% deles tinham peso normal e 56% viram isso exatamente dessa forma. Só 26% acharam que estavam muito gordos, embora o IMC comprovou isso para 39%. E 16% até acharam que estavam muito magros. Mas de acordo com seu IMC isso se aplicava a menos 3%.

A frequência com que as mulheres apenas persuadem a si mesmas com juízos negativos foi mostrada igualmente por um estudo sobre a satisfação com exterioridades. Para esse estudo foram entrevistados 95 casais com menos de 35 anos de idade a respeito de como apreciavam a própria figura e a do parceiro ou da parceira. Eles foram orientados a fazer isso com a ajuda de sete imagens de corpos de diferentes graus de obesidade. O resultado foi que as mulheres não só se viam mais gordas do que queriam ser, mas também queriam ser bem mais magras do que seu parceiro desejava. E elas até se viam mais gordas do que seu parceiro as percebia. Somou-se ainda isto: as mulheres jovens acreditavam piamente que era só por gentileza que seus maridos lhes diziam que não são gordas demais. Quanto maior o tempo que os dois estavam juntos tanto mais se consolidava essa opinião e tanto mais as mulheres estavam convencidas de que seus maridos só não queriam lhes dizer que na realidade as acham bem mais atraentes com alguns quilos a menos.

Essa discrepância entre opinião e realidade foi constatada pela pesquisadora de gênero Monika Sieverding também em situações profissionais. Ela testou em entrevistas de emprego organizadas para isso qual é a relação entre a apreciação que homens e mulheres faziam de si mesmos e seu desempenho real. As pessoas testadas tiveram de demonstrar sua capacidade em uma situação de candidatura para um emprego e depois dizer como, na sua opinião, tinham se saído. "No caso dos participantes masculinos do estudo, a apreciação do próprio desempenho correspondeu a como de fato se saíram", diz Sieverding. Enquanto os homens se compararam com os concorrentes reais pelo emprego imaginário e chegaram à conclusão de que tinham tido uma atuação muito boa ou, em todo caso, de que não foram piores do que seus concorrentes, as mulheres estabeleceram a relação com uma imagem ideal que tinham de si mesmas. Ou seja, elas travaram uma luta que não se pode ganhar.

Ainda não está esclarecido como se chegou à autoapreciação diferenciada dos gêneros. Possivelmente o olhar crítico para si mesmo nem deve ser visto de modo tão negativo. É provável que, em algumas situações da vida, ele até ajude as mulheres. "Sensibilidade para a crítica não é necessariamente algo ruim", enfatiza o biólogo evolucionista Thomas Junker da Universidade de Tübingen. "De fato as mulheres tiram proveito disso. Isso também pode ser explicado nos termos da biologia evolucionista." Junker pensa que as mulheres dão mais atenção às apreciações e valorações dos outros porque dependem mais da proteção do grupo. "As mulheres não conseguem se defender tão bem quanto os homens", diz Junker. Isso seria o caso sobretudo durante a gravidez e quando precisam criar crianças pequenas. Pelo fato de dependerem tanto da solidariedade mútua nesse tocante, as mulheres também observam uma à outra com olhar mais crítico e às vezes reagem duramente quando algumas mulheres deixam essa comunidade e se sentem chamadas para coisas mais elevadas, quando querem conquistar palcos ou galgar com ímpeto os degraus da carreira.

Birgitt Morrien também vê razões estruturais na autoimagem frequentemente negativa das mulheres: "Durante séculos, mulheres especialmente bem-sucedidas, autodeterminadas, que se destacaram da massa, foram queimadas como bruxas", diz Morrien. "A matança massiva que aconteceu naquela época nos marca até hoje. Mulheres bem-sucedidas são demonizadas, negadas e denunciadas – por mulheres e por homens." Pelo fato de essa discussão ser sempre muito incisiva, as mulheres frequentemente teriam medo de sair do grupo, proferir palestras, moderar seminários. "E se temos nossos medos, como podemos estar satisfeitas?", pergunta Morrien. Por essa razão, muitas mulheres decidem que é melhor permanecer no grupo, onde têm certeza de contar com um reconhecimento afetuoso. Ou elas não se cansam de dizer que não querem se afastar demais. "Eu nem sou de fato uma mulher carreirista", diz até mesmo a bem-sucedida Sabine Johnson regularmente a suas amigas e desse modo sinaliza: continuem me querendo bem!

Pelo fato de o espaço exterior ter estado bem menos à disposição das mulheres, elas teriam se concentrado no espaço interior – nas emoções, na intuição, diz Morrien: "Até hoje as meninas são educadas para ser especialmente sensíveis. Nesse ponto, nossos sensores são extremamente desenvolvidos". Na verdade, trata-se de capacidades importantes, segundo Morrien, desde que as mulheres não usem constantemente esses sensores para captar impressões negativas, mas também os usem para captar as impressões positivas. As mulheres de fato mostram no conjunto mais emoções, mas justamente também mais emoções negativas. Quando são pressionadas, elas costumam reagir mais tensas, angustiadas ou tristes do que os homens.

Há muito já passaram os tempos em que o raio de ação das mulheres estava restrito ao âmbito doméstico, mas, no final, a satisfação das mulheres não melhorou. Desde a década de 1970, a sensação subjetiva de bem-estar das mulheres inclusive diminuiu nos Estados Unidos e na Europa Ocidental em comparação com a dos homens, embora as mulheres estejam economicamente e em termos de direitos em uma situação bem melhor do que antes. Isso foi constatado há poucos anos pela economista norte-americana Betsey Stevenson e seu companheiro Justin Wolfers. Aparentemente surgiu um novo paradoxo: as mulheres não deveriam propriamente estar bem melhor do que no passado? É evidente que não é o caso, pois os dados dos dois pesquisadores estão bem validados. O casal, que naquela época trabalhava na Escola Wharton da Universidade da Pensilvânia, avaliou para isso a *United States General Survey* [Pesquisa Geral dos Estados Unidos] a partir de 1972, o *International Social Survey Program* [Programa Interacional de Pesquisa Social] e o *Eurobarômetro* a partir de 1973. Eles constataram que todas as mulheres foram atingidas por esse desenvolvimento negativo: elas se sentem mais infelizes do que antes e estão mais insatisfeitas com uma série de esferas importantes da vida: seu emprego, seu casamento, sua saúde e sua situação financeira. E isso vale tanto para as mulheres casadas quanto para as solteiras, tanto para as que exercem uma atividade remunerada quanto para as donas de casa e tanto para as mulheres de posse de um título acadêmico quanto para as que não concluíram a formação profissional.

Disso se poderia concluir que emancipação não é para mulheres. As mulheres só ficariam mesmo satisfeitas quando podem viver sua verdadeira identidade na dedicação ao marido e às crianças. De fato elas se sentiriam bem melhor ao pé do fogão, onde elas não precisam se preocupar com carreira, finanças ou outras coisas complicadas, mas podem deixar essas coisas a cargo dos seus maridos.

No entanto, certamente há outra explicação para isso: o que gera insatisfação é sobretudo a liberdade de escolha. O paradoxo da insatisfação feminina é o "*paradox of choice* [paradoxo da escolha]", diz o professor de psicologia estadunidense Barry Schwartz. Quanto mais numerosas forem as possibilidades de escolha que uma pessoa tem tanto mais infeliz ela acabará sendo. Mathias Binswanger, professor de economia na Escola Técnica do Noroeste da Suíça, chega a falar de uma "tirania da escolha". Diante disso, é totalmente irrelevante pelo que a pessoa se decidiu. Pois quem pode – e deve – fazer uma escolha já tem o estresse. E este se mantém mesmo muito tempo depois que a decisão foi tomada, porque sempre ficamos nos perguntando se não estaríamos melhor se tivéssemos tomado uma decisão diferente.

Para as mulheres as possibilidades de escolha aumentaram imensamente nos últimos 35 anos. Diferentemente de duas gerações atrás, o caminho de uma jovem mulher não está mais previamente traçado; ela tem uma quantidade infinita de possibilidades para constituir sua vida. Porém isso também a faz desperdiçar muitas oportunidades que ela depois fica lamentando. A validade do paradoxo da liberdade de escolha é maior para as mulheres do que para os homens, já porque com frequência elas ainda são confrontadas com a necessidade de decidir entre a carreira ou ter filhos.

Além disso, as exigências aumentaram: as mulheres exigem igualdade de direitos, mas veem que esta ainda não existe realmente. Por isso, a socióloga Arlie Hochschild da Universidade da Califórnia em Berkeley diz que as mulheres carregam uma porção mais pesada do fardo da emancipação do que os homens. Hochschild também inventou o conceito da "dupla jornada de trabalho": depois de um dia completo de trabalho, as mulheres geralmente ainda têm de cumprir mais tarefas domésticas e se ocupar mais das crianças do que seus parceiros. Elas percebem isso mais do que no passado – e ficam mais insatisfeitas.

A insatisfação das mulheres chega a ter tal importância que são elas que decidem sobre bem ou mal de uma relação. Pois é sobretudo das mulheres que depende o quanto os dois parceiros acabam se sentindo satisfeitos. Se a mulher estiver satisfeita, o casamento dura muitos anos. Se a mulher estiver insatisfeita, o homem também estará. Em contraposição, o que o homem pensa tende a ser irrelevante para a duração do casamento. A essa conclusão chegaram cientistas da Universidade Rutgers em Nova Jérsei, no ano de 2014, depois de terem avaliado dados de quase 400 casais mais velhos. Essas pessoas estiveram casadas em média durante 39 anos. Os pesquisadores quiseram saber, entre outras coisas, se os cônjuges se sentiam valorizados por seu parceiro, se brigavam ou se entendiam os sentimentos do outro. Também foi solicitado que os participantes do estudo escrevessem um diário sobre o quanto estiveram felizes nas últimas 24 horas, enquanto, por exemplo, faziam compras, assistiam televisão ou realizavam tarefas domésticas. Um dos resultados não chegou a surpreender: "Os dois parceiros estavam tanto mais satisfeitos com sua vida quanto melhor era a avaliação de sua relação", diz a diretora do estudo, Deborah Carr.

Porém, o homem pode até não estar tão feliz com seu casamento: enquanto sua mulher estiver satisfeita, isso lhe basta. Carr diz: "Penso que isso se deve a que uma mulher que valoriza seu casamento tende a fazer muito mais por seu marido. E isso, por sua vez, tem um efeito positivo sobre sua vida". Os homens de qualquer maneira falariam menos sobre sua relação, de modo que suas mulheres, em caso de dúvidas, nem sequer ficariam sabendo quando eles estão insatisfeitos. "Dessa maneira, é mais raro que a insatisfação se transmita do marido para a esposa", diz Carr.

Portanto, as mulheres frequentemente se desvalorizam com as próprias ideias, focando no negativo ou – como no caso do peso corporal – até desenvolvendo fantasias. A voz interior censura e resmunga, em vez de dizer algo positivo. Seria preciso ser em relação a si pelo menos tão positiva e gentil quanto se é na conversa com outros, e sempre ter clareza disto: não é possível saber ao certo o que os outros realmente estão pensando sobre nós. Por essa razão, Birgitt

Morrien exercita com suas clientes o diálogo consigo mesmas. "Eu gostaria de reforçar nelas a parte que tem a soberania para dominar situações difíceis", diz ela. Nessa linha, é importante ter em mente que coisas imaginadas não passam de coisas imaginadas. Também podemos dar retorno a nós mesmas e o questionamento crítico pode ajudar muito. Nesse caso, porém, exatamente como ocorre com todo *feedback* que se dá para fora: com valorização, por favor!

Contudo, na vida profissional não é suficiente ponderar a coisa positiva sobre si mesma apenas mentalmente. A pessoa – seja mulher ou homem – sempre deveria destacar diante de colegas e de superiores o que realiza. "As mulheres precisam aprender a verbalizar mais suas realizações", diz a treinadora de comunicação Dorothee von Bose. Elas devem – a exemplo do que fazem até seus colegas mais reservados – chamar mais a atenção para seus êxitos e sua capacidade, bem como exigir regularmente um salário mais alto ou competências mais elevadas.

Uma das maneiras de conseguir ser mais amável consigo também pode começar por tratar os demais de forma menos crítica. Pois quem constantemente tem algum defeito a apontar nos seus semelhantes, com frequência também dirige o mesmo olhar para si mesmo. Há muitas pessoas que reclamam dos seus amigos assim que eles saem da sala e que falam mal do trabalho de colegas assim que eles se ausentam. Isso pode até representar um breve momento de superioridade, mas a longo prazo isso exercita o olhar negativo quando um olhar positivo ajudaria muito mais. Justamente entre os bem-sucedidos, os que estão em ascensão, mas também entre os estilosos, engajados e glamorosos predominam com bastante frequência concepções rígidas sobre o que é desejável e bom. E, em contraposição, sobre tudo que é constrangedor! E sobre o que é absolutamente inviável. Isso frequentemente já começa com a música que se deve ouvir ou se devemos deixar de usar a calça com certo formato e se os móveis brancos há pouco tão cobiçados já estão completamente fora de moda. Num primeiro momento, esses clichês conferem estrutura à vida e podem até ajudar a tomar decisões próprias. Mas logo em seguida a insegurança aumenta: hoje ainda é moderno o que foi classificado nessa categoria na semana passada? Quais são as tendências que precisamos seguir quando queremos participar? Talvez uma visão desimpedida possa ajudar em meio a tanto dogma: o estilo individual meio maluco do velho conhecido talvez proporcione uma variação magnífica em meio à uniformidade da moda. Escolher itinerários que divergem dos trilhos batidos possibilita vivências de que há muito sentimos falta. O *laisser-faire* pode representar uma libertação enorme. Ter um olhar amoroso para a diversidade da vida também acaba significando ser capaz de olhar amorosamente para si mesmo e ficar inteiramente satisfeito consigo.

A mulher perfeita:
Como uma mãe quase entrou em colapso por causa de seu alto nível de exigências em termos de educação das crianças e vida doméstica

Wertach na região do Allgäu. Lá no alto, no final da rua principal do povoado, cujo percurso sinuoso se estende morro acima ao longo de belos jardins e passa pela igreja branca, encontra-se a salvação. Para a Clínica Santa Maria confluem mães de toda a Alemanha. Mulheres que precisam de uma pausa, que simplesmente não conseguem mais aguentar em casa. Mulheres como Petra Frentzen*. Essa mulher de 34 anos de idade veio de Nürnberg para Wertach depois que, além de tudo o mais, os estreptococos se abateram sobre sua família. Antes disso, a pedagoga social que tinha um emprego de 80% da carga horária já se encontrava frequentemente à beira do esgotamento. Mas, no início de 2014, um membro da família após o outro adoeceu gravemente. Os estreptococos deram o golpe de misericórdia em Petra Frentzen. Quando alguém se arrasta por anos no limite do possível frequentemente basta um pequeno estopim para tirar o mundo de vez dos trilhos.

Em todo caso, após o ataque dos estreptococos à sua família, Petra Frentzen se sentiu muito infeliz, segundo ela contou alguns meses

---

* Nome modificado.

mais tarde em seu espaçoso apartamento situado próximo ao castelo de Nürnberg. Cada dia iniciava com uma nuvem sombria sobre seu ânimo. Tudo a sobrecarregava. Porém a mãe de uma filha de sete anos e de um filho de cinco anos tomou uma decisão sábia: ela sentiu que precisava sair da rotina diária e que a ajuda só poderia ainda vir de outras pessoas. E assim logo em seguida ela conseguiu uma vaga para se tratar pelo *Müttergenesungswerk* [Serviço de Convalescença Materna], mais precisamente na Clínica Santa Maria.

"Am Berg, nº 11 [Ao pé do monte, nº 11]" – até o endereço já soava promissor. E há uma vista do terraço para as montanhas do Allgäu que irradia sobretudo paz e tranquilidade. Paz e tranquilidade: era o que Petra Frentzen mais precisava quando chegou a Wertach. E ela ainda teve muita sorte porque a Clínica Santa Maria era uma das poucas clínicas do *Müttergenesungswerk* que permitia o tratamento das mães sem a presença de suas crianças. Finalmente – depois de tantos anos em que ela foi acima de tudo mãe – a própria Petra Frentzen estava no centro das atenções. "Há muito eu já tinha esquecido como isso funciona", diz essa mulher de 34 anos de idade. No início não foi nada fácil. Petra Frentzen de fato teve de exercitar-se a pensar mais em si. E ela teve de concentrar-se muito para não ter logo a consciência pesada por negligenciar a família toda vez que se alegrava com a tranquilidade e a ação autônoma. Ela relata: "Eu realmente tive de aprender a pensar diferente, repetir para mim mesma: o lar também funciona sem mim. Funciona diferente, mas eles sabem se virar".

Muitas mulheres vivenciam o mesmo que Petra Frentzen. "Elas muitas vezes não conseguem se desprender", diz a médica generalista Gabriele Gaschler que atende as mães que se tratam na Clínica Santa Maria. O conjunto de tarefas de que as mães de hoje precisam dar conta as impele forçosamente para o esgotamento. Entrementes isso acontece com frequência assustadora: antigamente as pacientes das clínicas do *Müttergenesungswerk* tinham sobretudo problemas com vias respiratórias, músculos ou ossos. Entrementes, porém, quase todas as mulheres em tratamento padecem de esgotamento até ao ponto da síndrome de *burnout*. No estado de *burnout*, que não configura propriamente um diagnóstico da medicina, as pessoas sentem um vazio interior, falta de alegria e desejo, falta-lhes o vigor, seu sono está perturbado e elas têm medo de não subsistir no dia a dia. Trata-se de uma síndrome de esgotamento com matiz depressivo. E de uns tempos para cá ela atinge também mães como Petra Frentzen.

"Há dez anos, 49% de nossas pacientes se queixavam de condições de esgotamento ou de transtornos psíquicos causados pelo estresse; entrementes são 86%", diz Anne Schilling, a diretora executiva do *Müttergenesungswerk*. E ela também é capaz de dar uma explicação para essa elevação dramática da percentagem: "Isso se deve à carga crescente de obrigações que recai sobre as mulheres". Schilling diz que são grandes as expectativas de que haja igualdade de direitos no dia a dia e na vida profissional. "Porém a realidade com sua divisão ainda tradicional de tarefas representa uma contradição considerável a isso."

A maioria das obrigações da vida familiar continua recaindo sobre as mulheres porque está sedimentada nas cabeças das pessoas a velha imagem da mãe, segundo a qual as mulheres têm de cuidar de sua família 24 horas por dia. Ao mesmo tempo, aumentaram as exigências de êxito na educação das crianças – e também de qualidade dessa educação: enquanto a atual geração de avós criou suas crianças como pôde, os pais e as mães de hoje frequentemente têm dúvidas a respeito de si mesmos. "Isso realmente chama a atenção", diz Anne Schilling. "Quase todas as mulheres querem mesmo ser mães especialmente boas. E, diante desse dilema, a sensação de estarem fracassando individualmente é cada vez mais frequente."

Foi o que aconteceu também com Petra Frentzen. Ela teve a impressão de que suas tarefas a dominavam, que não tinha jeito de ela conseguir fazer tudo isto: ir para o trabalho, preparar todo dia uma comida deliciosa, nutritiva e saudável, ajudar a filha com as tarefas escolares, lavar pilhas de roupas, manter o apartamento em ordem, alimentar os gatos, orientar as crianças na prática musical, levá-las para praticar esportes e trazê-las de volta. Ela se desgastou e, ao mesmo tempo, sentiu insatisfação, pensando que tudo aquilo não estava sendo feito da melhor maneira. "Quando mais uma vez eu tinha esquecido de dar a garrafa de água para minha filha levar para a escola, batia-me a sensação de puro desespero. Eu tinha a sensação de que a vida, o controle sobre ela, escapava-me das mãos. Eu achava que estava afundando no caos."

Petra Frentzen não é nenhuma fanática por ordem. Porém ela gostaria de ter tudo bem bonito para si e sua família e tem a exata noção de como uma vida familiar harmônica deveria transcorrer, o que é uma boa educação das crianças e como se parece um apartamento confortável. Contudo diariamente ela fazia a experiência de não conseguir fazer jus a esse grau de exigências. Isso foi mexendo com seus nervos. Família e vida doméstica – as duas coisas passaram a representar só o insucesso, seu fracasso pessoal e cada dia que passava lhe desferia um novo golpe.

"Antes do tratamento eu não tinha mais dito que me sinto feliz", lembra ela. A pior coisa era a obrigação 24 horas por dia. Frentzen diz: "É preciso estar sempre de prontidão, inclusive durante a noite". Até completar três anos de idade, toda noite seu filho ficava acordado por duas horas. Seu marido praticamente não se deu conta disso. Mas ela padecia de falta de sono crônica. E, ao mesmo tempo, ela ficava se perguntando: como é possível que eu me sinta sobrecarregada – as nossas mães não conseguiram dar conta de tudo isso, e ainda por cima sem máquina de lavar louça nem *on-line shopping*?

Vozes conservadores podem até objetar que talvez fosse melhor que as mulheres se concentrassem em seu papel de mães. No entanto, o que chama a atenção é que o que mais estressa as mães não é o exercício da profissão. "O meu emprego não representa nenhum peso para mim", diz resolutamente Petra Frentzen, que trabalha com doentes mentais. "O tempo ali está claramente estruturado e eu recebo *feedback* positivo. É a vida doméstica e a família que frequentemente exigem demais de mim."

Gabriele Gaschler também enfatiza que não é bem a dupla jornada que exige todo esse esforço das mulheres. As donas de casa de modo nenhum são mais saudáveis do que as mães profissionalmente ativas. Exatos 70% de todas as mulheres em tratamento nas instituições do *Müttergenesungswerk* exercem um trabalho remunerado, enquanto 30% são donas de casa. Isso corresponde exatamente à proporção do conjunto da população; segundo os dados Departamento Nacional de Estatística da Alemanha, 71% das mulheres são profissionalmente ativas. "Importante para a saúde é exatamente a valorização e é desta que as donas de casa muitas vezes sentem falta", diz Gaschler.

A maioria dos trabalhadores recebe pouco *feedback* positivo. Porém as mães quase nunca recebem elogios pelo trabalho que fazem. As crianças se atritam com ela, o marido tem as próprias preocupações. A família e a sociedade praticamente não reconhecem o esforço requerido pelo trabalho doméstico e pela educação das crianças. As mulheres acabam assumindo o papel de figurantes da sua própria vida. Petra Frentzen já nem sabia mais o que era importante para ela – e fora ficando cada vez mais insatisfeita por causa disso.

A médica Gabriele Gaschler tenta possibilitar às mulheres uma nova visão de sua vida. "As mulheres frequentemente correm como hamsters numa roda. É claro que, fazendo isso, elas nem conseguem mais refletir", diz ela. No início, a maioria das pacientes têm dificuldade de descobrir o que realmente apreciam. Porém pouco a pouco elas conseguem. Depois disso, muitas mulheres voltam a se dedicar a coisas criativas. Elas fazem trabalhos manuais, escrevem ou fazem música. "A criatividade muitas vezes é a primeira coisa que se perde quando falta tempo", diz Gaschler. "Pensa-se que ela não é necessária à vida. Mas ela é muito necessária."

O problema também é que mulheres frequentemente são muito cônscias dos seus deveres. "Os homens têm uma capacidade muito maior de delimitação", diz Gaschler. Nesse aspecto, seria muito importante simplesmente questionar as supostas obrigações e os supostos deveres a que estamos submetidos: você precisa mesmo visitar sua sogra um fim de semana sim e outro não? Vale a pena passar calças infantis que logo em seguida vão parar na sujeira? Onde é mesmo que você está? Aonde você quer chegar? E o que você não quer mais fazer na vida?

Petra Frentzen também teve de aprender a simplesmente deixar seu marido fazer as coisas do jeito dele. Se a louça não está racionalmente disposta na máquina de lavar louça ou se a roupa lavada foi pendurada com muitas dobras no varal, isso já é bem melhor do que se a louça suja ainda estivesse amontoada em cima da mesa e a roupa lavada ainda estivesse dentro da máquina, esperando para ser pendurada. Frentzen diz: "Hoje eu tento ver as coisas de maneira mais leve e solta". Disso faz parte reconhecer que alguns problemas não se resolvem por meio de uma eficiência cada vez maior. As coisas também podem ser boas sem que sejam perfeitas.

Às vezes são as pequenas coisas que descontraem toda a família. Quem sonha com o café da manhã tranquilo em família deveria se despedir disso quando é obrigado a constatar dia após dia que o café da manhã em conjunto não é nada tranquilo. Quando todo dia tem alguém perdendo a calma porque ainda está muito cansado. E quando de manhã uma criança sempre está de mau humor. Entrementes a família Frentzen habituou-se a uma postura pragmática. De manhã cada qual segue seu caminho. Não chega a ser a atmosfera descontraída do comercial da manteiga Rama. Mas, afinal, antes também não era assim.

Petra Frentzen aprendeu outra coisa importante em Wertach: "Eu faço mais pausas do que fazia antes". E ela quase tem de rir ao pensar que apenas alguns minutos sozinha durante o dia já representam uma recarga de energia para as mães.

O que pessoas satisfeitas fazem de outra maneira

O almoço no refeitório já oferece um primeiro indício. Quem durante a pausa tem vários pratos a sua escolha pode fazer um teste interno de satisfação durante o almoço dos dias de trabalho. Pois há ali os colegas que falam com mais frequência do que outros: "Cara! Agora que vejo o salmão dentro do seu prato, ele parece estar muito bom. Eu acho que devia ter pego o salmão". Sumiu a alegria pela comida que está no prato de quem primeiro desprezou o salmão; lamentar a oportunidade perdida faz com que a pessoa perca a vontade de comer.

Quem nunca passa por isso provavelmente figura entre as pessoas satisfeitas também em outras esferas da vida. Porém quem regularmente se queixa de sua escolha de comida no refeitório quando está sentado à mesa em companhia dos colegas, provavelmente é vacilante, convencional – e sobretudo não é especialmente curioso. Prefere pegar a comida cujo sabor ele conhece a experimentar algo novo e se decepcionar. Ele acredita que assim suas chances de ficar satisfeito com sua decisão são maiores ao consumir sua refeição. Que equívoco! Pois justamente em decorrência dessa estratégia, a decepção nos acomete com força, e isto porque não vivenciamos nada novo, porque não quisemos aproveitar as produções fora do comum e, no final das contas, ficamos decepcionados até por não termos ousado nada. No final, frequentemente preponderam a inveja e o lamento e o que aguarda a pessoa é a insatisfação.

"Curiosidade, sim, esse estado pulsante e excitante de não saber – ela é o fundamento de uma vida satisfeita", diz o psicólogo Todd Kashdan do Centro para o Progresso do Bem-estar da Universidade George Mason em Fairfax, na Virgínia. A curiosidade seria um fator decisivo rumo à sensação de maior bem-estar. "As pessoas que estão realmente satisfeitas parecem saber intuitivamente que não devemos fazer só coisas das quais de qualquer maneira já gostamos. Também é preciso crescer e buscar a aventura fora dos limites da própria zona de conforto", diz Kashdan. É por isso que pessoas satisfeitas se caracterizam sobretudo por serem curiosas.

A curiosidade como impulso essencial para uma vida contente? Nem Todd Kashdan teria chegado por si só sem mais nem menos a estabelecer essa conexão. O psicólogo diz: "A sensação momentânea da curiosidade não é tão cômoda. Mas ela é o caminho mais direto para ficar mais forte e mais inteligente". Kashdan descobriu a importância da curiosidade mais por acaso ao investigar o que propriamente torna as pessoas satisfeitas, em companhia do seu colega de pesquisas Michael Steger do Laboratório para o Estudo do Sentido e da Qualidade da Vida da Universidade do Estado do Colorado. Para isso eles pediram a quase uma centena de pessoas que registrassem por escrito durante três semanas o que fizeram durante cada dia e como se sentiram ao fazer aquilo. O resultado foi inequívoco: "As pessoas frequentemente curiosas eram as que vivenciavam mais satisfação com sua vida", diz Kashdan, e elas também empreendiam a maior quantidade de atividades que as deixavam satisfeitas. Disso o psicólogo conclui o seguinte: "Para ficar satisfeito é preciso fazer com bastante frequência coisas que sempre gostamos de fazer. Colocamos o disco musical favorito para tocar e nos encontramos com nossos amigos do peito. Porém de tempos em tempos também devemos fazer coisas novas, complicadas e incertas e aceitar desafios, mesmo que sejam difíceis, mesmo que seu desfecho seja incerto e mesmo que vivenciemos algum nervosismo para dar conta das tarefas."

Aventuras podem terminar mal, não há dúvida. Quem pisa em terreno desconhecido poderia vivenciar coisas desagradáveis, ficar decepcionado ou simplesmente ficar entediado. Por isso, a curiosidade pressupõe certa disposição para correr riscos. Porém para tirar proveito dos efeitos positivos da curiosidade não preciso arriscar direto um pulo de paraquedas ou uma troca de emprego. Pequenas atividades também já servem para aumentar a satisfação consigo e com o mundo – por exemplo, para variar visitar sozinha o museu ou aceitar um convite para jantar sem saber ao certo se a noite acabará figurando entre as que se pode considerar um sucesso. Pois, no final das contas, as situações em que nos sentimos inseguros, desconfortáveis e talvez até tivemos um assomo de consciência pesada figuram entre os momentos que mais gostamos de nos lembrar e que mais fundo se imprimem em nossa memória. Afinal, ocorre com frequência que, ao incursionar por mundos desconhecidos, também temos surpresas muito boas: isso enriquece a vida e amplia o horizonte. Assim, quando nos deixamos conduzir por nossa curiosidade, ganhamos mais competência e aumentamos nossa autodeterminação. Logo, situações desconfortáveis para nós representam um trampolim para o nosso desenvolvimento psíquico.

A curiosidade frequentemente está associada a outras qualidades proveitosas: quem aprecia coisas novas, via de regra, também tem a mente aberta e certo senso de realidade. Essa pessoa está ciente de que a vida está em mudança e acolhe isso positivamente – inclusive quando a mudança, num primeiro momento, não parece tão agradável assim. "Pessoas satisfeitas não se escondem de sentimentos negativos", diz Todd Kashdan. "Elas reconhecem que a vida é cheia de decepção e enfrentam isso." Ao fazerem isso, elas contam com que de qualquer modo ninguém sabe como as coisas evoluirão e sobre eventos que, num primeiro momento, dão uma impressão negativa mais tarde se pode pensar muito positivamente. Assim, pessoas satisfeitas usam sua fúria para obter novas energias e delimitar-se em relação a outros; usam seus sentimentos de culpa para se motivar a mudar seu comportamento. Pessoas satisfeitas sabem que uma vida sem desafios, fracassos e percalços não é possível. Ou, como disse certa vez o fundador da Universidade de Berlim, Wilhelm von Humboldt: "A maioria das pessoas provoca a própria insatisfação fazendo exigências exageradas ao destino".

A curiosidade é seguida de perto por algumas qualidades que favorecem uma vida satisfeita. Trata-se da esperança, presteza e gratidão. A esperança é o motor de tudo. Quem não tem esperança, quem não acredita que as coisas podem correr bem e que o êxito é possível não se empenha e, por isso, não consegue chegar a desenvolvimentos satisfatórios.

A gratidão certamente também contribui para a satisfação por causa da tendência humana para a comparação com outros. Quem dá valor ao que possui em vez de olhar com inveja para vizinhos e colegas que possuem ainda mais e quem costuma se lembrar de que sua vida na verdade é bem confortável se comparada a de muitas pessoas que são obrigadas a viver em regiões de guerra ou a das que precisam enfrentar uma doença grave logo se sente bem melhor. Satisfação significa: selamos a paz interior conosco mesmos e com as condições sob as quais vivemos; damos um fim à ruminação de ideias quando isso não leva a nada e somos gratos pelo que temos em vez de ficar pensando o tempo todo no que não temos (mais).

A presteza também é importante: é motivo de enorme satisfação para as pessoas quando ajudam ou fazem o bem aos outros. Solidariedade, amor ao próximo e altruísmo não são só ao cimento da sociedade, mas também o fundamento da própria satisfação. Pois concomitantemente eles dão sentido à vida, que também é um fator importante da satisfação.

"Dar é mais bem-aventurado do que receber", diz a professora de psicologia Sonja Lyubomirsky da Universidade da Califórnia em Riverside. Ela descobriu que "a execução de ações gentis" durante um período de seis semanas elevou nitidamente o nível de satisfação com a vida das pessoas testadas. Isso também vale para pessoas que poderiam muito bem precisar de ajuda. De acordo com um estudo, mulheres que padecem de esclerose múltipla, uma doença nervosa grave, passaram a se sentir melhor quando se engajavam como mentoras de outras pacientes com esclerose múltipla. Depois de fazer isso, elas diziam sentir-se mais satisfeitas e mais felizes. Lyubomirsky diz que toda uma "cascata de consequência sociais positivas é posta em movimento: nós nos sentimos melhor; isso quer dizer que as demais pessoas também nos olham de maneira mais positiva, o que, por sua vez, melhora nossas relações".

Há outra coisa que faz bem às pessoas altruístas: "Elas estão menos focadas em si mesmas", diz Martin Seligman. Por essa razão, elas deixam a porta mais aberta para experiências positivas, à semelhança das pessoas curiosas. Em contraposição, é mais provável que quem está deprimido não tenha condições de dar muito. Essa pessoa está mais centrada em si e rumina muito sobre si mesma. Em consequência, ela forçosamente pensa bem menos em outras pessoas e não é tão prestativa, o que, por sua vez, não lhe faz bem.

A boa convivência de qualquer modo é a chave para uma vida satisfeita. Um parceiro, amizades confiáveis e uma família amorosa proporcionam um considerável aumento da sensação de bem-estar, como descobriu o psicólogo social Michael Argyle já na década de 1980 na Universidade de Oxford. Tampouco se deve subestimar nesse tocante a energia acalentadora dos animais domésticos. Em contraposição, para estar só e satisfeito é preciso ter uma predisposição específica. Um estudo de Londres calculou há alguns anos bem concretamente o valor das relações sociais: com humor britânico amigos, parentes e vizinhos receberam uma etiqueta com seu preço no estudo *Putting a Price Tag on Friends* [Colando uma etiqueta de preço nos amigos]: o estudo constatou que, quando as relações melhoram, isso tem em relação à satisfação das pessoas com a vida o mesmo valor que um aumento de salário de inteiras 85.000 libras por ano (o que, naquela época, correspondia a 124.000 euros [ou R$ 633.000,00 de hoje]).

Nesse caso, um parceiro fixo é um dos fatores mais importantes: pois estão mais em harmonia consigo e com o mundo as pessoas que passam a maior parte de sua vida com a mesma pessoa. Contudo não está totalmente esclarecido qual é a causa e qual o efeito. Afinal, uma pessoa que está bem satisfeita não se separa tão facilmente do seu parceiro e tampouco é abandonada por ele tão facilmente quanto por um ranzinza em tempo integral.

Assim, relações sociais não são nenhuma garantia para um alto grau de satisfação, mas constituem o pressuposto para que a sensação de viver seja boa. Isso, no entanto, não se refere à quantidade de amizades do Facebook: "Hoje em dia as relações com frequência não são mais autênticas", adverte o sociólogo Gerhard Schulze. As redes sociais e suas pseudorrelações com pessoas em parte desconhecidas, em que um primeiro encontro com elas é o último e leva ao rompimento da relação, "oferecem apenas uma ilusão de comunhão".

Surpreendentes são algumas associações simples que os pesquisadores da satisfação às vezes apresentam. Assim, assistir televisão com frequência parece estar ligado com um alto grau de insatisfação. No "Atlas da felicidade", por exemplo, consta "que um consumo televisivo diário de mais de 2,5 horas está associado a uma satisfação com a vida menor do que quando o consumo dura menos de meia hora". Também aqui se levanta a pergunta o que é consequência de quê: assistir televisão realmente deixa insatisfeito? Afinal, supõe-se que alguém que está insatisfeito e não sabe direito o que fazer da sua vida fique sentado com bastante frequência diante do televisor. Porém é possível que o próprio ato de ficar muito tempo diante do televisor gere insatisfação. Se for assim, provavelmente nem é o ato de assistir televisão que ocupa o primeiro plano, pois isso pode às vezes até ser bem divertido e relaxante. Ainda assim, assistir televisão tem efeito negativo sobre a nossa vida. Pois deixar-se bombardear constantemente pela televisão torna a pessoa solitária e pouco comunicativa – mesmo que se houver duas pessoas sentadas em frente à tela. "Com todo esse tempo se poderia fazer algo mais significativo, ele poderia ser aproveitado, por exemplo, para aprofundar relações sociais ou para o engajamento voluntário. Essas duas coisas – em contraposição ao consumo passivo da televisão – contribuem maciçamente para a nossa sensação de bem-estar", diz Karlheinz Ruckriegel, economista e pesquisador da felicidade na Faculdade Técnica de Nürnberg. Por isso, assistir televisão é um ato que indica um déficit de coisas que nos tornam satisfeitos.

O grande valor da comunhão poderia, em última análise, também ser a razão pela qual o dinheiro a partir de certa quantidade deixa de aumentar a sensação de bem-estar, opina o ganhador do prêmio nobel de economia Daniel Kahneman. Pois um forte engajamento profissional dificilmente se coaduna com uma vida familiar intensa e o contato com o círculo de amigos. Inversamente a falta de grana pode tornar a pessoa terrivelmente infeliz. Quase todas as pessoas necessitam da segurança de relações materialmente reguladas, senão isso incide sobre seu estado de ânimo. A luta diária pela sobrevivência desgasta os nervos, ter que economizar representa renúncia recorrente. E com isso a satisfação também atinge automaticamente níveis bem baixos. E quando chega a haver acontecimentos dolorosos, como uma doença grave ou um divórcio, a pobreza intensifica a sensação de dor. Logo, certo nível de renda é importante para estar satisfeito. Mas quando entra dinheiro suficiente na conta, a sensação boa não continua aumentando com cada aumento de salário. "Dinheiro traz felicidade só até certa medida", enfatiza o professor de psicologia Willibald Ruch. Quando passa dessa medida faz-se notar o já mencionado paradoxo do bem-estar (cf. *Satisfação como traço essencial,* p. 47).

A medida parece se situar em uma renda familiar de 75.000,00 dólares estadunidenses (correspondendo a um câmbio na época do estudo de cerca de 60.000,00 Euros [em torno de R$ 400.000,00 hoje]). Até esse ponto a alegria das pessoas se mantém acima do vil Mâmon. Porém quem ganha mais do que isso não se sente ainda melhor, como resultou da avaliação de 450.000 questionários por Daniel Kahneman e seu colega Angus Deaton da Universidade norte-americana de Princeton. "O direito nos proporciona uma sensação boa até o ponto de conseguirmos satisfazer nossas necessidades básicas sem problemas", diz Willibald Ruch. Porém quem consegue custear boa comida, belas roupas e uma grande viagem de férias por ano não se sentirá mais enriquecido com duas viagens de férias e roupas ainda mais caras.

Daniel Kahneman cita outra boa razão, o fator "tempo". Ele escreve em um estudo: "Talvez 75.000,00 dólares seja o limiar que, uma vez ultrapassado, não permite mais às pessoas fazerem o que mais conta para a sensação de bem-estar emocional: passar tempo com a família, evitar doença e dor ou desfrutar de lazer".

Seja na família, no clube ou no local de trabalho: é de enorme ajuda quando nos sentimos tão ligados a pelo menos uma pessoa a ponto de poder compartilhar com ela preocupações e êxitos. Sobretudo êxitos! Muitas pessoas têm escrúpulos em compartilhar seus triunfos e suas conquistas com seus amigos e conhecidos. Pois não queremos parecer arrivistas nem carreiristas nem, Deus nos livre, despertar a inveja dos amigos. No entanto, compartilhar êxitos é muito importante, diz a psicóloga Shelly Gable da Universidade da Califórnia em Santa Bárbara: por muito tempo se pensou que os bons amigos estão aí sobretudo para que se possa desabafar nas horas difíceis. Porém essa evidentemente é sua segunda tarefa mais importante. Quem compartilha momentos felizes com seus amigos e comemora seus êxitos e suas alegrias com outros está bem mais satisfeito do que alguém que dá e recebe atenção principalmente em tempos difíceis. Pois conversar sobre uma vivência positiva com um ouvinte atento e empático altera a lembrança a respeito do que passou. Portanto, quando contamos a um amigo bom e empático que conhecemos uma pessoa especial ao dançar, em nossa lembrança, a dança se torna ainda mais positiva do que de qualquer maneira já era. Com toda certeza a manteremos mais tempo na lembrança, mesmo que possivelmente logo percamos de vista o par daquela dança. Assim sendo, não há nada que contribua mais com os bons momentos da vida do que a participação de outras pessoas. Aliás, a alegria compartilhada faz bem também ao ouvinte, porque o altruísmo vivido o inspira.

A alegria compartilhada também é importante na relação amorosa, enfatiza Shelly Gable: "Quando um casal tenta não engrandecer os êxitos um do outro, é mais provável que venha a se separar. Em contraposição, quando os parceiros apreciam ou até celebram suas conquistas mútuas, é mais provável que fiquem satisfeitos com sua relação". A professora de psicologia sabe disso desde que distribuiu panfletos no campus de sua Universidade e, desse modo, recrutou 97 casais para um teste. Os jovens tinham em média 22 anos de idade e estavam juntos há meio ano quando teve início a investigação de Gable. O resultado foi este: quando eles se alegravam sinceramente com as boas notícias trazidas por seu parceiro e as apreciavam suficientemente ou até celebravam, sua relação durava mais do que quando apenas escutavam brevemente e em seguida diziam: "Que coisa boa, mas imagina só o que aconteceu *comigo*..."

Criticar menos, por favor! Este é um apelo adicional importante para ter mais satisfação. Pessoas satisfeitas não são tão críticas, elas não fazem questão que tudo esteja sempre certinho e simplesmente fecham o olho para algum detalhe desagradável. Isso não é motivo de surpresa. Mas o que causa admiração é até onde vão essas qualidades. Pois isso de "não olhar tão bem para as coisas" é tomado no sentido literal e pessoas com tendência para depressões fazem exatamente o contrário, segundo investigações. Elas percebem exatamente até as menores alterações no rosto de outras pessoas, como descobriu a psicóloga Kate Harkness do Laboratório de Pesquisa do Humor da Universidade Rainha Maria de Londres. Assim, quando encontram alguém no corredor que lhes pergunta gentilmente: "Mas então, você está se sentindo melhor hoje?", elas registram que, ao fazer a pergunta, a pessoa levantou um pouco a sobrancelha. Imediatamente elas se perguntam o que poderia estar por trás dessa expressão facial. Pelas suas costas, a pessoa estaria falando mal das muitas faltas ao trabalho que ela tivera? Será que ela está fazendo piada dos ataques depressivos com que tanto se debate? Ela estaria planejando aplicar-lhe algum golpe baixo? Desse modo, uma pergunta com intenção de mostrar gentileza é registrada como uma afronta inamistosa.

Em contraposição, quem está satisfeito consigo e com o mundo nem se dá conta desses sinais no rosto de seu interlocutor. Essa pessoa nem mesmo dá atenção ao indicativo de um sorriso sarcástico no rosto do outro. Por isso, ela já nem se deixa influenciar por essas minúcias que, em caso de dúvidas, só estragariam seu bom humor. Não está claro se o maior grau de satisfação também decorre do fato de não se aborrecer com as muitas pequenas filigranas desagradáveis da vida ou se, pelo contrário, a satisfação é um pressuposto para diligentemente fazer vista grossa para as coisas. Em todo caso, pessoas satisfeitas evidentemente dispõem de uma proteção emocional natural contra registrar detalhes em demasia.

Porém elas são mais serenas não só quando olham para o mundo e seus semelhantes, mas também em vista de si mesmas: quem está satisfeito não dirige constantemente um olhar crítico para si e para o que faz nem avalia o seu desempenho de maneira tão rigorosa. Em suma: pessoas satisfeitas são menos analíticas e menos perfeccionistas. Contrariamente aos perfeccionistas e pessimistas, elas não ficam procurando o tempo todo o cabelo na sopa. Pessoas satisfeitas sabem que está tudo bem se uma vez ou outra deixarmos de fazer o exercício físico no domingo e, em vez disso, assistirmos esportes na televisão ou às vezes passarmos da cota nas refeições. Porém, em outras oportunidades, elas voltam a ser disciplinadas. Pois quando estamos sempre visando só a atividades que proporcionam uma boa sensação momentânea, poderíamos perder o benefício de nos alegrar de fato com as raras violações das regras e de buscar um objetivo claro. Os objetivos na vida não só nos dão sentido e estrutura. Eles também nos ajudam a nos sentir úteis e a tolerar sentimentos negativos ou situações desagradáveis durante o percurso.

"Portanto, o que se recomenda não é assumir uma postura de *laisser faire* em relação a todas as nossas responsabilidades", diz Todd Kashdan. "Dar atenção aos detalhes pode ser útil. Porém focar demais nas minúcias pode nos esgotar e paralisar." Por essa razão, as pessoas mais satisfeitas aceitam que a busca da perfeição é uma competição que só podemos perder.

Até os perfeccionistas e pessimistas experimentam de início uma sensação de felicidade, quando algo surpreendentemente bom lhes acontece, diz o pesquisador do cérebro Gerhard Roth de Bremen. Só o que lhes falta é a satisfação, pois a sensação de felicidade não dura muito, porque para os perfeccionistas o que é bom nunca é suficientemente bom e porque os pessimistas logo pensam nas repercussões negativas: ganhar na loteria poderia atrair invejosos ou um prêmio implicar trabalho adicional. Por isso, elas não conseguem ficar realmente satisfeitas com o que conseguiram. "A pessoa insatisfeita não encontra nenhuma cadeira confortável para sentar", disse certa vez Benjamin Franklin, um dos fundadores dos Estados Unidos.

A pessoa satisfeita, por sua vez, considera confortável a cadeira em que está sentada; ela aceita o fato de a cadeira não ser confortável; ela decide achá-la confortável; ela acredita que da próxima vez conseguirá uma melhor; ou ela simplesmente descarta a velha cadeira e compra uma nova.

A pessoa frugal:
Como ficar satisfeito com pouca coisa

Já como criança Félix Quadflieg se perguntava por que as pessoas concordavam em fazer aquilo. "Bem cedo ficou claro que uma vida normal de trabalho não é para mim", conta o cidadão de Bremen. "Estruturas fixas de trabalho me davam a sensação de estar vendendo meu tempo de vida." Por que a vida deveria ser organizada em função do trabalho? "O trabalho está em função da vida e não o contrário", diz Quadflieg.

Félix Quadflieg levanta em torno das 6h30 da manhã – mas não por que seu despertador toca. Quadflieg simplesmente gosta de levantar cedo. E ele desfruta a manhã. Com toda tranquilidade ele faz o café e não faz muita coisa além disso. Pelo menos nada que dê para ver. Ele diz: "Eu ausculto a mim mesmo, desfruto meu delicioso café e simplesmente me sinto bem. Esse é um bom modo de embarcar no dia".

O ócio é uma atitude de vida para Félix, agora com 56 anos de idade. Depois de completar o ensino fundamental, ele cursou a faculdade de ciências sociais e econômicas visando à docência, mas depois disso ele só trabalhou em tempo integral durante um ano. Desde então, o seu lema é este: não trabalhar mais do que 15 horas por semana. Ele conta com voz serena: "Quero ter o máximo de tempo possível para mim. Assim sendo, escolho os projetos profissionais em que vou trabalhar". Ele nunca quer assinar um contrato de trabalho: "Não quero permitir que me prescrevam exatamente o que fazer e deixar de fazer. Não quero ser obrigado".

Há três anos Félix Quadflieg trabalha como assessor autônomo de desenvolvimento de crianças de comportamento destoante. Ele quer fortalecer as crianças, possibilitando, desse modo, que encontrem um caminho próprio na vida: "Elas próprias devem perceber que comportamento lhes traz mais prejuízo do que proveito, ou seja, que comportamento faz sentido para elas por lhes render, por exemplo, apoio e reconhecimento por parte de outros". As crianças vêm a ele sobretudo porque seus professores, pais ou cuidadores se sentem sobrecarregados por eles. No entanto, Quadflieg não acha que trabalhar com elas exija esforço. Ele diz: "Se exigisse esforço, já seria errado. Encaro o trabalho como um processo de abertura. Eu me abro para o mundo da criança para conseguir acesso a ele. Não quero nada da criança. Quero descobri-la e, se tudo correr bem, a criança acaba descobrindo muita coisa sobre si mesma e sobre o mundo".

Nove crianças é o limite. Mais do que isso Quadflieg não assume, por mais que pais e pedagogos sociais implorem. Ele diz: "Sei muito bem qual é o meu limite. Tempos atrás acompanhei mais crianças, mas logo descobri que isso não faz bem para mim – nem para as crianças".

O dinheiro que ele ganha nessas poucas horas é suficiente para viver. Afinal, Quadflieg não tem família. Ele nunca quis ter filhos e sua parceira tem uma postura de vida parecida com a dele. Quadflieg tampouco tem altas exigências. Ele não se interessa por viagens a prestação em hotéis caros nem por roupas de grife ou pelo último modelo de *smartphone*. Porém ele também gasta dinheiro. Ele ressalta que compra exclusivamente alimentos de cultivo orgânico e viaja pelo menos uma vez por ano. "Mas eu mesmo organizo isso", diz ele. E não se poderia realmente falar de "férias", pois ele não precisa de férias do pouco trabalho que faz.

Quadflieg não tem inveja da riqueza dos outros que naturalmente podem dar saltos maiores. Afinal, ele exercita a renúncia voluntariamente. Esse é o ponto decisivo, pois fundamentalmente o consumo enriquece de modo considerável a vida das pessoas na Alemanha, como demonstraram recentemente cientistas do Instituto Leibniz de Ciências Sociais em Mannheim. Quem ganha dinheiro suficiente para se permitir algo adicional depois de ter suprido suas necessidades básicas em forma de aluguel, alimento e vestuário está consideravelmente mais satisfeito do que uma pessoa que mal consegue dar conta do recado. O que contribui especialmente para aumentar a sensação de bem-estar nesse tocante são as despesas com educação, lazer, vestuário e frequência a restaurantes.

No entanto, de modo similar ao que vale para a renda, o consumo como fator de satisfação também tem suas limitações. Pois a satisfação não se eleva linearmente com o aumento das despesas com consumo. A partir de certo ponto, os gastos financeiros praticamente não contribuem mais para aumentar a alegria de viver. Além disso, o efeito é quase irrelevante quando se gasta muito dinheiro com alimentação ou moradia.

E um nível mais baixo de consumo que, como no caso de Félix Quadflieg, não se origina da necessidade, mas da decisão de não querer trabalhar mais com o objetivo de consumir mais, não prejudica a satisfação com a vida. Os sociólogos Heinz-Herbert Noll e Stefan Weick descobriram o seguinte por meio da "Observação Constante da Sociedade" (esse é o nome um tanto curioso de seu departamento no Instituto Leibniz de Ciências Sociais em Mannheim): os 10% que menos gastam na Alemanha não estão menos satisfeitos com sua vida do que a média da população – na medida em que "não figuram ao mesmo tempo entre os 10% da população que têm mais renda". Os dissidentes do consumo atingem um valor de 6,9 numa escala de 10 pontos de satisfação com a vida, ao passo que a média da população está em 7,0.

É certo que com o pouco trabalho que faz Félix Quadflieg não conseguirá ficar rico no sentido material. Ele diz: "Mas eu já sou rico. Eu me sinto rico por ter tanta oportunidade de ócio". Muitas vezes ele olha com pena para as pessoas ao seu redor que podem gastar muito dinheiro, mas também têm de trabalhar muito: "Há um certo pesar quando à minha volta ouço o tempo todo pessoas se queixando de dores nas costas, problemas cardíacos, *burnout*, herpes e todos esses sintomas de sobrecarga".

Seu luxo é viver determinado por si mesmo e ter muito tempo. Um tempo que ele em parte simplesmente deixa passar, mas que utiliza sobretudo para seus passatempos. "Há muitas coisas que eu gosto de fazer e quero mesmo que haja tempo para elas", diz Quadflieg, que momentaneamente vive em um apartamento de dois quartos. Ele gosta de escrever poemas e é grande entusiasta do teatro de improvisação. Pelo menos duas vezes por semana, ele se encontra com seu grupo teatral. Ele diz: "Isso é importante para mim. No teatro, eu me realizo". Apesar disso, ele não consegue se imaginar como ator profissional: "Isso significaria que tenho de me sujeitar por demais a pressões econômicas", diz Quadflieg. "Conhecidos meus forçados a viver da atuação têm de aceitar todo papel que lhes é oferecido por mais besta que seja. Eles precisam se ocupar com aquisições, brigar com clientes, planejar para o ano seguinte. Eles estão sempre ocupados com questões financeiras. Não quero isso." E ele por acaso não se nutre dos êxitos decorrentes do seu trabalho? Certamente, diz ele, isso estaria correto: "Alegro-me pelas crianças pelo fato de minha atividade ter consequências que se manifestam também na felicidade e na satisfação delas. Porém, se eu não tivesse de ganhar dinheiro, eu também poderia viver muito bem sem trabalhar". Mas não é verdade que ele teria "se atirado nas cordas sem rumo" ou sentiria um vazio: "Pois automaticamente damos uma estrutura para a nossa vida".

Félix Quadflieg passou muitos anos sem trabalho regular. Houve um tempo em que até morou em uma cabana de jardim. Porém, quando as autoridades locais descobriram isso no ano de 2004, ele teve de procurar um apartamento com toda infraestrutura – após 17 anos sem energia elétrica, sem água encanada e sem telefone. Ele considera maravilhoso o tempo que passou na cabana de jardim. "Eu estava bem próximo da vida e era barato", conta ele. A seu ver, uma fase esplêndida. E agora, com sua jornada de 15 horas semanais, vez ou outra ele suspira porque o trabalho, a obrigação, o ritmo ditado de fora mais uma vez vão se tornando exagerados. Falta-lhe, então, a oportunidade do ócio total, de fazer uma parada inteiramente livre, longe do próximo compromisso. Quadflieg ressalta que ócio não significa o mesmo que preguiça. Ele faz muita coisa. Porém ele próprio quer determinar o que fazer. O ócio seria possível em todas as esferas da vida. Ele diz: "Também se pode trabalhar com ócio. No final das contas, o ócio é uma questão da atitude com que se faz algo. É chegar a uma condição aberta, na qual verificamos o que mais existe. É fazer uma pausa para respirar fundo e, desse modo, voltar a ser receptivo para novos estímulos e talvez até mudar o foco. É escutar de repente o chilrear dos pássaros ou ouvir dentro de si mesmo algo que também está ali bramando, mas com muita frequência não damos nenhuma atenção". É nesses momentos que ele desenvolve novas ideias, que sua curiosidade é despertada e ele ganha vontade de fazer algo bem diferente.

Porém isso não significa que Félix Quadflieg se entrega ao ativismo depois de uma fase de ócio. Ele conta: "Com bastante frequência, apenas penso que seria bom fazer isso ou aquilo. Por exemplo, eu sempre quis escrever um livro, mas nunca realizei isso. Nesse caso, de fato fui preguiçoso demais". Ele não se arrepende disso, como ele mesmo diz: "Pensar em algo também pode ser muito bom e às vezes até é o que basta". Já em 1990, quando ninguém falava de *work-life balance* [equilíbrio de vida e trabalho] e *burnout*, Félix Quadflieg fundou a associação "Otium – Associação para Promoção do Ócio". *Otium* é uma expressão latina que significa "repouso" ou "ócio". Com a associação Quadflieg quer questionar a mania dominante de trabalhar e influenciar uma mudança de pensamento por meio de eventos e ações. Ele diz que, de qualquer modo, a vida não pode ser subdividida em tempo de trabalho e tempo livre. É importante que a pessoa esteja interessada no que faz e em como age. A Associação Otium ainda existe e inclusive marca presença na *web*. No entanto, mesmo 25 anos após a fundação, a página ainda se encontra "em construção", como diz ali. Aos poucos a associação teria degenerado em trabalho, diz Quadflieg com um sorriso. Porém os objetivos da associação ainda seriam válidos para ele: em vez de subordinar o ócio e a inatividade ao trabalho, as pessoas deveriam se lembrar da importância de integrar o trabalho na vida almejando a sua alegria e subordinar o trabalho à vida. Ele diz: "A moral de trabalho predominante hoje não é algo dado pela natureza, mas uma obrigação à qual as pessoas se habituaram. É só o atual alto valor social do trabalho que leva as pessoas a se acharem inúteis sem ele".

Na visão de Quadflieg, as pessoas precisam aprender acima de tudo a ficar a sós consigo mesmas. "Muitas têm medo de não ter nada para fazer. Diante disso, é importante voltar a explorar o reino da pesquisa e da curiosidade e simplesmente deixar as coisas serem como são." Seria importante manter-se curioso, deixar-se surpreender e estranhar coisas, experimentar o instante. Quadflieg diz: "As pessoas precisam constantemente de alimento para a alma e o espírito. Isso é propriamente vida".

Estar satisfeito é saudável

A satisfação não só causa uma boa sensação, mas também faz bem! Pessoas com uma atitude de vida positiva têm vida mais longa e mais saudável. De quatro a dez anos são acrescentados à vida dos que estão em paz consigo e com o mundo, diz Ed Diener. Por isso, o psicólogo de Illinois até reivindica que os países acolham o tema da satisfação em seus programas de saúde, a exemplo do que já fez o reino do Butão (cf. *O que ainda assim nos ensina a pesquisa sobre a felicidade,* p. 25). "Os muitos anos ganhos são um resultado que merece atenção nacional", diz Diener.

De fato quatro a dez anos de vida são um ganho expressivo. Por outras vias ele só pode ser alcançado com consideráveis esforços. Assim, a insatisfação crônica parece fazer mais mal para a saúde do que os fatores físicos de risco nos quais costumam se concentrar os programas de saúde pública e os quais tememos muito mais. Parar de fumar, beber menos cachaça, andar de bicicleta em vez de andar de carro – isto também favorece a sobrevivência em um mundo estressante. Porém a satisfação não é só mais agradável, mas também acrescenta a quem leva uma vida satisfeita pelo menos o mesmo número de anos de vida.

Pois o grau de satisfação com a nossa vida incide não só sobre doenças psíquicas, como o surgimento de depressões. Nossa satisfação também influencia nossa saúde física. Isso foi especialmente bem investigado em relação ao coração. Não é para menos que outrora esse órgão foi considerado a sede do amor. Hoje situamos nossa *psique* e sua capacidade de amar alguns andares acima, sob o osso superior do crânio, mas o coração sem dúvida reage de modo especialmente sensível quando nossa vida sai dos trilhos. Ele pode até se partir, como descreveram pesquisadores japoneses pela primeira vez há 25 anos em um trabalho de investigação que surpreendeu os especialistas. Dizer que o sofrimento psíquico poderia incidir no corpo é algo que, no início da década de 1990, ainda era ridicularizado por médicos como papo-furado esotérico. No entanto, os cardiologistas japoneses descreveram de modo marcante como cinco dos seus pacientes mostravam todos os sintomas de um infarto cardíaco sem que seus vasos tivessem se estreitado nem que se evidenciassem os demais sinais de algum dano fisiológico no coração. Somente por meio de uma inquirição sensível os médicos japoneses ficaram sabendo, naquela época, de seus misteriosos pacientes que tinham acabado de sofrer um pesado golpe do destino. Uma mulher teve de suportar a morte do seu parceiro, um homem acabara de passar pelo divórcio. Hoje é universalmente reconhecido que cerca de 1% a 3% de todos os pacientes com problemas parecidos com os de infarto cardíaco agudo não têm nenhum outro padecimento além de uma *psique* maltratada. A ciência fala oficialmente da "síndrome do coração partido".

O quanto uma vida em estresse e tensão prejudica o coração foi elaborado por médicos canadenses há mais de dez anos no famoso estudo *Interheart,* com base em 30.000 pessoas testadas: quem tem de lidar constantemente com alguma pressão desagradável na profissão, na família ou na relação amorosa e está permanentemente insatisfeito eleva o risco de infarto cardíaco para o fator 2,7 – ou seja, quase triplica o fator. Desse modo, a insatisfação tem um efeito quase tão desfavorável sobre o coração quanto o ato terrivelmente nocivo de fumar (fator 2,9) e bem mais forte do que a pressão alta (fator 1,9). Julia Boehm e Laura Kubzansky também apresentaram a prova positiva na Escola Harvard de Saúde Pública. Elas descobriram que pessoas otimistas e satisfeitas correm 50% menos riscos de ter doenças cardíacas e circulatórias.

A conexão não é tão mágica quanto soa a princípio. Sua base é pura química. Pois os hormônios do estresse influenciam o sistema imunológico e este, por sua vez, está estreitamente ligado ao sistema nervoso. Entrementes foi amplamente comprovado que psique, neurônios e sistema imunológico cooperam intensamente, como postulava desde a década de 1970 o campo de pesquisa da "psiconeuroimmunologia", que nesse ínterim foi ridicularizado. Assim os neurotransmissores cerebrais podem se ligar diretamente a células imunes e, por essa via, alterar o comportamento e a disposição de luta das defesas próprias do corpo. E hormônios do estresse como cortisol inibem a produção de neurotransmissores imunes. Desse modo, eles prejudicam a atividade de diversas células imunes e enfraquecem a defesa própria do corpo. Além disso, o estresse torna o sangue mais espesso, o que o faz coagular mais rápido. Em si isso é uma boa invenção, mas que pode ser fatal para nós, trabalhadores estressados dos dias atuais: "Do ponto de vista evolutivo faz sentido que, durante uma batalha, o sangue fique mais espesso", diz Carl Eduard Scheidt, médico psicossomático na Clínica Universitária de Freiburg. Desse modo, fecham-se mais rapidamente as feridas que surgem, por exemplo, quando dois moradores de cavernas se estranham pela presa. Os adversários não correm tão facilmente o risco de sucumbir a uma hemorragia. Hoje, entretanto, no século do estresse permanente, essa reação física ao estresse pode se tornar muito prejudicial quando um coração de qualquer modo já meio abalado tem de bombear constantemente sangue muito espesso pelas artérias calcificadas.

Em contraposição, estar satisfeito exerce um efeito favorável sobre os nervos e o sistema imunológico, como ressaltam Ed Diener e sua ex-colaboradora Micaela Chan. Seu ponto de partida é que, por essa via, a satisfação também pode prolongar a vida: "No caso de pessoas saudáveis, estados de ânimo positivos como alegria, felicidade e energia, do mesmo modo que satisfação com a vida, esperança, otimismo e senso de humor estão associados com baixo risco de mortalidade e prenunciam longevidade".

Cientistas finlandeses examinaram isso em um trabalho abrangente com gêmeos. Na Finlândia, há muitas décadas, milhares de pares de gêmeos já vêm se colocando à disposição da pesquisa no quadro do estudo o finlandês sobre gêmeos. Os dados sobre eles são utilizados para tudo que é possível – às vezes também para descobrir se a satisfação prolonga a vida. Já no ano de 1975, mais de 22.000 gêmeos entre 18 e 54 anos responderam perguntas a respeito de sua satisfação. Durante duas décadas, os pesquisadores observaram o que aconteceu com essas pessoas. E as que estavam especialmente insatisfeitas de fato morreram antes. Essa correlação também se manteve quando se excluiu dos dados a que classe social as pessoas testadas pertenciam e se elas fumavam ou bebiam muita bebida alcoólica.

As pessoas satisfeitas vivem mais: essa correlação vale para a maioria dos países da Terra, como calcularam Diener e Chan a partir do *World Poll*, uma pesquisa de opinião global da organização Gallup. O renomado instituto de pesquisa de mercado e de opinião com sede em Washington entrevistou, em mais de 160 nações, 1.000 pessoas representativas de cada país. Em países ricos, as pessoas foram entrevistadas por telefone, em países mais pobres, cara a cara. Quando os cientistas compararam seus dados com referência ao Produto Interno Bruto e à idade das pessoas entrevistadas, evidenciou-se isto: o grau de satisfação das pessoas com sua vida em determinado país prenuncia aproximadamente qual é a expectativa de vida em cada um desses países.

Portanto, a satisfação realmente prolonga a vida? A insatisfação crônica devora alguns anos de vida? Ou, no caso dessas observações, nem se trata de efeitos diretos? Afinal, a satisfação poderia também proporcionar às pessoas mais anos de vida por vias intrincadas. Assim, é de se supor que estar saudável contribui consideravelmente para a satisfação de uma pessoa. O fato de pessoas satisfeitas viverem mais poderia, de acordo com isso, estar relacionado com o fato de estarem fisicamente mais em forma.

Essas influências recíprocas dificilmente poderão ser separadas uma da outra, criticam cientistas britânicos que, no maior estudo jamais feito sobre o tema, o britânico *Million Women Study* [Estudo sobre Milhões de Mulheres], não encontraram nenhuma influência direta de felicidade, satisfação e emoções positivas sobre a expectativa de vida. E eles observaram durante dez anos nada menos do que 1,3 milhão de mulheres que, no início do estudo, tinham em média 59 anos de idade. Segundo os pesquisadores, no momento em que se inclui o estado de saúde das mulheres no início do estudo, o fato de estarem satisfeitas e felizes ou não se mostra totalmente irrelevante para a sua expectativa de vida. Estudos anteriores nunca teriam levado suficientemente em conta esse aspecto.

De fato, são necessários estudos muito bem pensados para depurar efeitos observados de fatores não desejados de influência. Estudos que comparam fenômenos frequentemente encontram conexões onde não há nenhuma. Tornou-se famosa a publicação que – naturalmente com algum senso de humor – apresentou evidências de que realmente são as cegonhas que trazem os bebês: no trabalho *New Evidence for the Theory of the Stork* (Nova evidência a favor da teoria da cegonha), o bioquímico Thomas Höfer e a pediatra Hildegard Przyrembel do Instituto Federal para Avaliação de Risco, com a colaboração da parteira berlinense Sílvia Verleger, encontraram uma conexão estatisticamente sustentável entre a quantidade de cegonhas existentes na Baixa Renânia e a quantidade de bebês nascidos: entre 1970 e 1985, as duas quantidades diminuíram na mesma proporção e, entre 1985 e 1995, ambas permaneceram igualmente constantes. Uma interpretação dirigida dos dados com uma pitada de pensamento ilusório poderia permitir a conclusão de que a cegonha tem participação na entrega dos bebês. Os especialistas falam de uma "pseudocorrelação": coisas são postas em relação causal, embora nada tenham a ver uma com a outra; a partir de dois fenômenos observados é construída uma relação causal. "Apoiar o crescimento da população de cegonhas por meio da agricultura ecológica poderia ter uma influência positiva sobre as taxas de natalidade na maioria dos países europeus", concluíram ironicamente os autores a partir de seus dados sobre as cegonhas. Porém eles não queriam fazer nada que levasse a uma nova explosão de nascimentos, mas empenhar-se por uma interpretação limpa e confiável de dados científicos.

Problemáticas não são só as pseudocorrelações. Também os estudos em que as pessoas testadas são entrevistadas a respeito do passado frequentemente levam a resultados errados: como você se alimentou nas últimas semanas ou até nos últimos anos? As pessoas não dão respostas confiáveis a essas perguntas – muito menos se entrementes sofreram, por exemplo, um infarto cardíaco e a consciência pesada causada por seu estilo de vida nocivo corrói sua capacidade de memória. Nesse caso, elas tendem a minimizar seu consumo de sal e gordura no passado ou inversamente até superestimar as quantidades de sal e gordura consumidas. Igualmente sem credibilidade são estatísticas em que pessoas em idade avançada são perguntadas, no fim de sua vida, se estavam mesmo satisfeitas.

Estudos que olham para o futuro, por sua vez, são especialmente valiosos. As melhores análises científicas observam seus integrantes por algum tempo antes de tirarem suas conclusões dos resultados minuciosamente documentados. Esse também foi o caso do *Million Women Study*. E, ainda assim, há críticas a esse estudo que nega à satisfação e à felicidade o efeito de prolongar a vida: é que cada uma das participantes pôde avaliar o seu estado de saúde por si mesma. Não foi verificado qual era o real estado de saúde delas. Pois é de se supor que as mulheres satisfeitas, otimistas, equilibradas não tenham levado seus dodóis e suas limitações físicas tão a sério quanto as insatisfeitas. Assim sua expectativa de vida não foi tão alta como deveria se realmente tivessem estado tão saudáveis quanto diziam. Por essa razão, a vantagem de sobrevivência proporcionada pela satisfação possivelmente não pôde mais ser identificada na estatística.

Provavelmente se trata de um círculo virtuoso, se pudermos chamar assim o oposto do círculo vicioso: estar saudável torna a pessoa satisfeita, mas a satisfação também tem um efeito positivo sobre a saúde, o que, por seu turno, reforça a satisfação. A longo prazo isso poderia contribuir para uma vida mais longa.

Em todo caso, há estudos muito bons que, em contraposição ao *Million Women Study*, puderam comprovar um efeito favorável da satisfação sobre a duração da vida. Um estudo prospectivo desse tipo provém do Condado de Alameda na Califórnia, onde já em 1965 milhares de pessoas foram entrevistadas a respeito de sua saúde e suas condições de vida. O estudo prossegue até os dias atuais. No que se refere à satisfação, os psicólogos comportamentais Jingping Xu e Robert E. Roberts, do Centro Michael & Susan Dell para uma Vida Saudável da Universidade do Texas, fizeram um balanço parcial após quase 30 anos de observação de 7.000 participantes. Eles descobriram que tanto a satisfação com a vida em termos gerais quanto a satisfação com diferentes esferas da vida quanto sentimentos positivos estavam associados em cada caso com um risco reduzido de morte iminente – não importando qual foi a causa individual da morte. Sentimentos negativos, por sua vez, não influenciaram a mortalidade nesse estudo. É possível que eles nem sejam tão importantes para a saúde como frequentemente se supõe: parece que as pessoas são mais capazes de acrescentar anos à vida alegrando-se do que de atrair a morte incomodando-se. E os pesquisadores levaram perfeitamente em conta o estado de saúde das pessoas testadas e descobriram justamente nas pessoas saudáveis uma influência muito grande da satisfação sobre sua expectativa de vida.

Um papel especial de prolongamento da vida evidentemente é desempenhado por parceiros de vida e amigos que deixam a pessoa muito satisfeita: "O efeito prolongador da vida próprio da satisfação parece ser sustentado pelo menos em parte por redes sociais", concluem Xu e Roberts a partir de seus dados. Algo parecido já fora constatado na década de 1980 por cientistas de Michigan em um trabalho de pesquisa pioneiro naquela época: "As relações sociais e respectivamente a falta relativa delas representam um fator essencial de risco para a saúde", escreveu a equipe de Debra Umberson. "Por essa razão, essas relações rivalizam com o efeito de fatores de risco para a saúde já bem estabelecidos, como fumar cigarros, pressão sanguínea, lipídios no sangue, sobrepeso e movimento."

Em todo caso, muito poucas são as pessoas solitárias satisfeitas. E eremitas tampouco vivem muito tempo: há poucos anos, uma análise de Julianne Holt-Lunstad da Universidade Brigham Young em Utah mostrou de quantos anos de vida nos priva a solidão excessiva. A psicóloga processou 148 estudos sobre o tema com mais de 300.000 participantes. Estes foram observados em média durante 7,5 anos – e quem não tinha bons vínculos sociais correu, nesse tempo, um risco 1,5 vezes maior de morrer do que um participante do estudo com um círculo de amigos confiável. Especialmente interessante nesse estudo é o seguinte aspecto: não importava tanto se alguém morava sozinho ou com outras pessoas. Mais importante era o quanto uma pessoa de fato estava socialmente integrada: "É perfeitamente possível que alguém vivendo sozinho tenha um entorno social que o apoia mais intensamente do que alguém que vive em um relacionamento", diz Holt-Lunstad. Quem tem amigos de verdade pode muito bem ser solteiro. Enquanto essa pessoa tiver vínculos sociais, receber apoio social ou mesmo apenas acreditar que o está recebendo, ela terá uma chance 50% maior de sobrevivência do que uma pessoa sem relações. Desse modo, a solidão é mais prejudicial à saúde do que sobrepeso ou falta de movimento, conclui também Holt-Lunstad. "As pessoas solitárias morrem tão cedo quanto as que fumam muito. Por isso, os médicos e as clínicas deveriam recomendar a seus pacientes que deem mais atenção a seus vínculos sociais." Na verdade, pensa ela, os médicos deveriam até escrever "vínculo!" em suas receitas.

Ao passo que a importância da calidez e do apoio sociais frequentemente é subestimada, constantemente se ressalta o quanto o trabalho é prejudicial à saúde: lemos com bastante frequência que o trabalho faz adoecer. Diz-se que hoje em dia as pessoas estão tão estressadas que, por causa disso, pegam uma gripe atrás da outra e sofrem logo um *burnout*. Está correto: o trabalho pode provocar doenças terríveis. Quem está insatisfeito com o seu posto de trabalho ou sofre com a pressão constante de êxito e compromissos, quem apesar de todo o esforço não consegue dar conta do seu trabalho, quem é sacaneado e comandado o tempo todo sem poder participar das decisões, pode adoecer gravemente por causa disso. E isso inclusive acontece com bastante frequência: a quantidade de faltas ao trabalho por causa de adoecimentos psíquicos está aumentando. Não é para menos que a Organização Mundial da Saúde (OMS) declarou o estresse profissional como "um dos maiores perigos do século XXI". Entrementes, muitos Estados dos Estados Unidos introduziram regulamentações para proteger da sobrecarga psíquica nociva à saúde no local de trabalho e a equipararam a outros riscos profissionais. Consta ali que estresse constante no local de trabalho é tão nocivo à saúde quanto ruído, luz forte ou substâncias tóxicas.

Porém o trabalho em si não é algo ruim, mas muito bom. Ele pode ser muito favorável à saúde. Quem está satisfeito com seu trabalho, quem gosta do que faz, quem obtém êxitos e reconhecimento por meio dele tem nele um recurso importante, como já evidencia o efeito extremamente deletério do que significa estar desempregado (cf. *Satisfação como traço essencial*, p. 47). Um bom trabalho protege até mesmo de adoecimentos psíquicos. Um bom trabalho significa: recompensa no sentido de um salário adequado, experiências positivas, estrutura, reconhecimento, a vivência da eficiência e o intercâmbio social. "A atividade profissional é um componente totalmente central de nosso mundo vital e contribui decisivamente com a saúde psíquica", diz Steffi Riedel-Heller, diretora do Instituto de Medicina Social, Medicina do Trabalho e Saúde Pública na Universidade de Leipzig. "Nos últimos anos, esse aspecto foi ignorado devido à discussão em torno do estresse e do *burnout*. Trabalho é um direito fundamental de todas as pessoas."

A importância do trabalho para o ser humano também é enfatizada pelo psiquiatra e psicoterapeuta Hans-Peter Unger, médico-chefe do Departamento de Psiquiatria, Psicoterapia e Psicossomática da Clínica Asklepius de Harburg, em Hamburgo. Ele sabe que: "O esgotamento também é parte integrante da vida". Seria importante manter o equilíbrio: "Pois o autocuidado não existe mais em forma ritualizada em um mundo que apaga cada vez mais o limite entre trabalho e vida privada".

Mas parece que pessoas satisfeitas são mais saudáveis não só porque exercem um trabalho que as satisfaz. Elas evidentemente também pisam no freio bem antes das demais. Por cuidarem melhor de si mesmas e frequentemente disporem de uma competência social mais elevada, elas sabem melhor quando devem dizer não. É indiferente se elas são mais satisfeitas por terem essa noção ou se têm essa noção por serem mais satisfeitas: em todo caso, as pessoas satisfeitas têm mais facilidade para encontrar uma solução para seus problemas em situações difíceis. E essa solução também pode consistir em se demitir de um emprego insatisfatório e separar-se de pessoas que não lhes fazem bem.

Para aumentar a satisfação não é preciso absolutamente que seja um emprego bem pago. Nem precisa ser um trabalho remunerado. Mais importante é que seja uma tarefa. Pois as pessoas que veem sentido na vida ou que exercem uma ocupação que as preenche têm chances especialmente boas de envelhecer com saúde, como descobriu a equipe de Andrew Steptoe em 2014. Os cientistas do University College de Londres acompanharam 9.050 participantes do *English Longitudinal Study of Ageing* [Estudo Longitudinal Inglês do Envelhecimento]. No início da pesquisa, os participantes do estudo estavam se aposentando; 1.542 deles morreram no decorrer dos 8,5 anos seguintes. Do grupo daqueles que menos se identificavam com o que faziam morreram 29%, ao passo que dos que tinham um alto potencial de identificação apenas 9%. Esse efeito é independente do quanto cada um dos senhores mais velhos padecia de doenças no início do estudo. "É provável que fatores biológicos incidam diretamente aqui", supõe Steptoe. Assim a frustração poderia provocar a emissão mais intensa de moléculas inflamatórias, hormônios e neurotransmissores e mediar as consequências físicas negativas. Porém ainda não se conseguiu apontar claramente os culpados do efeito da falta de sentido fatal.

Pessoas insatisfeitas são vítimas de acidente com mais frequência

Às vezes parece que a satisfação também tem consequências bizarras. Ela evidentemente protege de acidentes letais. De início, os cientistas finlandeses, que foram os primeiros a identificar essa conexão no quadro de seus estudos sobre gêmeos, não acreditaram no que estavam vendo. Porém os resultados eram claros: eles constataram que pessoas insatisfeitas não só morrem mais cedo, mas isso também acontece com frequência devido a circunstâncias sobre as quais, à primeira vista, elas mesmas não têm influência. Segundo os dados, o risco de elas falecerem em consequência de um acidente é duas vezes maior do que o das pessoas satisfeitas. Para evitar distorções, foram comparadas entre si exclusivamente pessoas que de resto apresentavam a maior semelhança possível: elas eram casadas ou solteiras, faziam parte da mesma classe social, consumiam quantidades parecidas de cigarros e álcool e se exercitavam fisicamente de modo semelhante.

Para consolidar esse resultado surpreendente, os cientistas finlandeses retomaram dois anos depois a questão do risco majorado de acidentes. E ela se confirmou: o risco de morte não intencional é consideravelmente maior quando a pessoa não se sente bem em sua vida: nos 20 anos de realização do estudo, as mulheres insatisfeitas apresentaram um risco 7,8 vezes maior de morrer em decorrência de algum acidente trágico, e os homens insatisfeitos um risco 4,0 vezes maior.

Uma possível explicação para esse achado surpreendente: possivelmente os homens e ainda mais as de resto tão conscienciosas mulheres negligenciam os cuidados consigo mesmos quando estão insatisfeitos com sua vida. Eles simplesmente dão menos atenção a si e a sua saúde. Em sua frustração, elas atravessam a rua sem olhar para os lados e também são menos sensíveis para outros perigos. No final das contas, elas não estão nem aí para o que possa acontecer se não prestarem atenção.

Essa teoria foi comprovada um pouco mais tarde pelos cientistas britânicos da equipe de Andrew Steptoe com a ajuda de um estudo feito com 17.246 pessoas jovens entre 17 e 30 anos: os que entre eles estavam especialmente satisfeitos claramente se empenhavam mais por sua saúde. Em 21 países da América do Norte, da Ásia e da Europa, foi encontrado o mesmo quadro: quem está satisfeito fuma mais raramente, faz mais exercícios, alimenta-se de modo mais saudável, consome menos álcool e dorme mais. Essa pessoa simplesmente dá mais atenção a si mesma. Em consequência, ela tem pressão sanguínea mais baixa, valores mais saudáveis de lipídios no sangue e um peso corporal mais favorável, o que eleva sua expectativa de vida. Isso chega ao ponto em que pessoas satisfeitas até se protegem mais do sol.

Porém o comportamento em relação à saúde não explica todos os aspectos da satisfação que prolongam a vida. Quando os pesquisadores finlandeses um pouco mais tarde voltaram a examinar seus gêmeos, eles constataram que, com base na satisfação com a vida, seria possível predizer a probabilidade com que uma pessoa viria a requerer a aposentadoria por invalidez, não importando se por razões psíquicas ou físicas. Isso também se mantinha quando eram excluídos dos dados os aniquiladores mais conhecidos da saúde, como fumo, álcool e falta de exercício. Portanto, a satisfação prolonga a vida também valendo-se de outros mecanismos.

Contudo, há acirradas controvérsias sobre se o otimismo e a satisfação ainda têm efeito positivo sobre a duração da vida quando a pessoa já está doente. Alguns estudos trouxeram indícios de que pessoas que se sentem estimadas e apoiadas convalescem mais rápido, por exemplo, após uma cirurgia de ponte de safena. Elas evidentemente apresentam um risco menor de que os desvios implantados em torno de suas artérias coronárias entupidas voltem a ficar obstruídas. 15 anos após uma operação de ponte de safena, estavam vivos 2,5 vezes mais pacientes que tinham uma boa relação com seu parceiro em comparação com aqueles que estavam insatisfeitos com sua relação.

Porém outros estudos não encontraram tal conexão no caso de doenças muito graves. "É provável que doenças mais sérias não sejam influenciadas pela atitude da pessoa", diz Ed Diener. Bons sentimentos até podem melhorar a qualidade de vida de alguém durante um sofrimento grave, diz o professor de psicologia. "Porém, mesmo que estados de ânimo positivos fortaleçam o sistema imunológico e tenham outras repercussões desejáveis, isso não parece ser suficiente para combater doenças muito sérias como a hidrofobia ou o câncer pancreático."

Porém, enquanto não adoecemos seriamente, é evidente que aprimorar a satisfação é proveitoso para a nossa saúde também em idade avançada. Pois não se trata tanto de ter estado satisfeito a vida inteira. Mais importante na idade avançada é a condição atual: um estudo do registro de gêmeos da Suécia certa vez voltou sua atenção especialmente para pessoas idosas, um número expressivo de 320 acima de 80 anos. Cada um dos pares de gêmeos do mesmo sexo e mentalmente ainda saudáveis foram acompanhados durante dez anos. Quem estava atualmente muito insatisfeito com sua vida corria um risco duas vezes maior de morrer do que seu gêmeo muito satisfeito. Nesse caso, não fez diferença o quanto os senhores ou as senhoras estiveram satisfeitos e satisfeitas anteriormente na sua vida.

Os efeitos positivos da satisfação podem ser percebidos bem cedo e de modo nenhum se tira proveito deles só na aposentadoria; quem conseguiu demonstrar isso foi Mohammad Siahpush do Centro para o Progresso da Saúde da Universidade de Nebraska com a ajuda de quase 10.000 adultos australianos. Ele comparou entre si pessoas que, no início do estudo, se assemelhavam tanto na condição de saúde quanto no estilo de vida referente à saúde. As pessoas testadas foram entrevistas a respeito de sua felicidade e de sua satisfação. Uma das perguntas era: "Você foi uma pessoa feliz nas últimas quatro semanas?" E a segunda pergunta foi: "Considerando tudo: o quanto você está satisfeito com sua vida?" Dois anos mais tarde já apareceram diferenças físicas: as pessoas testadas que, no início do estudo estiveram mais satisfeitas, dois anos depois estavam mais saudáveis do que as que estiveram insatisfeitas. "Se agora você estiver feliz e satisfeito com sua vida, é muito provável que você tenha um futuro mais saudável do que alguém que está infeliz e insatisfeito e que de resto se encontra nas mesmas condições", diz Mohammad Siahpush. "E ainda descobrimos outra coisa: se você decidir se tornar mais satisfeito agora, você melhorará ativamente sua saúde."

A mulher pacífica:
Como uma paciente com reumatismo consegue estar satisfeita apesar da dor

Ela tem mãos pequenas. Pequenas demais para uma mulher adulta. Só por gentileza Katrin Becker as estende para cumprimentar. Ela não consegue escapar disso, pois o ato de dar as boas-vindas com um aperto de mão está muito arraigado nas pessoas. Katrin Becker não gosta de apertar mãos. Ela de qualquer forma não consegue pegar nada, pois seus membros estão muito deformados para isso, e sobretudo ela não permite que outras pessoas apertem suas mãos. Sempre é doloroso. As mãos são os sinais mais visíveis das muitas dores que Katrin Becker suporta há anos.

E, no entanto, quem olha para essa mulher de 47 anos de idade de Munique vê um rosto claramente descontraído e alegre. Além disso, suas feições ainda são juvenis, mas isso não tem a ver só com seu ânimo alegre: os traços arredondados próprios de menina dessa mulher loira também se devem às altas doses de cortisol que ingere diariamente. Há mais de 40 anos que ela não consegue passar sem analgésicos. Ela tinha acabado de comemorar seu sexto aniversário quando repentinamente suas pernas começaram a doer. Ela se sentiu tão mal que seu pai e sua mãe peregrinaram de um médico a outro para descobrir a causa do sofrimento de sua filha mais nova. Quando o diagnóstico finalmente saiu, ele atingiu a família como um raio: reumatismo! Com seis anos de idade! Mas a doença não levou a idade de Katrin Becker em consideração. Ela a golpeou com toda força. Becker conta: "No meu caso, o reumatismo foi bem intenso logo de início; em seguida já não pude mais fazer muitas coisas: correr, pular, me esbaldar, trepar em árvores – tudo isso já era". Ela conta isso com muita emoção, mas sem amargura.

Desde então Katrin Becker foi operada 26 vezes. As membranas sinoviais de várias articulações foram removidas para deter a inflamação que constantemente corroía os ossos, suas articulações do tornozelo e das mãos foram endurecidas porque a corrosão óssea ameaçava colocá-las em uma posição em que não teriam mais nenhuma utilidade. Katrin Becker, agora com 47 anos de idade, tem joelhos artificiais, quadris artificiais, cotovelos artificiais. Ela diz: "Estou cheia de titânio. Às vezes penso em como vou querer que me sepultem. Se eu for cremada, vai sobrar uma boa quantidade de metal". Katrin Becker sorri, mas o tema é muito sério para ela.

"As operações me frearam muito, sobretudo quando se tratou de fazer uma formação e frequentar a faculdade", conta ela. Ela sempre conseguiu estudar bem, mas, algumas vezes, durante seu tempo de faculdade, teve de submeter-se a duas operações por ano, cada qual com longos períodos de internação. Por isso, ela acabou não conseguindo seu diploma em psicologia. É claro que Katrin Becker se queixa disso; ela nunca conseguirá se sustentar pelas próprias forças. No entanto, ao mesmo tempo ela sabe que era mais importante fazer as operações: "Elas preservaram minha mobilidade e assim consigo caminhar". Desse modo, em termos globais, ela faz um resumo conciliador: "Percebo que falhei na esfera do avanço profissional. Porém eu posso lidar bem com isso porque em outras esferas da vida as coisas correram muito bem para mim. O melhor de tudo é eu poder viver de forma bastante autônoma com meu marido", conta Katrin Becker bebendo chá e comendo biscoitos feitos por uma vizinha. A vizinha é mãe solteira; ela tem uma filha de 11 anos de idade e umas das alegrias de Katrin Becker é às vezes poder ajudá-la. Ela nunca pensou em ter crianças suas. "Isso não é uma opção para quem dá graças a Deus por poder se vestir sozinha", diz. Mas ela tem uma afilhada que hoje está com 23 anos de idade; se empenhou muito para estar com a criança: "Cuidei de Hannah duas vezes por semana a partir do dia em que ela nasceu. Isso foi maravilhoso e assim pude ser mãe por algum tempo". Agora Katrin Becker e seu marido têm um gato junto com sua vizinha. Sozinhos os Beckers não se arriscariam a manter um animal. Bernd, o marido de Katrin Becker, também está gravemente enfermo de reumatismo; os dois se conheceram em um seminário para reumáticos jovens. Eles ficam com o animal sempre que a vizinha sai de férias. Uma situação vantajosa para todos. Inclusive para o gato.

A razão de Katrin Becker tratar muitas coisas com serenidade pode residir na irrupção precoce de sua doença. Quando outras pessoas a ouvem falar do seu destino, com frequência elas dizem: "Deus do céu! Você teve uma infância bem difícil!" Katrin Becker, por sua vez, lhes confirma isso. Ela diz: "Porém adoecer cedo também tem suas vantagens. Como criança não questionamos tanto. Tomamos as coisas como são; aceitamos o que não podemos. Uma criança tenta tirar o máximo proveito da vida".

Katrin Becker preservou muito dessa atitude. Ela sabe que o reumatismo corrói bem mais a satisfação de outros pacientes. Como presidente do grupo de trabalho de Munique da Liga Alemã do Reumatismo, ela se encontra regularmente com outras pessoas atingidas e conhece maneiras bem distintas de como as pessoas dão conta – ou mesmo não dão conta – de doença, dor e incapacitação. "Muitas não conseguem lidar muito bem com os fatos", diz Katrin Becker. "Elas não querem aceitar seu destino e brigam com as dores." Entre essas também há pessoas que padecem de doenças bem menos graves do que a de Katrin Becker.

O grau de sofrimento de um paciente com sua doença depende muito de sua atitude – e também de se sentir dominado pela doença ou de conhecer maneiras de lidar com ela. Investigações feitas há mais de 30 anos descobriram que quem conhece métodos de relaxamento, quem treina o seu espírito, por exemplo com o auxílio de uma terapia comportamental, a lidar com o reumatismo e quem estipula metas obtém um proveito notável: a sensação de atividade autônoma cresce, as dores cedem – e, no final, até a inflamação nas articulações é atenuada.

Essa cidadã de Munique vê as razões para sua forma serena de lidar com a doença grave sobretudo em sua família. Ela diz: "Muita coisa tem a ver com a personalidade, mas também com o que o seu entorno lhe repassa. E minha família realmente me carregou; ela sempre esteve presente. Meus irmãos brincaram comigo inclusive quando eu quase não podia me mexer. Minha mãe sempre me apoiou. E, embora com certeza frequentemente deve ter se desesperado, ela nunca me passou a mensagem de que a doença é o fim". Mas a verdade é que a situação era bem dramática. O reumatismo nunca chegou de fato a ameaçar a vida de Katrin Becker, mas no caso dela o curso da doença foi tão fulminante que não pôde ser controlada com medicamentos. No início, ela teve alguma ajuda da crisoterapia, que naquela época era a maior novidade nessa área. Ela conta: "Porém tive uma reação alérgica e foi muito complicado livrar o corpo do ouro de novo. Passei muito tempo no hospital e tive de engolir um antídoto muito repugnante". "Não existe maneira de ajudá-la" – esta frase de um médico insensível ficou profundamente gravada na memória de Katrin Becker. "Eu já tinha consultado muitos médicos por causa das fortes dores que sentia, mas, depois de ouvir aquela frase na condição de mulher ainda jovem, pela primeira vez saí de um consultório chorando." Mas Katrin Becker consegue interpretar de modo conciliador até esse encontro difícil – no fundo isso também teria tido um lado bom: "A partir daí, não esperei mais nada dos médicos. Comecei a me informar e assumir o controle do meu próprio tratamento. Eu me tornei especialista". A partir daí Becker se engajou na Liga do Reumatismo. Essa tarefa significa muito para ela. "Não consigo imaginar nada melhor. É o que eu sei fazer melhor. É onde sei das coisas e posso usar meu saber para ajudar outras pessoas."

Foi assim que ela ouviu falar da nova geração de medicamentos, os biofármacos, que chegaram ao mercado na virada do milênio. Até aquele momento seu reumatismo havia progredido sem parar. Mas com os biofármacos finalmente ela sentiu uma melhora, pela primeira vez em 30 anos ela percebeu um alívio claro – embora nem esses medicamentos de alta eficácia tenham conseguido deter o avanço de sua doença. "Apesar disso, o reumatismo continua, a inflamação está sempre presente. Neste momento, eu a sinto principalmente nos ombros, que são as únicas articulações naturais que ainda tenho. De tempos em tempos, elas incham. Porém, somando tudo, não sinto mais aquelas dores bem fortes", diz ela alegre e sorri ao dizer isso. Nas suas narrativas, ocorre com muita frequência esse "porém" conciliador. Katrin Becker consegue ver o aspecto positivo em muitas coisas. "Por sorte eu tenho poucos efeitos colaterais dos medicamentos", prossegue ela. "Quem tem reumatismo associado com um estômago sensível se encontra numa situação realmente deplorável."

O lado bem ruim do reumatismo é que ele vai ficando cada vez pior. Logo ela terá de se submeter às próximas cirurgias. Afinal, Katrin Becker já tem seus quadris artificiais há 25 anos, e eles não vão durar para sempre. Há dias em que seus dedos estão inchados e com menos mobilidade do que de costume. "Posso fazer cada vez menos com as mãos. Entrementes andam me caindo coisas da mão com certa frequência e, ao mesmo tempo, tenho dificuldade para me abaixar. É um círculo vicioso."

Quando era jovem, ela sempre dizia para si mesma: "Quando eu não puder mais pentear meu cabelo por não conseguir mais levar a mão até a cabeça ou quando eu tiver dificuldade de amarrar o cadarço do meu sapato, não vou querer mais continuar. Não vou participar disso". Mas ela participa: tudo que lhe parecia insuportável já aconteceu há muito tempo e, apesar disso, ela curte a vida. "Aprendi a me adaptar e a buscar soluções", diz ela. Agora ela reserva mais tempo para se arrumar quando tem um compromisso. "Já não dá mais para fazer algo rapidinho. Mas a gente se habitua a muita coisa e, apesar disso, é bom viver."

Ainda assim, às vezes olhar para o futuro é doloroso. "Eu fico bem preocupada quanto a como será quando eu puder fazer menos ainda. Quando, por exemplo, eu não puder mais dirigir. Mas aí penso melhor: hoje há tantas possibilidades. As coisas serão diferentes, mas ainda serão." Katrin Becker sabe que, até agora, sempre encontrou um novo acesso à vida em cada fase difícil. Foi particularmente difícil para ela na idade adolescente quando suas amigas tiveram seus primeiros namorados. "Aí não pude acompanhar", conta ela. Ela, porém, encontrou seu jeito: "Explorei outros territórios, comecei a ler. Assim, apesar da minha limitação, aprendi muito sobre o mundo. A leitura me franqueou o acesso a outros mundos. Isso me salvou". Às vezes ela tem de sorrir ao pensar o quanto outras pessoas temem levar uma vida como a sua. Seu pai, por exemplo, que não tem reumatismo. Ela conta: "Ele tem horror de um dia talvez precisar de cuidados, de se tornar dependente. Toda vez que ele volta a mencionar isso, eu o encaro e digo: 'Ei?! Eu preciso de muita ajuda. Mas isso não me torna alguém por quem não valeria a pena fazer isso. Pode-se aprender a pedir ajuda'".

Naturalmente nem mesmo Katrin Becker aceita tudo sem se queixar. "É claro que meu marido e eu de vez em quando nos queixamos e achamos que tudo é uma grande merda. Mas logo encontramos de novo uma maneria de sair disso e de ver o que podemos fazer." Há alguns anos, para cúmulo o reumatismo começou a atacar seus olhos. "Isso deu o que pensar." Ela se perguntou: "E ainda por cima tinha de me acontecer isso?" E logo ela mesma respondeu para si mesma com um sorriso: "Sim, pelo jeito tinha de acontecer".

Certamente sempre haverá momentos assim. "São cada vez menos as coisas que se consegue fazer sozinho. A despedida dessas coisas também tem a ver com processos de luto", diz Katrin Becker. "Acontece que eu não tenho influência sobre isso. Portanto, só posso me perguntar isto: como integro os novos acontecimentos na minha vida? Como conseguirei, apesar de tudo, fazer as coisas que são importantes para mim?" Katrin Becker diz que frequentemente é dura consigo mesma. "Porém, quando vejo que o resultado é bom, então ganho muito fazendo isso. Por um lado, aprendi a reconhecer meus limites. Por outro lado, tento constantemente deslocar meus limites. Pois não nos foi prometido que seremos eternamente saudáveis."

Essa cidadã de Munique não consegue compreender a atitude negativa de muitos doentes diante da vida. "Entendo que eles estejam doentes e sintam dor; que estejam numa situação deplorável, às vezes por longo tempo, e que isso os deprima. Mas isso não leva a lugar nenhum. É preciso tirar o melhor proveito da vida. Pois provavelmente é a única que teremos."

4
COMO APRENDER A SATISFAÇÃO

É bom sentir satisfação, mas ela não é um sentimento. Por sorte! Isso a torna mais durável. "A satisfação dura mais do que um sinal de dopamina", diz o professor de psicologia Todd Kashdan. "Por isso, não deveríamos pensar que ela é uma emoção." O grau de satisfação que temos resulta de um "polegar para cima" ou "polegar para baixo" interior. Quando uma pessoa olha para si mesma, seu corpo, seu entendimento, seu casamento, seu cachorro, seu trabalho, seus amigos e diz: está tudo bem, polegar para cima, então ela está satisfeita. Ou quando ela chega à conclusão de que em sua vida há muita rixa, incomodação, prejuízo, angústia, tristeza ou que sua vida até aquele momento transcorreu muito bem, mas ainda não está boa o bastante, então o polegar aponta para baixo e com ele a satisfação. A maneira como olhamos para a nossa vida depende bem pouco de como estamos nos sentindo no momento. "O restante é produto de aritmética mental", diz Todd Kashdan. A satisfação é um "*state of mind*", um estado mental. O que conflui para ele são expectativas, ideais, bem como uma porção de senso de realidade, aceitação e sabedoria de vida.

Que maravilha! Isso significa que se pode aprender a satisfação. Dificilmente podemos exercer alguma influência sobre estados de felicidade, exceto talvez se de vez em quando realizamos algo bom, se tivermos alguém que nos proporcione uma alegria ou se às vezes atravessarmos o lápis nos lábios de modo que ele toque os cantos da boca. Não é piada: o estímulo que o lápis provoca nos músculos do riso de fato melhora o humor. No entanto, ao passo que devemos deixar a felicidade em primeira linha a cargo do acaso, podemos alcançar a satisfação ativamente. Ela tem muito a ver com premeditação, intenção, consciência e estratégia. É só identificar e exercitar as estratégias.

Isso de jeito nenhum significa que devemos nos mostrar satisfeitos com tudo ou nos esconder dos problemas deste mundo, como fazem, por exemplo, com admirável ignorância os que negam a mudança do clima e se denominam eufemisticamente "céticos do clima". Estar fundamentalmente satisfeito não exclui a eventualidade de vivenciar fases e momentos de insatisfação nem o engajamento a favor de mudanças pessoais, sociais ou políticas. (Pelo contrário: fazer algo por outras pessoas ou em prol de um todo maior pode trazer muita satisfação.) E com certeza não faz sentido submeter-se à obrigação de sorrir o tempo todo, que se instalou em muitas culturas do mundo ocidental. Nos Estados Unidos, quase já se tornou uma máxima do Estado ver o lado bom dos eventos, por mais negativos que sejam, queixou-se recentemente a jornalista norte-americana Barbara Ehrenreich. Ela se incomoda com isso, pois até quando teve câncer de mama e quase se desesperou com o diagnóstico, amigos lhe teriam dito que ela deveria aceitar a doença como desafio. Ela chega a uma síntese amarga. No fundo, o chamado a pensar positivo e voltar a pôr mãos à obra imediatamente após cada derrota tem um só objetivo: "O que se pretende é que as pessoas prossigam, que elas funcionem, para que a sociedade do desempenho possa continuar a ter lucro".

Luto, desespero, sofrimento e indignação precisam ter seu lugar na vida, não há dúvida. Em contraposição, podemos muito bem renunciar à mania constante de botar defeito em si e nos outros, à insatisfação crônica consigo e com o mundo. Passa muito bem quem se sente bem no reino dos ranzinzas. Porém quem sofre com sua insatisfação e desse modo se priva da alegria de viver deveria mudar alguma coisa. Sendo verdadeira e sincera, a satisfação constitui um fundamento da saúde psíquica e mental. Ela é uma concepção que se opõe à doutrina da crítica sem fim, à maneira deprimente de lidar com as próprias capacidades e à constante incitação a querer ainda mais, a comprar ainda mais e a realizar ainda mais. Ela convida a parar para recarregar energias, a olhar para trás e desfrutar do que já foi conseguido e a lidar de modo sustentável com o planeta e consigo mesmo. Por isso, vale a pena examinar mais detidamente as estratégias da satisfação.

Autoteste: O fosso entre desejo e realidade

O que espero da vida? O que sonhei ser como adulto na infância e na juventude? O que realmente chegou a se concretizar das concepções antigas que continuam sendo importantes para mim? Eu me tornei a pessoa que sempre quis ser? Ou deixei de alcançar algo, cuja falta dói até hoje em mim e na minha vida?

O grau de satisfação de alguém é resultado desse tipo de inventário que ele faz – de modo mais ou menos consciente – talvez não todo dia, mas de qualquer modo com regularidade. Desse modo, o tamanho da insatisfação que sentimos dentro de nós corresponde precisamente à extensão do fosso entre desejo e realidade que obrigatoriamente se abre quando o nosso contador interior faz o balanço.

O autoteste de satisfação com a vida (cf. *Autoteste: qual é o meu grau de satisfação?*, p. 41) já revelou o quanto estamos satisfeitos com a concepção global de nossa existência. Um teste adicional – tão extenso quanto simples – mostra um detalhe decisivo: ele nos ajuda a descobrir o quanto estamos satisfeitos conosco na condição de pessoa. Nesse caso, diferentemente da escala da *satisfaction with life* [satisfação com a vida], não se trata de um teste cientificamente validado. Contudo, ele possibilita um importante vislumbre, pois ilustra o quanto uma pessoa cumpre as exigências que faz a si mesma: que qualidades são de fato importantes para mim? E quantas delas reúno em mim mesma? Eu gostaria de ser diferente? Ou gosto do jeito que sou? O resultado desse balanço determina toda a vida. Pois estar satisfeito consigo é o pressuposto mais importante para estar satisfeito também com a vida em geral, com a relação amorosa e com a profissão. Uma forte autoestima é garantia de satisfação. Por isso, descobrir a quantas anda a nossa autoimagem pode nos mostrar onde e como fazer a regulagem da nossa satisfação.

1º passo: marque com um X todas as qualidades que você deseja que se apliquem a você. Nesse ponto, não importa se você dispõe dessas qualidades ou não. Conte as qualidades assinaladas. O resultado será um número entre 0 e 100, o número *x*.

Como você gostaria de ser?

1. ativa ☐	30. alegre ☐
2. reconhecida ☐	31. culta ☐
3. atraente ☐	32. paciente ☐
4. perseverante ☐	33. sensível ☐
5. entusiasmada ☐	34. retilínea ☐
6. contida ☐	35. justa ☐
7. querida ☐	36. consciensiosa ☐
8. determinante ☐	37. magnânima ☐
9. carismática ☐	38. de boa aparência ☐
10. charmosa ☐	39. bondosa ☐
11. dominadora ☐	40. cordial ☐
12. atrevida ☐	41. solícita ☐
13. efetiva ☐	42. cheia de ideias ☐
14. ambiciosa ☐	43. inovadora ☐
15. sincera ☐	44. inteligente ☐
16. empática ☐	45. sábia ☐
17. emotiva ☐	46. comunicativa ☐
18. cheia de energia ☐	47. coerente ☐
19. enérgica ☐	48. controlada ☐
20. engajada ☐	49. criativa ☐
21. entusiástica ☐	50. apaixonada ☐
22. resoluta ☐	51. focada no desempenho ☐
23. descontraída ☐	52. adorável ☐
24. bem-sucedida ☐	53. amorosa ☐
25. experimentadora ☐	54. divertida ☐
26. extrovertida ☐	55. compassiva ☐
27. generosa ☐	56. arrebatadora ☐
28. amistosa ☐	57. corajosa ☐
29. pacífica ☐	58. pensativa ☐

59. curiosa	☐	80. tolerante	☐
60. objetiva	☐	81. dominante	☐
61. otimista	☐	82. preocupada	☐
62. fantasiosa	☐	83. superior	☐
63. positiva	☐	84. ponderada	☐
64. eloquente	☐	85. convincente	☐
65. quieta	☐	86. sociável	☐
66. suave	☐	87. empreendedora	☐
67. perspicaz	☐	88. responsável	☐
68. autoconfiante	☐	89. confiável	☐
69. vitoriosa	☐	90. vulnerável	☐
70. minuciosa	☐	91. confiante	☐
71. cuidadosa	☐	92. polivalente	☐
72. econômica	☐	93. cuidadosa	☐
73. mão-aberta	☐	94. cálida	☐
74. esportiva	☐	95. mente aberta	☐
75. forte	☐	96. determinada	☐
76. altiva	☐	97. ávida de saber	☐
77. focada	☐	98. concentrada	☐
78. estruturada	☐	99. obsequiosa	☐
79. ativa	☐	100. vigorosa	☐

Soma = x

2º passo: marque com um X todas as qualidades que você acha que se aplicam a você. Nesse ponto, não importa se a qualidade em questão sempre é predominante em você, mas se você vez ou outra apresenta essa característica. Ao terminar, conte as qualidades assinaladas. O resultado será um número entre 0 e 100, o número y.

Como você é?

1. ativa	☐	9. carismática	☐
2. reconhecida	☐	10. charmosa	☐
3. atraente	☐	11. dominadora	☐
4. perseverante	☐	12. atrevida	☐
5. entusiasmada	☐	13. efetiva	☐
6. contida	☐	14. ambiciosa	☐
7. querida	☐	15. sincera	☐
8. determinante	☐	16. empática	☐

17. emotiva ☐
18. cheia de energia ☐
19. enérgica ☐
20. engajada ☐
21. entusiástica ☐
22. resoluta ☐
23. descontraída ☐
24. bem-sucedida ☐
25. experimentadora ☐
26. extrovertida ☐
27. generosa ☐
28. amistosa ☐
29. pacífica ☐
30. alegre ☐
31. culta ☐
32. paciente ☐
33. sensível ☐
34. retilínea ☐
35. justa ☐
36. consciênciosa ☐
37. magnânima ☐
38. de boa aparência ☐
39. bondosa ☐
40. cordial ☐
41. solícita ☐
42. cheia de ideias ☐
43. inovadora ☐
44. inteligente ☐
45. sábia ☐
46. comunicativa ☐
47. coerente ☐
48. controlada ☐
49. criativa ☐
50. apaixonada ☐
51. focada no desempenho ☐
52. adorável ☐
53. amorosa ☐
54. divertida ☐
55. compassiva ☐
56. arrebatadora ☐
57. corajosa ☐
58. pensativa ☐
59. curiosa ☐
60. objetiva ☐
61. otimista ☐
62. fantasiosa ☐
63. positiva ☐
64. eloquente ☐
65. quieta ☐
66. suave ☐
67. perspicaz ☐
68. autoconfiante ☐
69. vitoriosa ☐
70. minuciosa ☐
71. cuidadosa ☐
72. econômica ☐
73. mão-aberta ☐
74. esportiva ☐
75. forte ☐
76. altiva ☐
77. focada ☐
78. estruturada ☐
79. ativa ☐
80. tolerante ☐
81. dominante ☐
82. preocupada ☐
83. superior ☐
84. ponderada ☐
85. convincente ☐
86. sociável ☐
87. empreendedora ☐
88. responsável ☐
89. confiável ☐
90. vulnerável ☐
91. confiante ☐
92. polivalente ☐
93. cuidadosa ☐
94. cálida ☐
95. mente aberta ☐
96. determinada ☐
97. ávida de saber ☐
98. concentrada ☐
99. obsequiosa ☐
100. vigorosa ☐

Soma = *y*

3º passo: calcule seu quociente de satisfação: multiplique o número *y* por 100 e divida pelo número *x*. O resultado é seu nível de satisfação consigo mesmo em porcentagens.

(Exemplo de cálculo: no 1º passo, você assinalou 80 qualidades e assim o número *x* é 80. No 2º passo, você assinalou 50 qualidades, de modo que o número *y* é 50. O cálculo é este: 50 x 100 = 5.000; 5.000 / 80 = 62,5. Assim sendo, seu nível de satisfação consigo mesmo é de 62,5%.)

Classificação do resultado:

90% a 100%: você está excepcionalmente satisfeita consigo mesma. Você gosta de si mesma como está. Sua autoestima é forte. Provavelmente você tem um grande círculo de amigos e na maior parte do tempo se sente bem. Sua saúde mental e psíquica é estável e você geralmente cumpre com alegria as metas e tarefas que lhe competem.

75% a 89%: você está muito satisfeita consigo e sente falta de bem poucas qualidades em si mesma. Sua autoimagem corresponde ao que você deseja de uma pessoa. Você não se incomoda muito por não possuir algumas características que lhe agradam em outras pessoas. E é provável que você se dê bem não só consigo mesma, mas também com outras pessoas. Quando às vezes apesar de tudo você se sente insatisfeita consigo mesma é porque se preocupa com o fato de não ter uma das poucas qualidades que gostaria de ter. Você poderia tentar descobrir a razão disso: será que você lamenta a perda de uma imagem ideal que projetou de si mesma ou é possível que seu pai e sua mãe sempre lhe disseram que você não é, por exemplo, suficientemente consciênciosa? Você poderia aprender a conviver com o fato de que lhe falta essa característica, já que dispõe de tantos outros traços marcantes desejáveis. Ou você ainda poderia tentar se apropriar de alguma das poucas virtudes que, a seu ver, lhe faltam.

50% a 74%: somando tudo, você tem uma autoimagem positiva, mesmo que, ao examinar sua pessoa, faça alguns descontos a partir de sua imagem ideal. Muito do que você deseja de uma pessoa também encontra em si mesma. Ao mesmo tempo, porém, falta-lhe boa quantidade de qualidades que você gostaria de ter. É provável que, por causa disso, você seguidamente seja atormentada por dúvidas sobre si mesma, que a impedem de tirar proveito de suas qualidades positivas e vivê-las.

25% a 49%: você vê mais defeitos do que consegue descobrir de positivo em si mesma. É provável que isso a deixe triste e insatisfeita com frequência. Você poderia focar mais naquilo que você tem do que naquilo que lhe falta. E você deveria verificar se seus ideais realmente correspondem a suas concepções. Se for assim, você poderia se perguntar o que ou quem a impede de concretizar também em si mesma algumas das qualidades, a seu ver, desejáveis. É possível que você apenas tenha medo de experimentar.

0% a 24%: você parece estar muito insatisfeita consigo mesma. Se conseguir viver bem com isso, então está tudo em ordem. Porém, se você sofre com sua autoimagem negativa, buscar ajuda profissional poderia proporcionar alívio.

A via ofensiva e a via defensiva

O automóvel está com um pneu furado, o preço do aluguel já subiu de novo e a garoa que já dura dias abate o ânimo. Não há dúvida: todo dia acontecem coisas que com toda razão nos deixam insatisfeitos. Podemos passar por tudo isso sem logo precisar temer por nossa sanidade mental. Porém a sensação é ainda melhor quando se consegue encarar a infelicidade do dia com alguma serenidade:

*Um pneu furado de fato é um incômodo,
mas num instante se coloca o estepe!*

Ou quando até se consegue descobrir um lado positivo no infortúnio:

Que bom que isso não aconteceu ontem,
quando eu tinha aquele compromisso importante!
Além disso, de qualquer modo,
é bom para a saúde andar mais de bicicleta.
Ainda estou conseguindo pagar o aluguel.
E o tempo ruim oferece a oportunidade
de tirar do armário aquele belo casaco colorido.

Nas pequenas coisas do dia a dia já se pode ver: há duas maneiras de lidar com adversidades: ou aceitamos as coisas desagradáveis que acontecem porque de qualquer modo não podemos mudar nada (pneu furado, aumento do aluguel, clima) e fazemos delas o melhor que podemos (casaco colorido, mais movimento), ou eliminamos o incômodo para não precisar mais se irritar com ele (trocar os pneus). Os psicólogos falam da via defensiva e da via ofensiva para obter mais satisfação. Na via ofensiva nos empenhamos, nos esforçamos – e, na melhor das hipóteses, acabamos conseguindo a recompensa que nos deixa satisfeitos. Na via defensiva, ficamos mais satisfeitos porque reduzimos nossas exigências.

Temos de fazer essa escolha não só ao tratar das adversidades cotidianas, mas também no trato conosco mesmos. Praticamente cada uma das pessoas que preencheram o autoteste (cf. *Autoteste: o fosso entre desejo e realidade,* p. 147) percebeu que deixa a desejar em alguma de suas concepções ideais, porque, por exemplo, gostaria de praticar mais esportes, mas é forçada a constatar que o contrato anual com a academia está expirando e ela acabou não fazendo uso dele mais de doze vezes; que ela gostaria de ser mais culta e havia se proposto a ler todos os clássicos da literatura mundial, mas até hoje não conseguiu terminar nenhum livro de Thomas Mann; ou que gostaria de ter mais segurança pessoal no encontro com outras pessoas, mas prefere ficar calada durante as discussões em vez de dizer sua opinião em alto e bom som. Podemos botar a culpa disso tanto em nós mesmos quanto em nossos pais e nossas mães, que possivelmente com sua mania de criticar pelo menos ajudaram a causar em seu filho ou sua filha uma autoimagem tão ruim, que não insistiram o suficiente para que ele ou ela lessem e que o/a liberaram do clube de ginástica na primeira vez que deu a entender que não queria mais frequentá-lo.

No entanto, buscar culpados não muda nada. Além disso, provoca sensações muito ruins. Uma coisa é certa: quando queremos ser diferentes do que somos e dia após dia nos incomodamos com as próprias deficiências e lamentamos as oportunidades desperdiçadas, a insatisfação está programada. Isso não se aplica só ao modo como olho para mim mesmo, mas a toda a apreciação que faço da minha vida. O que havíamos sonhado há anos quando éramos jovens? A mansão estilo antigo, duas crianças bem encaminhadas, o cachorro, um grande amor para toda a vida, no mínimo ao nível do casal modelo Helmut e Loki Schmidt, sexo três vezes por semana e jamais criar rugas a ponto de deixar os cantos da boca caídos? Também se poderia somar pontos com base nas discrepâncias decorrentes da avaliação desses desenvolvimentos: sempre quisemos ter um cavalo de montaria? Não temos? Um ponto a menos. Temos, mas ele é xucro e morde? Outro ponto a menos. Sempre quisemos nos tornar uma liderança, mas não temos ninguém a quem dizer algo? Desconta mais um ponto. Temos duas crianças? Sim? Um ponto. Mas uma delas é gordinha e a outra arteira como ninguém, embora na imaginação as duas sempre fossem lindas, comportadas e talentosas? Dois pontos a menos. O fosso entre desejo e realidade pode ser estendido para a vida inteira. O mesmo se dá com o modo de lidar com ele.

As coisas podem ter evoluído de modo diferente do que imaginamos há tempos. Isso pode até ser triste e irritante. Porém não significa que estejamos condenados à lamentação, à irritação e à insatisfação – nem mesmo quando um abismo inteiro se abre entre desejo e realidade. Afinal, somos capazes de mudar alguma coisa! A saber, de modo totalmente defensivo, nossos desejos ou, de modo ofensivo, a realidade.

Sem dúvida, há alguns desenvolvimentos que não podemos (mais) direcionar. Quem estiver celebrando seu 60º aniversário e no passado adotou uma profissão que hoje não o satisfaz (mais), encontrará dificuldade para aprender uma nova profissão e começar algo novo. E, se uma mulher ainda não se tornou mãe no decurso de sua quarta década de vida, dificilmente poderá mudar algo nesse tocante. Também alguns traços de caráter estão ancorados em nós com muita firmeza. Uma pessoa tímida não se tornará um animador de festas, mesmo que considere isso desejável. E alguém que tende para a desorganização genial pode até se esforçar, mas não se tornará a conscienciosidade em pessoa. Ainda assim, em todo tempo e em todo lugar, dispomos de diversas possibilidades de agir no sentido de aproximar desejo e realidade.

Sempre cabe a nós decidir como vamos lidar com o que nos falta ou nos atrapalha. Decidimos se queremos continuar tristes, se a irritação nos acompanhará dia após dia ou se vamos nos livrar dela, resolvendo fazer as pazes com a situação e extraindo alegria de outras coisas ou então mudando o que ainda pode ser mudado. Nós próprios temos o poder de decisão a esse respeito. Deixar tudo como está também é escolha nossa. Nesse caso, decidimos continuar insatisfeitos.

"É importante obter clareza sobre isto: somos livres para tomar nossas decisões", diz o *coach* e terapeuta comportamental Jens Corssen de Munique. Cada pessoa determina como se comportar em relação a um evento, um dever, uma qualidade. Corssen diz: "Estou onde quero estar. Se tenho um compromisso que talvez eu não goste muito de cumprir e, apesar disso, vou lá, isso evidentemente ainda se encaixa melhor na minha forma de pensar do que não ir lá". O compromisso profissional à noite, o encontro com os vizinhos chatos: quem ainda assim faz isso o faz livremente. Ele decide fazê-lo porque, ao ponderar interiormente a opção de recusar, que sempre está a sua disposição, sente que é a pior das possibilidades.

Recusar o convite dos vizinhos? Eles não entenderiam e, como manter uma boa relação com eles é importante, é preciso ir lá. Pegar atestado para não ir trabalhar? Isso ainda parece ser pior do que desperdiçar algumas horas da noite no círculo dos colegas fazendo o tedioso curso de capacitação. "Nesse momento, evidentemente não há nada melhor a fazer do que isso", diz Corssen. Ter isso bem presente ajuda a resolver muitos conflitos e muitas aversões interiores e a dedicar-se com mais vontade ao que estamos fazendo: ao visitar os vizinhos, fazemos uma boa ação e, além disso, talvez possamos apreciar a boa comida. No curso de capacitação, voltamos a encontrar os simpáticos colegas de Bochum, com os quais mais tarde certamente teremos momentos divertidos no bar. Quando nos damos conta de que somos nós que decidimos e então tiramos o melhor proveito da situação, acabamos prevenindo doenças psíquicas e psicossomáticas, porque estas frequentemente decorrem de um sentimento de impotência, da sensação de ser um joguete e de não ter mais controle sobre a própria vida. "Faz de todo o coração tudo o que fizeres", diz o Dalai Lama.

Portanto, a primeira coisa a fazer quanto ao que me incomoda é ponderar o seguinte: quero mesmo parar com isso? Ou estou bem satisfeito com a minha insatisfação nesse ponto? Talvez resmungar até me dê forças e eu já me sinta bem confortável na minha insatisfação. Afinal, quando se trata do tema "satisfação", não precisamos logo entrar em uma nova concorrência. Porém, caso essa insatisfação não nos cause uma boa sensação e realmente queiramos mudar algo em relação a ela, é preciso tomar um dos dois caminhos para obter mais satisfação, o caminho ofensivo ou o defensivo.

Mudar ou aceitar? Resta saber qual é, em cada caso, o caminho mais sábio para obter mais satisfação. Como dizem estas belas palavras:

Dá-me serenidade para aceitar as coisas
que não posso mudar,
dá-me coragem para mudar
as que posso mudar e
dá-me sabedoria para distinguir
umas das outras.

Quase todo mundo conhece esse dito. Não se trata, como se afirma com frequência, de uma sabedoria oriental; e tampouco surgiu no século XVIII. Foi o teólogo protestante estadunidense

Reinhold Niebuhr que compôs a "oração da serenidade" provavelmente na época da Segunda Guerra Mundial. Não é para menos que se trata de um desejo piedoso, pois a decisão entre aceitar algo ou lutar (e se vale mesmo a pena lutar) é extremamente difícil em quase todo ponto sensível da vida. Para descobrir isso, é útil fazer um inventário interior. Por exemplo, com as seguintes perguntas:

1. O que de fato me deixa insatisfeito? O que exatamente me causa dor? O que me incomoda?
2. O que me incomoda é mesmo real ou estou só imaginando coisas?
3. Quero mesmo mudar algo na minha insatisfação?
4. Posso mudar algo no que me deixa insatisfeito ou quero aprender a aceitá-lo?

1ª pergunta: o que me deixa insatisfeito?

Autoconhecimento e uma autoestimativa realista constituem pressupostos irrenunciáveis para responder a primeira pergunta. Quem respondeu honestamente o autoteste sobre o fosso entre desejo e realidade já deu um bom passo nessa direção. Não é para menos que, na Antiguidade, o oráculo de Delfos exortava os peregrinos já ao entrarem no templo: "Conhece a ti mesmo". Só quem for honesto consigo mesmo também será capaz de mudar algo no que realmente o incomoda. Ao tentar isso, é preciso sempre ponderar: isso incomoda a mim? Ou incomoda meu esposo/meu pai e minha mãe? Rousseau já criticou o fato de faltar às pessoas o amor-próprio saudável porque elas se veem, em primeira linha, com os olhos dos outros.

2ª pergunta: o que me incomoda é mesmo real ou estou só imaginando coisas?

Disso faz parte esclarecer a seguinte questão: o inventário pessoal está correto? Talvez não sejamos tão avessos a pessoas, sem energia e passivos como atestamos a respeito de nós mesmos. Possivelmente pessoas que, a nosso ver, têm um comportamento extremamente seguro de si estejam lidando com problemas muito semelhantes aos nossos. Muitas pessoas pensam que a imagem que têm de si mesmas é a correta. Elas nem questionam essa imagem. Afinal, dizem elas, não foram só elas mesmas que se avaliaram como reservadas, sensíveis e cautelosas; seus conhecidos e amigos também as veem do mesmo modo.

"Temos uma visão muito estável de nós mesmos", diz Bella DePaulo, professora de psicologia na Universidade da Califórnia, em Santa Bárbara. "Por isso esperamos que outras pessoas olhem para nós da mesma maneira". E provavelmente isso é assim mesmo – porque por meio do nosso comportamento levamos nossos conhecidos e amigos a reforçar o nosso pensamento. O modo como nos vemos exerce forte influência em nosso comportamento. Isso já começa nas exterioridades: quem se acha atraente irradia isso para outras pessoas, não importando se, de um ponto de vista objetivo, tenda mais para o mediano e, em análises de computador como a da Universidade de Zurique (www.faces.ethz.com), seja avaliado com um decepcionante "Hmm..." ou um "Ok" ou se a inteligência artificial lhe atesta uma beleza realmente extraordinária e o classifica como "*stunning*" ("de tirar o fôlego") ou até *godlike* [divino]". Em todo caso, seu carisma faz com que outras pessoas concordem com a opinião que tem de si mesmo. Infelizmente isso funciona da mesma maneira com convicções negativas.

"Na dúvida, as pessoas preferem ter razão do que ser admiradas", diz William Swann, professor de psicologia social e da personalidade na Universidade do Texas. O que pensamos de nós mesmos é fortemente marcado pelo modo como nosso pai e nossa mãe reagiram a nós na primeira infância. "Acreditamos que os demais nos encaram exatamente do mesmo modo", diz Mark Leary, psicólogo da Universidade Duke em Durham, Carolina do Norte. Por essa razão, influenciamos inconscientemente outras pessoas a pensar sobre nós o mesmo que nós mesmos pensamos.

Ainda que as pessoas que convivem conosco cheguem a ter de nós uma impressão totalmente diferente da nossa, só em raríssimos casos tomaremos conhecimento disso. Denomina-se "metapercepção" a noção que temos do que outros pensam de nós. E esta noção depende muito da concepção que temos de nós mesmos. "Os sinais que recebemos de outros passam pelo filtro da nossa autoconcepção", diz Leary. "É nesse sentido que filtramos o que eles dizem de nós e como eles reagem a nós."

O assim chamado pensamento ruminante também atrapalha um inventário objetivo. É assim que os psicólogos designam os pensamentos circulares: ou seja, quando ficamos cismando sobre um acontecimento de ontem que não deu certo ou nossos pensamentos giram em torno de tudo que poderia dar errado amanhã. Quando o pensamento ruminante não cessa, é sinal de depressão. Esse modo de pensar é muito desgastante. Mas, acima de tudo, ele é inútil. Em um momento como esse, o importante é gritar "para!" e se perguntar o seguinte: o que é mesmo que está acontecendo? Como estou me sentindo? Possivelmente até posso ficar bem satisfeito com essa situação se eu a encarar com serenidade.

3ª pergunta: quero mesmo mudar algo na minha insatisfação?

Porém, mesmo que a apreciação que fazemos de nós mesmos ou de uma situação seja em grande parte verdadeira, se realmente não somos tão sociáveis, espirituosos e perspicazes quanto gostaríamos de ser ou se uma atuação nossa foi apenas razoavelmente bem-sucedida, o que importa mesmo é a avaliação que se faz disso! Os filósofos da velha escola do estoicismo já diziam: o que dificulta nossa vida não são os acontecimentos ou as demais pessoas, mas principalmente nossa avaliação deles. Pessoas de raciocínio rápido podem até ser bastante divertidas e capazes de se defender melhor em situações críticas diante do caixa do supermercado. Mas quem encontra soluções bem pensadas não vai necessariamente sentir muita falta da destreza com a língua. O quanto a avaliação de uma capacidade é dependente do contexto cultural e o quanto, na dúvida, alguém pode se vangloriar de uma incapacidade fica evidente no flerte com habilidades matemáticas inexistentes: "Na escola, sempre fui ruim em matemática", "calcular não é a minha praia" – as pessoas justamente não costumam cair no ridículo com tais enunciados. Seria de pensar que calcular é uma das técnicas culturais mais importantes. E, no entanto, podemos até nos gabar de não saber calcular. Nem mesmo a falta de domínio do cálculo de porcentagem parece ser uma deficiência. Talvez até sintamos um pouco de orgulho porque isso mostra que não somos *nerds* da técnica, mas verdadeiros intelectuais, possivelmente com ideais de formação humanista e nota máxima em grego antigo.

Exatamente do mesmo modo poderíamos proceder com outras conquistas humanas e culturais. "Na escola, eu já não tinha muita agilidade mental, mas o que eu dizia tinha pé e cabeça." – "Nunca fui um ás no esporte, mas sou muito jeitoso com trabalhos manuais." – "Não sou de fazer festa adoidado, até porque no mais tardar às 22:30h já estou cansado. Mas, em compensação, sou ótima companhia para um anoitecer a dois." De modo semelhante, é surpreendente que as pessoas não gostem de falar de sua idade, dado que associam certa concepção com os "40" ou os "50". O que importa é como se vive essa idade. Em vez de lamentar a quantidade de anos, poderíamos estar orgulhosos de manter a forma ou continuar com boa aparência. Exatamente do mesmo modo que alguém que não tem o diploma de conclusão do ensino médio pode se orgulhar do que conseguiu realizar – a despeito do suposto déficit. De modo geral, não deveríamos julgar nem avaliar tanto, diz o especialista em zen-budismo Ezra Bayda do Centro de Zen-Budismo de San Diego, "inclusive a nós mesmos".

Fazer o inventário equivale a exercitar a via defensiva para obter mais satisfação, diz Bayda, que escreveu um livro sobre *A via zen para uma satisfação mais profunda*. Pois aprendemos a ter clareza sobre os próprios sentimentos e pareceres negativos e a aceitá-los – inclusive quando sentimos que são errados ou incômodos. "Podemos rejeitar as emoções negativas, mas isso reduz a riqueza sentimental de modo global", diz Bayda. É melhor buscar uma relação amistosa com o indesejado, olhando com benevolência para si mesmo. Também para o próprio passado e seus supostos erros: de fato, ontem comi demais outra vez. Porém o excelente sabor daquela comida ainda hoje me traz alegria.

4ª pergunta: posso mudar algo ou quero aprender a aceitar?
   Quem respondeu afirmativamente as duas últimas perguntas chegou na encruzilhada em que se pode tomar a via ofensiva à esquerda ou a via defensiva à direita. Mudar ou aceitar? Às vezes é bem fácil responder essa pergunta. Há coisas que não estão em nosso poder. Porém, mesmo nesse caso, ainda temos a chance de lidar com elas de diferentes maneiras.
   Nosso parceiro nos deixou? Foi constatada uma doença crônica? Ao final de toda uma vida de trabalho, o valor da aposentadoria é assustadoramente reduzido? Não temos como mudar isso. A via defensiva parece estar traçada de antemão. Temos de baixar nosso nível de exigências: o sonho de envelhecer com a pessoa com a qual certo dia casamos se desfez irreparavelmente. Não é mais possível envelhecer com saúde. Também já passou o prazo em que se podia pagar extras para a caixa de pensão. Parece impossível ficar profundamente satisfeito com isso.
   E, no entanto, é possível lidar como tais desenvolvimentos, adversidades e golpes do destino no sentido de piorá-los ainda mais ou no sentido de, apesar de tudo, extrair o melhor dessa situação infeliz (cf. *Os ingredientes da satisfação,* p. 205). Situações ruins já são suficientemente ruins. Mas ficam ainda piores se nos ocuparmos em achá-las ruins. Quando não se pode mudar as circunstâncias, ainda se pode mudar a própria atitude. Está em nosso poder adequar nossas metas antigas aos novos fatos.
   Isso não precisa ser obrigatoriamente doloroso. Pois às vezes se pode constatar que o nível das exigências que nos afligem é puro e simplesmente muito elevado. Quem tem expectativas exageradas em relação a si e à vida acaba não conseguindo valorizar suas realizações por melhores que sejam. Tudo o que essa pessoa alcança não vale nada. Não há como transpor o fosso entre desejo e realidade. Quem quer a medalha de ouro não consegue ter uma relação amistosa com a de prata. Assim até tipos bem-sucedidos podem padecer de baixa autoestima e possivelmente a baixa autoestima é o que os instiga a ter sucesso. O psicólogo e filósofo estadunidense William James, professor em Harvard e fundador da psicologia nos Estados

Unidos, reconheceu já no final do século XIX em sua teoria do *"self"* que a relação entre êxitos e exigências é decisiva para a autoestima.

As vantagens e as armadilhas

Lutar ou aceitar – as duas coisas acarretam vantagens e armadilhas. Já ficou mais fácil reconhecer a vantagem da via ofensiva: ela pode nos proporcionar contentamento. Quem atinge suas metas pode comemorar êxitos. Ganhamos energia quando alcançamos algo e nos alegramos com o resultado. A via ofensiva pode até exigir esforço, mas mentalmente ela é mais fácil, porque, na nossa cultura, ela goza de muito mais reconhecimento do que a via defensiva. Ela é a via da juventude: sobretudo pessoas jovens se decidirão por ela. E isso está certo. Afinal, é diante delas que se abre "o mundo inteiro", como se diz nessa bela, mas nem tão correta formulação. Elas ainda querem e devem alcançar algo em sua vida, fazer algo de suas vidas. Por isso, para elas o fosso entre desejo e realidade é, acima de tudo, uma instigação e elas tendem a lançar um olhar de menosprezo a quem se dá por satisfeito com algo. Se elas fizessem isso com demasiada frequência, forçosamente deixariam de aprender e não evoluiriam mais.

Mas atenção! A via ofensiva naturalmente implica sempre também a possibilidade do fracasso. Não alcançar as metas propostas provoca frustração e insatisfação. A longo prazo isso afeta a autoestima e, no pior dos casos, leva à depressão e ao esgotamento. Portanto, sempre é preciso ponderar bem quando vale a pena se empenhar e quando é melhor manter-se reservado para não se perder em uma luta sem perspectiva de êxito.

Além disso, a via ofensiva também pode ser uma fuga, no final da qual não estaremos em uma situação melhor. Como no exemplo da pessoa inquieta (cf. p. 69), podemos trocar constantemente de parceiro ou de profissão sem encontrar satisfação. Quem investigou isso em relação ao mundo do trabalho foi a professora de administração texana Wendy Boswell, entrevistando lideranças: de acordo com os resultados, a troca de emprego deixa mais satisfeito só por um período extremamente delimitado de tempo. Boswell descobriu que, cerca de um ano após assumir um novo posto de trabalho, a satisfação recém-obtida já começa a amainar. Ela fala de um "*honeymoon hangover effect*", uma espécie de ressaca de lua de mel: no início, somos tratados com especial solicitude no novo posto de trabalho, nós mesmos tratamos colegas, colaboradores e superiores com todo cuidado, cumprimos as tarefas com grande empenho. Porém com o tempo a situação se normaliza, aparece a chateação, a frustração não fica de fora. "Percebemos que, no novo emprego, a grama tampouco é mais verde", diz Boswell. Portanto, é preciso pensar bem antes de voltar a trocar de posto de trabalho.

Ficar ou ir embora? Via ofensiva ou via defensiva? Na decisão sobre a via a tomar, sempre é preciso levar em conta o tamanho do empenho a ser feito para mudar algo de tal maneira que, no final, realmente se está mais satisfeito. Talvez queiramos mesmo aquela mansão estilo antigo com a qual sonhamos há anos e até poderíamos alcançar essa meta. No entanto, isso significaria ter de endividar-se terrivelmente ou viver durante anos numa obra em construção. Valeria a pena? Quando o empenho se torna muito grande, a via defensiva pode muito bem ser a mais satisfatória.

Porém ela não é necessariamente a mais fácil. Pode ser considerado preguiçoso quem se decide por perseverar na insatisfação. Contudo, as duas vias para a satisfação significam trabalho. Já por causa disso nada justifica o olhar frequentemente negativo para a atitude de dar-se por satisfeito em nossa sociedade. Ademais, nos últimos tempos, a via defensiva não se tornou exatamente mais fácil. Os bens de consumo são disponibilizados de maneira cada vez mais cômoda, os limites técnicos do que se pode fazer se ampliam constantemente – isso torna ainda mais difícil simplesmente renunciar, contentar-se. Em quase todas as situações da vida há incontáveis possibilidades de fazer, conseguir, adquirir e realizar. Até em campos como o desejo de ter filhos, na qual há algumas décadas não havia o que fazer. Hoje também nesse campo uma indústria reprodutiva bem lucrativa nutre esperanças sempre renovadas e as pessoas que se entregam a elas e, apesar disso, não conseguem ter um filho, percorrem anos a fio um vale de lágrimas antes de talvez um dia constatar que a via defensiva, dizer adeus ao forte desejo de ter um bebê, teria sido a melhor escolha para elas (cf. *As pessoas sensatas,* p. 167).

Justamente esse exemplo mostra que a via da renúncia pode ser muito dolorosa. Aceitar implica trabalho. Pois para isso é preciso mudar ativamente a própria atitude, é preciso despedir-se de seus desejos e ideais e tentar ver o lado positivo nessa decisão: a vida com uma criança teria sido maravilhosa, mas desvencilhar-se do abraço da indústria reprodutiva é tremendamente libertador. Finalmente acaba o círculo vicioso de esperança e abatimento. Isso vale também para todas as demais despedidas de nossas concepções ideais: meu casamento de fato não é assim como imaginei originalmente. Porém, em contraste com muitos de nossos amigos, nós ainda estamos juntos e ainda estamos unidos por uma profunda afeição. As crianças não são perfeitas, mas têm saúde. É doloroso constatar que a aparência atraente desaparece com os anos, mas isso também tem um aspecto incrivelmente relaxante; não estou mais tão fixada no meu aspecto exterior como estava antes. Minha doença me limita, mas ela também me instiga a focar no que é essencial.

A via defensiva é bem difícil também porque, quase a cada passo, espreita um perigo para a satisfação: é muito fácil cair na armadilha da comparação. Escapar dela constitui um dos maiores desafios do nosso tempo. Primeiramente é preciso dizer que não há nada de negativo em se comparar. Trata-se de algo inato e importante para o desenvolvimento de cada pessoa. Não é a menor das razões do surgimento, sobretudo nas pessoas jovens, do impulso já mencionado para trilhar a via ofensiva. As crianças obtêm a energia e a vontade de experimentar, de aprender e de fracassar, em primeira linha, de ver o que os outros já conseguem fazer e de quererem fazer as mesmas coisas. Aprendemos a partir da comparação, diz o psicólogo evolutivo Hartmut Kasten da Universidade de Munique. A afirmação muito difundida de que, por ocasião do seu nascimento, as crianças ainda estariam livres do pensamento competitivo e só seriam levadas à competição por nossa sociedade focada no desempenho há muito foi cientificamente refutada. "As crianças de culturas bem menos centradas no desempenho e mais na solidariedade também gostam de se comparar e o fazem frequentemente", diz o pedagogo. A comparação propicia o importante estímulo para evoluir.

A importância da comparação ainda se mantém na idade adulta: nessa fase, ela serve sobretudo ao enquadramento social. Ao comparar-nos com o que os outros pensam e vivem, descobrimos quem somos e quem não somos, quem gostaríamos de ser e o que está longe do nosso alcance. Porém, na sociedade focada no desempenho em que vivemos, a comparação não cessa mais. Ela conquistou muitos espaços, nos quais antes se podia descansar dela. Há muito já não se trata mais só da renda anual, da casa e do carro. Encontramo-nos em constante concorrência: quem se alimenta melhor? Quem viaja para os destinos mais exóticos? Quem tem o *hobby* mais incrível? Quem tem a prole mais inteligente? E a mais bonita? Quem tem a mobília mais da hora? E quem pratica o melhor sexo? Antigamente também se faziam essas comparações, mas geralmente se limitavam a um círculo de amigos mais ou menos restrito. Hoje elas acontecem publicamente, na *internet*. As mídias sociais se nutrem do fato de as pessoas compartilharem suas conquistas, sua inteligência e suas ideias com o máximo de outras pessoas. Desse modo, porém, a competição não tem mais fim. A consequência é que nós mesmos regularmente nos sentimos mal e inferiores. Pois, cientes de que nossas apresentações ao público possuem certa dose de arbitrariedade, estimamos que a vida das outras pessoas seja bem melhor e mais bonita do que na verdade é.

Nas mídias sociais, tem lugar um constante "*compare and despair*" ("compare e se desespere"), suspirou recentemente a psicóloga Kim Schneiderman em seu *blog* no *website* "*Psychology Today*", mantido por psicólogos. As mídias sociais promoveriam a inveja por meio da ilusão de que as outras pessoas têm uma vida melhor. Afinal, no Facebook e no Instagram as pessoas não registram seu dia a dia tedioso e às vezes angustiante, mas gravam os mais belos momentos de suas vidas – ou as encenações mais bem-sucedidas de sua ideia de belos momentos. As coisas incomuns que fazem em lugares remotos do mundo, o lindo sorriso de suas crianças ao fazerem piruetas com o monociclo, o olhar amoroso nos olhos do companheiro. É raro ver ali lágrimas e raiva – e, quando se vê, é em sua forma mais perfeita. Facebook e Instagram justamente não mostram a vida, mas só a parte da vida que as pessoas querem mostrar, a parte com a qual querem levar seus amigos e os amigos dos amigos a pensar sobre sua vida o que *elas* querem que eles pensem.

E a estratégia traz resultados: quem segue nossa vida na *internet* forçosamente deduz dali que levamos uma vida melhor do que ela é na realidade. As pessoas tendem a subestimar a insatisfação das demais, provaram os psicólogos da Universidade Stanford com o auxílio de vários experimentos. "Os estudantes entrevistados por nós estavam convencidos de que cada um dos demais leva uma vida perfeita", diz Alexander Jordan, que colaborou com o estudo na condição de doutorando e hoje leciona no Dartmouth College em Nova Hampshire. Isso já teria sido do conhecimento do filósofo francês Barão de Montesquieu em relação à felicidade, quando ele formulou: "Se apenas quiséssemos ser felizes, seria bem fácil; mas nós queremos ser mais felizes do que outros e isso é muito difícil, pois acreditamos que os outros são mais felizes do que nós".

Alexander Jordan e seus colegas perguntaram regularmente a 80 estudantes do primeiro semestre com quantos eventos emocionais positivos e negativos eles e seus colegas tinham sido confrontados recentemente. Cada um dos entrevistados subestimou as vivências negativas dos demais ("tiveram uma forte discussão", "sentiram-se tristes por terem saudade de alguém") e superestimaram a alegria deles ("saíram com amigos", "frequentaram festas"). Na segunda parte do estudo, 140 estudantes superestimaram a condição emocional dos seus amigos e companheiros de quarto mesmo convivendo com eles. Por fim, ficou evidente que os estudantes que subestimaram de modo especialmente grave as emoções negativas dos demais sentiam-se solitários com muita frequência e cismavam sobre a própria miséria.

Diante desse pano de fundo, representa um grande desafio trilhar com autoconfiança a via defensiva para obter mais satisfação. O que ajuda é resistir à comparação irrefletida com os outros e focar a atenção em si mesmo. Sempre haverá pessoas que estão melhor ou que fazem as coisas um pouco melhor do que nós. Mas também sempre haverá pessoas que não estão tão bem. Por essa razão, é importante ter o retrospecto da própria vida: aprendi alguma coisa? Alcancei meus objetivos? Sou hoje mais sensato, mais autoconfiante, mais sossegado, mais sereno do que antes? Quem puder responder afirmativamente essas perguntas pode muito bem estar satisfeito consigo.

As pessoas sensatas:
Renunciar a um desejo ardente pode ser libertador

Ela sabia que já era bem tarde para isso. Marion Steinberg* já fizera 40 anos de idade quando ela e seu marido Peter decidiram ter uma criança. Agora tinha ficado claro para eles que queriam ser pai e mãe, pois até aquele momento o desejo de ter um bebê não tinha assumido forma concreta em sua vida. Outras coisas tinham sido mais importantes para esses dois moradores de Köln em seus primeiros anos juntos. Eles quiserem desfrutar a vida a dois, viajar. "Nós nos conhecemos quando eu já tinha 35 anos de idade e no início não sei bem por que a ideia de ter uma criança nem nos ocorreu", conta Marion Steinberg. Mas agora ela ficaria muito feliz em ter um bebê. Mentalmente já tinha arrumado o quarto da criança e estava pensando em nomes para ela. Depois de uma longa viagem pela Índia, ela suspendeu a pílula. Mas nada aconteceu. Sua menstruação acontecia regularmente como sempre. Nenhum óvulo quis se instalar no seu útero. Evidentemente não seria tão fácil para os Steinbergs terem a sua família. É claro que a consultora de finanças sabia que com o passar dos anos se tornava cada vez mais difícil engravidar. Ela lera isso muitas vezes nos jornais. E com bastante frequência isso já lhe causara certa dor no início da terceira década de vida, porque ela estava bastante segura de que um dia iria querer uma criança e porque, naquela época, ela não tinha um parceiro fixo ou não tinha um com o qual fosse

---
* Nome modificado.

sensato planejar uma família. Estava bem claro para ela que, naquele momento, não poderia pensar em ter um bebê. Porém, ao mesmo tempo, ela tinha certeza de que o anseio por tê-lo um dia afloraria. E agora isto: sem anticoncepcional e, ainda assim, sem criança. Por saber que o relógio biológico não para, depois de algumas menstruações regulares, Marion Steinberg procurou um médico solicitando ajuda para engravidar. Em cima da hora, disse ele, e lhe prescreveu hormônios. Isso ajudou: "Com esse tratamento engravidei imediatamente", conta ela. "Mas infelizmente logo perdi a criança de novo, na nona semana." Marion Steinberg ficou arrasada. Isto se repetiu mais duas vezes: gravidez graças ao tratamento com hormônios. Grande alegria antecipada. Altas expectativas. Mas em seguida: aborto. Tristeza. Decepção total. E um anseio redobrado.

Depois de cada aborto Marion e Peter Steinberg se empenharam ainda mais. Eles estavam dispostos a fazer investimentos cada vez maiores – tanto físicos quanto financeiros. As múltiplas possibilidades da medicina moderna lhes pareceram auspiciosas. Afinal, a medicina reprodutiva oferecia bem mais do que apenas tratamento com hormônios. Seu médico lhes recomendou usar outros métodos, pois com base nas experiências feitas até ali ele tinha certeza de que não funcionaria mais pela via natural. Nesse meio tempo, Marion Steinberg já tinha celebrado seu 41º aniversário. Não havia sido um dia muito alegre.

Durante mais de um ano Marion e Peter Steinberg se submeteram a novas intervenções para ter a criança que tanto queriam. Primeiro foram só hormônios, depois veio o sexo planejado com dispensa de viagens a serviço e estrita proibição de ingestão de bebidas alcoólicas nos dias antecedentes. "Isso foi totalmente bizarro", diz ela hoje. O passo seguinte: inseminações, pelas quais o esperma do homem é borrifado na parte mais profunda do ventre da mulher. E, por fim, a primeira fertilização totalmente artificial, para a qual, após um tratamento hormonal, os óvulos foram retirados do ventre de Marion Steinberg e misturados com o esperma do seu marido em uma placa de Petri, sendo que as células fecundadas com êxito foram postas de volta no seu corpo.

Mas nada disso adiantou. Na maioria das vezes, a gravidez nem sequer ocorreu, mas algumas vezes um embrião chegou a se formar, suscitando em Marion Steinberg por breve tempo sentimentos maternais, até perder novamente a criança ainda não nascida após algumas semanas de angustiante expectativa. A única coisa que crescia de modo persistente era o desejo de ter um bebê. Mas a factibilidade potencial fez com que Peter e Marion Steinberg tentassem ainda outras coisas. "Enquanto ainda restam possibilidades, é incrivelmente difícil parar", diz Marion Steinberg. "É como a dependência de drogas." A espiral girava cada vez mais rápido. Um dia ambos viajaram até Praga para uma doação de óvulos. "Se alguém tivesse me contado isso alguns anos antes, eu teria dito que é loucura", conta ela. Na verdade, ela tinha ressalvas éticas fundamentais contra um passo como esse. Afinal, a criança que teria nascido do óvulo de uma mulher estranha, mais jovem, teria além dela ainda outra mãe, a mãe genética. A mulher estava doando seus óvulos porque precisava de dinheiro. E se mais tarde ela se arrependesse? No entanto, seu anseio era tão grande que Marion Steinberg pôs de lado todas as ressalvas. "Uma vez dentro dessa maquinaria de reprodução, afundamos cada vez mais nela", diz ela. "Desejamos tanto ter uma criança que não ousamos deixar nenhuma possibilidade sem tentar. A sensação é de que não aguentaremos a dor, tanto mais se renunciarmos voluntariamente ao que nos é oferecido."

Em termos puramente estatísticos, de cada duas mulheres uma engravida com a doação de óvulos. Mas com os Steinbergs não funcionou. Restava ainda uma possibilidade: uma "barriga de aluguel" ou barriga solidária. Outra mulher, mais jovem, poderia carregar a criança gerada com o auxílio de uma doação de óvulo e o esperma de Peter Steinberg. "Estávamos na iminência de tentar isso também", conta Marion Steinberg. "Porém de repente houve aquele momento de sensatez. Subitamente nos lembramos que sempre havíamos considerado a prática da barriga de aluguel como exploração inaceitável de mulheres e dissemos: é preciso impor limites aos desejos. E reconhecemos ter ficado meio perdidos no nosso próprio caminho, que a constante sondagem do que era factível para a medicina nos havia tornado cada vez mais infelizes. Juramos parar com isso." Até aquele momento, nenhum dos dois se arriscara a sugerir isso. Eles estiveram como que inebriados. Cada vez mais longe, mais alto, mais rápido, só não desistir. Desse modo, eles quiseram enfrentar o destino que sempre lhes frustrava a incipiente esperança de maneira tão cruel. Mas, então, depois de cinco anos em poder da medicina reprodutiva, eles concordaram em desembarcar dela.

"Agora isso soa mais fácil do que de fato foi", diz Marion Steinberg hoje. "Despedir-se do desejo de ter uma criança foi extremamente doloroso. Pois durante anos praticamente não tínhamos nos ocupado com outra coisa. Tínhamos investido dezenas de milhares de euros e acreditado que não poderíamos ser felizes sem uma criança." Os dois levaram meses para se desfazer de suas ideias de paternidade e maternidade, de fundar uma pequena família própria. "Toda vez que via uma mulher com um carrinho de bebê, eu levava um choque. Eu gostaria muito de ter sido mãe." O que os ajudou foi sobretudo a reação dos demais. Seus pais e sogros, irmãos e amigos: todos ficaram aliviados. "Eles tiveram a sensação de que nós dois finalmente tínhamos nos livrado de uma droga destrutiva", diz Marion Steinberg. "Eles fizeram de tudo para nos ajudar. Ajudaram-nos a forjar novos planos para a nossa vida, a voltar a ver os aspectos bons de nossa vida a dois." E os dois também buscaram o auxílio de uma terapeuta. "Sem ela provavelmente não teria dado certo", resume Marion Steinberg.

Seus amigos e conhecidos tinham dito repetidamente que eles deveriam abrir mão. Abrir mão: parece algo tão fácil de fazer. Como se bastasse abrir a mão para que os desejos não realizados e os sonhos irrealizáveis caíssem de dentro dela e estaríamos livres deles para sempre. Mas não é tão simples: "Abrir mão do desejo de ter uma criança significa estar de luto", diz Petra Neels, que, em seu consultório em Oldenburg, especializou-se, entre outras coisas, em ajudar na "despedida do desejo de ter uma criança". O desejo de um dia ter crianças ou se tornar pai ou mãe foi por muito tempo a coisa mais natural do mundo e frequentemente surge já no planejamento de vida durante a primeira infância. Já na idade de jardim de infância, muitas crianças dizem com muita convicção: quando eu crescer, quero ter duas crianças. "Assim sendo, a ideia de uma vida com crianças está profundamente ancorada na própria concepção de vida", diz Neels.

A terapeuta recomenda que se dê tempo e espaço para o luto que surge quando se desiste de um desejo ardente. Rituais de luto seriam de grande ajuda, bem como cultos e sepultamentos de crianças não nascidas. Sigmund Freud, o fundador da psicanálise, foi o primeiro a usar o conceito do "trabalho de luto": na sua opinião, uma pessoa não conseguiria se desvincular de outra pessoa, de um objeto ou de uma concepção sem passar pelo luto e, só depois de vivenciar a dor, estaria em condições de direcionar sua vida para o futuro. Em última análise, passar pelo luto significa perceber e aceitar a perda e estabelecer novos vínculos. Pois só quem se encontra em um vínculo seguro pode correr o risco de cortar vínculos antigos.

Marion e Peter Steinberg fizeram um considerável trabalho de luto. Para cada criança que havia morrido nos abortos fizeram uma sepultura no jardim dos pais de Peter Steinberg. E em uma sepultura adicional enterraram seu sonho. Depois deixaram o mato tomar conta das sepulturas. Depois de alguns meses de conflito interior e de luto Peter e Marion Steinberg finalmente começaram a sentir algum alívio. "Antes, essa vida planejada exigia muito esforço, as constantes deliberações sobre qual seria a próxima coisa a tentar e se de fato queríamos fazer isso", diz ela. "Voltamos a desfrutar do simples ato de viver e apreciar a vida sem nos submeter às regras para fazer um filho." Eles se concentraram objetivamente em sua vida a dois, lembraram das coisas que antes gostavam de fazer juntos. Dois anos depois da decisão de parar, sete anos depois da primeira tentativa de engravidar, Marion e Peter Steinberg voltaram a estar satisfeitos com sua vida sem crianças. Ela funciona bem. E a sensação é boa.

A arte do desapego

O pessoal do mercado se irritava muito com aquele velho. Quase todo dia ele percorria o mercado no centro de Atenas acompanhado de um bando de jovens, olhava com curiosidade o que havia em cada tenda, fazia um monte de perguntas enervantes – e acabava não comprando nada. Um dia os vendedores lhe perguntaram o que ele queria dar a entender com aquilo e, então, Sócrates deu uma resposta que os mercadores realmente não esperavam: "Vejo com alegria que existem muitas coisas que eu não preciso".

A frase do filósofo grego que teria causado surpresa no mercado de Atenas pode ser dita por nós, quase 2.500 anos mais tarde nos mesmos termos. Ela poderia ser formulada toda vez que entramos em um *shopping center* ou no vasto campo das compras *on-line*, e não só quando nos é oferecido um rompedor de casca de ovo para retirar a ponta do ovo cozido do café da manhã ou o garfo com *bluetooth* "Hapifork" que brilha e vibra quando comemos muito rápido. Mas frequentemente nem vemos que não precisamos de tudo isso. Pelo contrário, descobrimos todo tipo de coisas que julgamos que nos farão bem, que poderiam tornar nossa vida melhor e que possuí-las faria com que nos sentíssemos muito bem. É fascinante como uma incursão no mundo das mercadorias suscita o desejo de ter coisas que há bem pouco tempo nem sabíamos que existiam. E, uma vez que o desejo de tê-las foi despertado, muitas vezes custa trabalho se livrar dele novamente. A não ser que satisfaçamos nosso desejo. Então é quase certo que não demorará muito para que o objeto cobiçado perca seu encanto...

Desapegar parece ser algo tão simples, mas é infinitamente difícil – sobretudo quando não se trata mais só de objetos que podem ser adquiridos com dinheiro, mas de hábitos que se tornaram caros, concepções cultivadas por longo tempo e anseios profundamente arraigados. Para desistir de um desejo ardente na maioria das vezes não basta decidir fazê-lo. É doloroso deixar que se vá um parceiro que quer se separar, aceitar o diagnóstico de uma doença que acabará para sempre com nossa concepção de vida com saúde ou admitir que nosso plano para uma festa de aniversário alegre era totalmente furado. Desapegar dói. É natural! Pois nos apegamos a nossas concepções de vida justamente por serem muito importantes para nós. Por essa razão, separar-nos delas necessariamente está associado com dor e pesar – sobretudo quando somos forçados a isso por algum golpe do destino ou pelo comportamento de outras pessoas.

Porém quem estiver disposto a suportar a dor da despedida poderá extrair disso muita força porque a renúncia acabará libertando-o de continuar correndo atrás de seus sonhos não realizados ou de brigar para sempre com seu destino. Desapegar significa liberdade.

Sócrates indubitavelmente foi um especialista do desapego. Pelo menos é como Platão o descreve no seu diálogo *Fédon*. O velho mestre da filosofia não se apegou nem mesmo à sua vida. Quando Sócrates foi condenado à morte, ele afirmou uma vez mais sua inocência, dizendo que não cometeu blasfêmia nem desencaminhou a juventude. Mas ele aceitou expressamente a perda de sua vida ordenada pelo Estado: "Talvez tudo isso deva mesmo ser assim e acredito que é a justa providência", disse. Ele descartou a possibilidade de fugir – por respeito às leis.

Um dia antes do dia em que teria de beber a taça de cicuta, Sócrates ainda discutiu com serenidade filosófica as vantagens do morrer. Enquanto sua esposa, seus amigos e discípulos choravam de desespero, Sócrates filosofava sobre as diversas possibilidades do que poderia acontecer a uma pessoa após sua morte. "Mas é hora de irmos – eu para a morte, vocês para a vida: mas só o deus sabe quem de nós trilhará o melhor caminho", disse ele de acordo com Platão ("*Os grandes diálogos*"). Pelo visto ele bebeu o veneno com total compostura.

Ora, nem todos têm a grandeza de Sócrates. E comparar-se com ele poderia muito facilmente acabar mal. Porém, sem dúvida se pode aprender muito com ele, inclusive no que se refere ao desapego. Ou não? É possível praticar seriamente a serenidade? Não é absurdo querer buscar justamente esse objetivo com empenho e força de vontade? Num primeiro momento, isso soa tão absurdo quanto querer que alguém fique relaxado ao ouvir um "acalme-se, relaxe".

No entanto, é possível apropriar-se da serenidade por meio de um "grande esforço", como se expressa o professor emérito de psicologia Jochen Brandtstädter de Trier. Afinal, a serenidade não vem do nada. Pelo contrário, uma postura serena diante das turbulências da vida é o "resultado de sabedoria e noção mais profunda das coisas", como escreve Brandtstädter. No fundo, no caminho para mais serenidade faz-se – uma vez mais – um balanço: pondera-se as vantagens e desvantagens associadas a apegar-se ou desapegar-se de algo. Quando se chega à conclusão de que valeria a pena sofrer a dor decorrente da renúncia e da desistência também pode dar certo abafar os desejos; como disse o filósofo Martin Heidegger já no ano de 1959 em seu breviário de mesmo nome, a serenidade é o resultado de um "querer calculista". Chegamos à conclusão de que um dia receberemos algo maravilhoso em troca da renúncia: a libertação de ideias aflitivas, a paz de espírito, a cessação do desejo torturante. Quem alguma vez praticou a serenidade, mais tarde ainda terá mais facilidade para suportar as coisas imponderáveis da vida, não se deixará abalar tanto pelas turbulências. Não é para menos que, há séculos, poetas e pensadores pregam a serenidade como bem a ser almejado. "Feliz de quem aprendeu a aceitar o que ele não pode mudar e desistir com dignidade do que ele não pode salvar", escreveu Friedrich Schiller em seu escrito *Sobre o sublime*.

Alterar-se menos, sofrer menos, brigar menos e aceitar mudanças são atitudes que podem facilitar muita coisa na vida e trazer bem mais satisfação. Em contraposição, quem não consegue abrir mão de ideias destrutivas e sentimentos negativos pode ficar gravemente doente. Pessoas depressivas com frequência estão fixadas em seus projetos de vida e ficam presas em ciclos de ideias negativas; isso faz parte de sua doença. Porém o oposto diametral tampouco é saudável: não se pode aspirar nem à serenidade total diante de tudo e todos nem ao apego convulsivo. "Todavia o caso-limite em que tudo se torna indiferente equivaleria à apatia embotada ou a perda dos sentidos", escreve Jochen Brandtstädter. "Essa forma degenerada de serenidade não pode mais ser associada a concepções de vida digna de ser vivida e plena de sentido."

"Agarrar é da nossa natureza"

Mas se desapegar é tão importante e proveitoso, por que é tão difícil fazer isso? Por que até preferimos permanecer em uma situação desagradável a tentar algo novo? A resposta está na nossa natureza: o ser humano é um animal de hábitos e isto por uma boa razão. Segurança e confiabilidade constituem a base da nossa sobrevivência. Achamos pura e simplesmente ameaçador pisar em terreno novo. Por isso com muita frequência preferimos o sofrimento quando temos que escolher entre a dor conhecida de longa data em uma situação conhecida de longa data e algo novo que desconhecemos. Assim ficamos carregando conosco pesos antigos, perseveramos em nossos hábitos nocivos, ficamos com um parceiro que não nos faz bem, vivemos em um apartamento que nos dá nos nervos e mantemos o emprego que há muito já não nos satisfaz. Enquanto não estiver claro para nós que, no novo mundo que poderíamos adentrar, há ouro e riquezas imensuráveis, preferimos ficar no velho mundo. Ali pelo menos sabemos a quantas andamos. De fato sempre há a expectativa de que uma mudança signifique algo positivo, mas ela também poderia trazer índios belicosos e doenças desconhecidas. Por essa razão, a grande maioria das pessoas aposta na rotina, em rituais e estruturas bem conhecidas.

Por trás disso estão processos neurobiológicos, bem como a grande importância do vínculo para o ser social humano. "Agarrar é da nossa natureza, enquanto o desapego precisamos aprender", diz Katharina Ley, psicoanalítica e socióloga de Berna, que escreveu um livro sobre *A arte de terminar bem*. Afinal o vínculo é irrenunciável no início da vida. Todo bebê saudável o busca, não podendo sobreviver sem ele. É certo que os adultos não se aconchegam mais a suas mães, mas, no fundo, eles ainda reagem de modo parecido: "Sempre que o medo aflora na vida, isso ativa nosso sistema de vínculos", diz o psiquiatra e pesquisador de vínculos Karl Heinz Brisch de Munique. Portanto, só nos arriscamos a adentrar um território novo quando estamos seguros de que temos proteção.

A dor pela perda de uma pessoa amada, de um sonho ou de um entorno costumeiro é, do ponto de vista biológico, semelhante à dor pelo surgimento de um ferimento: as mesmas áreas do cérebro são ativadas, não importando se nos encontramos diante do juiz de paz ou alguém nos dá um soco na boca do estômago. Em cada caso é emitido o mesmo neurotransmissor, a "substância P". E aqui "P" significa "*pain* [dor]".

Apenas poucas pessoas são livres a ponto de se prestarem ao papel de aventureiras. A ciência estima em menos de 20% a parcela dos que gostam de um frio na barriga e acham a adrenalina maravilhosa. Os moderados entre esses "*sensation seekers* [caçadores de sensações]" simplesmente estão abertos, são curiosos e têm sede de saber coisas, os exemplares mais extremados buscam ativamente o risco. Nós os encontramos no clube de montanhismo e no *bungee jumping*, bem como nos mais temíveis aparelhos dos parques de diversões ou, quando as coisas não correm tão bem, eles são frequentadores assíduos de cassinos e das clínicas de reabilitação de drogas.

Para vivenciar a magia inerente a todo começo, como a descreveu Hermann Hesse em sua poesia *Degraus* estimulando o desapego, é preciso primeiro passar por algumas coisas bem difíceis. E o quanto alguém está disposto a isso não está escrito só nos seus genes, mas também em sua biografia. Quem já vivenciou despedidas traumáticas na infância sentirá mais medo da próxima separação do que alguém que passou com mais tranquilidade pelos processos de desvinculação. No entanto, é possível superar a própria história, diz o pesquisador de vínculos Brisch: "Nosso sistema de vínculos sempre fica aberto para experiências novas e mais seguras de vínculo, porque são estas que buscamos". Quem encontra um parceiro confiável ou bons amigos que o acompanham pela vida conseguirá compensar traumas anteriores.

O princípio dos pequenos passos

Sem dúvida, desapegar-se é mais fácil quando o que se quer deixar não é tão importante, quando o envolvimento pessoal e emocional não é muito intenso. "Ora, é mais provável que fiquemos serenos quando algo não nos atinge", escreve o psicólogo Brandtstädter. Quem tende a considerar ridículos o garfo Hapifork e o rompedor de casca de ovo facilmente conseguirá renunciar a eles. Porém deixar na loja coisas que se considera muito atrativas só é fácil para quem não tem facilidade em se desapegar de outro item: do dinheiro. E o desapego se torna especialmente difícil no caso das coisas que nos pertenceram. Notamos isso já quando tentamos desentulhar nosso guarda-roupa e não conseguimos nos desfazer de nada além de uma velha camiseta. Ainda mais difícil é aposentar comportamentos que se tornaram muito estreitos. Bem dolorido é quando as coisas realmente nos tocam de perto: deixar uma pessoa amada ir embora foi difícil até para os discípulos de Sócrates. E despedir-se da ideia de ser saudável é infinitamente trágico.

Por essa razão, o filósofo grego Epicteto recomendou começar com as pequenas coisas. Como um dos representantes mais importantes da escola filosófica do estoicismo, ele também foi um dos pioneiros na questão da serenidade. "Tranquilidade estoica" significa, em última análise, não perder a compostura. Em seu *Manual da moral,* Epicteto sugere ao leitor que, em cada perda que sofrer, obtenha clareza de que a serenidade é um bem valioso que o auxilia em todas as situações da vida e que vale a pena empenhar-se por ela. "Portanto, comece com coisas de pouca importância", aconselhou ele. "Alguém derrama o pouco de óleo que tens, alguém rouba o teu restinho de vinho. Em relação a isso pense o seguinte: 'Esse é o preço da serenidade, esse é o preço da tranquilidade de ânimo'. Nada é de graça." Aproveita a oportunidade, é o que isso quer dizer. Pratica isso sempre que algo dói. Se isso funcionar com as pequenas coisas, funcionará mais facilmente depois no caso de perdas graves.

É claro que a todo tempo podemos decidir ficar na maneira antiga. Nesse caso, porém, isso deveria acontecer por boas razões e não por medo de mudanças: quem me alimentará, se eu me separar do meu marido? Vou ficar sozinha? Deveria acontecer porque dizemos para nós mesmos: quero melhorar meu casamento. Amo meu marido e ele também tem muitos aspectos bons.

Por sua natureza, os perfeccionistas têm especial dificuldade com o desapego. Eles se definem tanto por seu desempenho que nunca atingem o estado de satisfação e com frequência não só se tornam tiranos em casa, mas também trabalham como loucos. Mas até essas pessoas podem conseguir mais serenidade, se começaram dando pequenos passos, diz Rainer Sachse, diretor do Instituto de Psicoterapia Psicológica em Bochum. Vez ou outra não arrumar tudo, mas deixar algo fora do lugar quando vier uma visita. Sair do escritório, mesmo que o trabalho ainda não esteja concluído. Fazer intencionalmente algo que não tenha nenhum propósito. Ir a uma reunião sem ter consultado primeiro todos os montes de arquivos referentes ao assunto. Só quem abre espaço para a imperfeição faz a experiência de que 90% de empenho também podem ser suficientes.

Da prática da serenidade também faz parte planejar pequenas pausas diárias e volta e meia ser bem preguiçoso. De qualquer modo, sempre se tem algo para fazer. Se fosse por isso, jamais descansaríamos. Portanto, de vez em quando é preciso tirar um tempo. A vida pode muito bem ser estressante e desagradável uma ou outra vez – se, no meio tempo, houver fases de regeneração e de desapego. Nessas fases, podemos alegrar-nos expressamente com o que conseguimos realizar – e isto justamente quando nos encontramos em uma fase de dolorosa separação. As coisas importantes precisam ter seu espaço. "Temos de aprender que uma vida normal sempre se encontra em um estado abaixo do ótimo", diz Gert Kaluza do Instituto GKM de Psicologia da Saúde em Marburgo. Há coisas que podem muito bem ficar sem serem resolvidas.

Por isso, a receita de Jochen Brandtstädter recebe o nome de "indiferença refletida": a intenção é que as coisas percam importância por meio da ponderação mental. Distanciamo-nos delas porque refletimos sobre elas. O que ajuda nesse processo é não se aferrar a desejos isolados, mas sempre estar aberto para alternativas. O distanciamento facilita o desapego: isso pode ser constatado por quem chega a um novo entorno de vida. Coisas que nos incomodavam em um local de trabalho anterior ou em uma relação anterior de repente se tornaram insignificantes; a distância por si só possibilita certa serenidade, sem que seja preciso fazer muita coisa além disso. Os desistentes buscam isso intencionalmente. Para não terem de conquistar a serenidade em meio ao aqui e agora, eles escolhem radicalmente o distanciamento. Porém, ao lado de toda a alegria com o novo, isso também provoca alguma dor, mas as muitas incomodações, problemas e tarefas ficam para trás de uma vez por todas.

Em contraposição, um semestre sabático é o oposto exato do desapego. É uma despedida temporária – frequentemente na esperança de que tudo continue como antes depois dele. Caso não se trate de realizar um projeto concreto no sabático (fazer uma viagem, escrever um livro, transferir o pai e a mãe para uma geriatria e colocar-se à disposição deles), mas de uma pausa para distanciar-se de alguma vivência desagradável na profissão, ele até ajuda a recarregar as forças por breve tempo. Porém quem simplesmente retorna ao seu local de trabalho do mesmo jeito depois do sabático não desapega. Pois não muda nada. Após curtíssimo período de exercício da profissão, ele chegará no mesmo ponto de insatisfação ou de esgotamento. Portanto, para usar um sabático com proveito deveríamos fazer planos e criar novas estruturas para não acabar de novo na roda do hamster – como as mães que, no tratamento, precisam primeiro reaprender a pôr limites (cf. *A mulher perfeita*, p. 106). Mas para isto o sabático é bom: temos tempo para de fato repensar os planos e fazer novos. Para ficar novamente prontos para agir e capazes de agir.

Autoeficácia produz serenidade

Capacidade de agir é um pressuposto importante para conseguir reagir com serenidade. Ajuda muito quando temos a sensação de que estamos pelo menos conseguindo remediar ou possivelmente até reverter a situação desagradável que se alastra. Por isso, as pessoas que dispõem de uma boa dose de autoconhecimento e autoconfiança, por terem o controle sobre a própria vida, reagem com mais serenidade – mesmo quando acontece algo indesejável. Os psicólogos também falam de "autoeficácia". Pois essas pessoas sabem que têm ideias de como podem voltar a endireitar a sua vida. Isso é necessário para que possa surgir a disposição de aceitar também acontecimentos não desejados e possivelmente extrair deles algo positivo. Dificilmente se poderá saudar ou deixar que se precipitem sobre nós com certa frieza coisas das quais sabemos que apenas nos lançam na miséria sem que haja algum aspecto bom nelas. Da serenidade sempre faz parte a convicção de poder lidar com uma situação e encontrar uma solução.

Uma autoeficácia grande demais também pode atrapalhar quando se trata do tema "serenidade". O tipo de pessoa acostumada a fazer as coisas, alguém ciente de que frequentemente tem êxito em resolver as coisas, chega à convicção de que algo é imutável "muitas vezes quando já é tarde", como diz Jochen Brandtstädter. Mas com frequência essa convicção é necessária inclusive para poder ingressar no processo do desapego. Enquanto a luta ainda é possível, frequentemente não estamos dispostos a nos conformar com algo. Isso torna tão difícil a despedida no caso de temas como desejo de ter filhos ou doença. Paradoxalmente uma pessoa forte e autoconfiante percebe obstáculos e limitações como incômodos somente enquanto ela acredita poder fazer algo a respeito deles. Só depois de perceber e aceitar a falta de sentido dessa luta é que a sensação de incômodo pode desaparecer.

Para identificar os limites do que se pode fazer é necessário avaliar corretamente não só a situação, mas também a si próprio. "Serenidade e autoconhecimento andam juntos", diz a filósofa Ina Schmidt. Por isso, a melhor maneira de praticar a arte do desapego é "deixar as coisas quietas por um momento", recomenda Schmidt. A pessoa então observa a si mesma e os seus desejos, toma tempo "para dirigir seu espírito para si mesma", como teria sido, segundo Platão e Xenofonte, o costume de Sócrates, que, nesses momentos, "ficava surdo para a interlocução mais enfática". Schmidt diz que hoje trata de decisões difíceis com mais vagar do que antes. "Eu durmo uma noite com o assunto, concedo-me a chance de obter um olhar tranquilo. Isso não resolve meus problemas nem melhora minhas decisões. Mas eu me sito mais tranquila e mais focada. E isso já é um progresso."

Assim podemos dar início a um distanciamento gradativo de nossos hábitos. Ao fazer isso, deveríamos mesmo questionar os objetivos que estabelecemos até este momento. Isso também ajuda a formular novos objetivos para preencher a dolorosa lacuna da despedida (cf. *A importância de buscar objetivos próprios,* p. 188).

No entanto, é preciso ter cuidado quando estipulamos novos objetivos sendo pessoas de índole perfeccionista. Nesse caso, facilmente podemos voltar a cair na armadilha do desempenho – como no caso do administrador referido por Rainer Sachse: ele entra no clube de tênis para relaxar, mas depois de alguns meses já é o melhor jogador de todos. "Ele acaba aumentando seu estresse", diz Sachse.

A lista do desapego

Desapegar significa parar de forçar as coisas, parar de resistir ou parar de continuar lutando por algo sem perspectiva, diz o biólogo molecular e mestre zen-budista Jon Kabat-Zinn, criador do método de atenção plena denominado *Mindfulness-Based Stress Reduction* [Redução de Estresse Baseada na Atenção Plena]. "Só seremos capazes de desapegar realmente se conseguirmos nos conscientizar de toda a dimensão de uma situação sem saída e encará-la com uma postura de aceitação."

Portanto, quem quiser desapegar deve dizer o seguinte para si mesmo:

1. O que houve não é bom, mas é assim mesmo. Coisas acontecem, erros são cometidos e as pessoas nem sempre se comportam como eu gostaria. "Por que eu?" não é uma pergunta adequada.

2. Aceitar essa evolução das coisas não quer dizer que estou capitulando. Desapegar de algo pode ser uma estratégia muito inteligente.

3. Faço um balanço: o que ganharei e o que perderei se desapegar? E como será a conta se eu não desapegar?

4. Não quero ter sempre os mesmos sentimentos ruins. Quero desapegar. Posso direcionar meus sentimentos, tentando pensar de outro modo sobre essa evolução das coisas.

5. Não me aflijo por ter me apegado por tanto tempo aos meus pensamentos dolorosos. A situação foi essa mesmo. Talvez eu possa até pensar com gratidão em muitas coisas que aconteceram.

6. Sei que desapegar causará dor, mas, não obstante, decido-me por isso. – Para conseguir isso com mais facilidade busco novos objetivos para mim.

Desapegar significa dar um novo rumo ao pensamento. Tiramos o foco das coisas que sentimos como desgastantes e buscamos um novo ângulo de visão. Afinal, os momentos desgastantes já atraíram nossa atenção por um tempo demasiado longo. Basta.

O contador de centavos:
como a tentativa de otimização financeira desvia o olhar do essencial

Antes de ir para o chuveiro pela manhã, Florian Reuter* já checava a variação do mercado de ações. Desde que investira uma pequena fortuna em ações, esse contabilista residente nas cercanias de Dortmund sentia enorme alegria em acompanhar meticulosamente a cotização de sua firma. Era o ano de 1998 e os preços das ações quase sempre davam mais motivo de alegria do que de irritação. Era por isso que Reuter gostava tanto de verificar. Ele fazia isso com frequência bem maior do que seria necessário.

Ele começara a se interessar pelo mercado de ações ao receber uma herança. Uma tia sem herdeiros tinha falecido e, de repente, Reuter se viu com 130.000 marcos a serem aplicados. Desde criança o contabilista tinha aprendido a economizar. Sua irmã gastava a mesada imediatamente, mas Reuter preferia encher seu cofrinho e contava regularmente o conteúdo que se multiplicava. Mais tarde o dinheiro foi aplicado na poupança bancária e agora eram as ações que estavam na ordem do dia. Enquanto sua irmã gastou de imediato parte da herança fazendo uma longa viagem de férias e incrementando seu guarda-roupas, Reuter apenas se permitiu comprar um novo aparelho de som por 3.500 marcos. Porém o restante ele quis aplicar da maneira mais lucrativa possível. Naquele tempo com 32 anos, ele se achava muito jovem para negociar com imóveis. E o mundo inteiro de qualquer modo se entregava à febre da *new economy* [nova economia]. É claro que os consultores de investimento dos mais diferentes bancos também lhe recomendaram isso. E, naquela época, as ações representavam uma aplicação muito boa do dinheiro. Todo dia Reuter computava um ganho consistente.

---

* Nome modificado.

Logo ele quis ter com mais frequência a boa sensação de checar a evolução das ações. Onde quer que tivesse acesso a um computador, ele acessava e conferia os cálculos: maravilha, mais um tanto de riqueza acumulada! Ele clicava seu depósito em intervalos cada vez mais curtos. Reuter sabia de cor os longos números de identificação dos seus valores, com os quais ele podia acessar o mercado de ações. Ele não ia mais a lugar nenhum sem *laptop* e conexão com a internet. Pois podia ser que fosse surpreendido por uma notícia do mundo econômico, forçando-o a agir imediatamente. Se naquela época já houvesse *smartphones*, Reuter provavelmente teria checado a situação de suas ações com a mesma frequência com que hoje as pessoas checam suas caixas de *e-mail*.

Logo ele também descobriu estratégias próprias para aplicar suas ações. Em vez de confiar nos fundos dos banqueiros, ele mesmo se tornou mais ousado; ele quis participar ativamente e garantir os melhores valores. Isso naturalmente exigiu mais empenho. No entanto, a tentação foi grande de conseguir melhores resultados que os dos administradores profissionais de fundos. E muitas vezes ele até conseguiu. Só às vezes algo saía errado e, em brevíssimo tempo, ele perdia algumas centenas de marcos. "Essas experiências me instigavam ainda mais. Tanto mais eu tentava pegar o momento certo de comprar e vender", conta Reuter. Mas quando é o momento certo? Agora? Ou esperar algumas horas? Até amanhã talvez? Suas aplicações dominavam seu pensamento.

Abstraindo do fato de que, no final, a tendência do mercado de ações, como se sabe, já não era mais de alta: infelizmente o negócio de ações direcionou a atenção de Florian Reuter cada vez mais para o lado financeiro. Com o passar dos anos, ele começou a extrair o máximo que podia de toda a sua vida: qual o contrato mais vantajoso de telefone móvel? Ontem ainda era O_2? Mas hoje a Telekom está fazendo uma oferta vantajosa? Reuter desfazia o contrato e trocava de operadora. Isso demandava algum investimento de tempo: afinal, não era só a papelada que precisava ser providenciada. Naquela época, ainda não havia a portabilidade do número telefônico. Conhecidos e colegas precisavam ser informados a respeito do novo número. Mas isso tanto fazia para Reuter. Sua alegria era conseguir poupar algum dinheiro todo mês.

E havia mais uma razão pela qual suas finanças não o deixavam em paz: com o tempo ele já não suportava mais gastar nem um pouquinho além do que fosse preciso. Reuter se encontrava no êxtase da otimização: o plano de saúde? Hoje em dia se pode trocar sem mais nem menos e sempre há algum que oferece a contribuição mais baixa. Em sete anos, Reuter trocou o seguro saúde cinco vezes. Ele devorava relatórios de testes e usava robôs de comparação de preços que lhe diziam onde comprar mais barato o novo barbeador ou o novo aspirador de pó com a melhor relação custo-benefício. Conexão telefônica, fornecedor de eletricidade, provedor de *internet*: Reuter sempre descobria novas possibilidades de economizar.

Ele chegou a ponto de percorrer os supermercados por suas ofertas. Quando o salame e o queijo Gouda estavam mais baratos no supermercado Lidl, mas os biscoitos amanteigados e o leite no supermercado Tengelmann, ele percorria os supermercados com um plano exato do que poderia comprar em cada um deles. Mais do que a vontade de poupar, o que o motivava era a sensação aflitiva de fazer algo errado se não fosse tão conscienciosos com seu dinheiro. Em vez de alegrar-se com as barbadas que talvez pudesse levar de um supermercado, o que o consumia era pensar nas que lhe tinham escapado. Dessa sensação premente ele queria se desfazer. Custasse o que custasse, quase se poderia dizer. Ou antes o inverso: sua vida deveria custar o mínimo possível, mesmo que isso aos poucos fosse às custas de sua vida.

Certa vez, Reuter leu o *Estudo sobre economizar* da Fundação Bertelsmann: segundo ele, a formação geral dos alemães em questões financeiras era muito ruim. Em sua maioria, os alemães seriam verdadeiros analfabetos em finanças. Eles não teriam noção de fundos indexados, portfólios e ações preferenciais. Um resultado parecido foi obtido anos depois também pelo Center for Economic and Entrepreneurial Literacy [Centro de Alfabetização Econômica e Empresarial] nos Estados Unidos: "A grande maioria dos norte-americanos é incapaz de responder às questões mais simples sobre crédito, juros e conceitos econômicos básicos", dizia o resultado. Reuter se sentiu bem: isso de fato ninguém poderia afirmar a respeito dele.

Mas naturalmente ele tampouco era bem-sucedido em tudo. Repetidamente ele teve de aguentar perdas sensíveis. Nesses momentos, esse malabarista financeiro observou o seguinte: os insucessos sempre lhe causavam consideravelmente mais dor do que os sucessos na mesma proporção lhe causavam alegria. A concentração da pessoa nos erros era algo que se podia estudar de modo excelente nos negócios financeiros de Florian Reuter. "Mas isso só servia para me instigar ainda mais. Eu estava sempre em busca de um novo ganho", diz. Ele reparava a dor das perdas que tivera, colocando sua esperança em uma nova ação: aqui tinha de dar certo, pois esta firma tinha um superproduto em preparação!

Sendo uma pessoa que lia muito, Reuter sabia que não era bem assim. Conhecimento especializado em demasia e muito pensar não produzem obrigatoriamente um resultado melhor. Nem mesmo na bolsa. Gerd Gigerenzer, psicólogo e diretor no Instituto Max Planck de Pesquisa em Formação, em Berlim, comprovou isso em um experimento incomum: no ano de 2000, ele participou, com seu colega, o economista Andreas Ortmann, de um jogo de bolsa de valores da revista *Capital*. O redator-chefe da revista tinha escolhido 50 ações da *internet* e os participantes deveriam montar a partir delas um portfólio de sucesso.

"Muitos dos mais de 10 mil participantes tentaram conseguir a maior quantidade de informações e conhecimento especializado possível ou utilizar computadores de alto desempenho", contou Gigerenzer certa vez para o periódico Handelsblatt. Em contraposição, ele e Ortmann seguiram a recomendação do conhecido administrador de fundos de investimento Peter Lynch: "Invista no que você conhece". Isso equivale a dizer que as coisas realmente boas são faladas e são conhecidas também dos não especialistas. "O que se precisa, portanto, são pessoas semi-ignorantes que não conhecem todas as ações", diz Gigerenzer, e os dois cientistas as encontraram em plena rua: eles perguntaram em Berlim simplesmente a 100 pedestres – 50 homens e 50 mulheres –, de quais das 50 ações do redator-chefe da *Capital* elas já tinham ouvido falar. Das dez ações mais mencionadas, eles montaram um portfólio. Com sucesso surpreendente: a evolução das ações de Gigerenzer e Ortmann foi melhor do que a de 88% dos participantes. Embora o mercado estivesse desfavorável naquele momento, os dois cientistas com seu conhecimento financeiro limitado tiveram um ganho de 2,5%. A carteira de ações do redator-chefe da *Capital*, que tinha mais conhecimento de causa, perdeu quase um quinto do seu valor.

Mas no caso de Florian Reuter, todo seu saber nada podia contra seu anseio: ele tentava controlar suas ações e gastava um tempo enorme nisso. Reuter era movido pelos números em suas diversas contas bancárias. Ele sentia um contentamento incrível ao vê-los crescer. No fim, isso até se tornou mais importante para ele do que encontrar amigos ou praticar esportes. Logo ninguém mais lhe perguntava se queria acompanhá-los ao cinema ou em um passeio até a praia. Eles passaram a chamá-lo de "contador de centavos". Assim Reuter às vezes sentia que estava tendo perdas de um novo tipo que por muito tempo passaram despercebidas: "Eu me sentia dividido", conta ele. "Por um lado, eu queria jogar com as ações, mas também começou a aparecer um grande vazio dentro de mim. Era o simples anseio por despreocupação."

"Numa situação como essa é urgente aclarar suas prioridades", aconselha o psicólogo e treinador antiestresse Gert Kaluza de Marburgo. "Não se pode fazer tudo, muito menos tudo de uma vez." A primeira pergunta a fazer é esta: o que é realmente importante? Quem obtefe clareza a respeito disso pode voltar a fazer coisas sem que lhe pese a consciência: ok, eu gostaria muito de incrementar a minha conta bancária e refinanciar algumas carteiras de ações, mas eu também gostaria de estar com meus amigos. Ou seja: quanto de fato me trará no final a realocação financeira? Os amigos não são mais importantes do que isso? Quem se decidiu com consciência automaticamente sofrerá menos com aquilo que ficou por ser resolvido. A cada momento temos a possibilidade de decidir não mais nos preocupar com certas coisas. "Precisamos urgentemente aprender a dizer não em nossa sociedade multiopção. Inclusive para nós mesmos", diz Kaluza.

É possível otimizar cada ponto da nossa vida. Sempre haverá uma alternativa ainda mais lucrativa ou ainda mais efetiva. Porém, quanto é preciso investir para extrair um pouquinho mais? Em todo caso, essas tentativas de melhoria não trazem satisfação, mesmo quando são bem-sucedidas. Pois um autêntico otimizador sempre acabará se perguntando se não teria havido uma possibilidade ainda melhor. Quem se decidiu por um investimento menor de tempo e esforço e, desse modo, também contra a perfeição se dá por satisfeito com um resultado aquém do ótimo, mas bom.

Assim, certo dia Florian Reuter começou a calcular de outro modo: os rendimentos obtidos por seus esforços de otimização foram consideravelmente reduzidos após o desconto de todos os impostos e taxas do fundo de investimento. Quando ele dividia o valor restante pelo tempo que gastou para consegui-lo, tratava-se realmente de lucros obtidos com trabalho duro. No final, o valor da hora trabalhada não era nem um pouco arrebatador. Reuter começou a pensar que, de alguma maneira, os analfabetos financeiros passam bem: "Eu poderia estar bem relaxado agora se não tivesse a mínima noção de todas essas coisas", pensou. Se ele se limitasse a colher os parcos percentuais de juros gerados pelo dinheiro imobilizado largado por aí sem nenhum cuidado, o ganho na outra ponta de sua vida seria tanto maior: isso equivaleria a pelo menos 40 horas por mês de ganho de tempo. Uma semana inteira de trabalho!

Pouco a pouco, Florian Reuter foi conseguindo consultar seus fundos com menos frequência. Ele estabeleceu objetivamente os períodos em que se ocupava de suas finanças. Fora dessas fases, isso era tabu. No começo, ele ainda se ocupou toda noite da otimização de suas finanças, depois fez isso a cada dois dias e mais tarde só duas vezes por semana. Com o distanciamento cada vez maior seu interesse diminuiu. Hoje seu dinheiro descansa pacificamente em diversas contas. Em tempos de mercados instáveis, de qualquer modo, o mercado de ações não oferece uma perspectiva confiável. Nessa fase, a palavra de ordem é aguardar. Portanto, exatamente a hora certa de tirar tempo para viver.

A importância de buscar objetivos próprios

As pessoas que assistiam Michael Edwards estavam divididas entre comiseração, divertimento e respeito. Edwards apreciou o respeito. O resto não lhe importava. "Eu já sabia que as minhas *performances* não são coisas do outro mundo", contou há alguns anos à revista Stern o homem que chamou a atenção nos Jogos Olímpicos em Calgary como "*Eddie, the Eagle* [Eddie, a águia]". "E jamais quis que fossem."

Edwards se tornou famoso por ter sido com folga o pior saltador de esqui a participar em jogos olímpicos. Nos jogos de inverno de 1988, o inglês com óculos de fundo de garrafa, que quando criança era apostrofado de "Quatro Olhos", tirou o último lugar. A participação desse atleta, que naquela época tinha 25 anos de idade, só foi permitida porque um ano antes ele havia competido no Campeonato Mundial de Esqui Nórdico em Oberstdorf. Ali ele também chegou em último lugar, mas os 73,5 metros que conseguiu saltar como esquiador britânico, representaram o recorde britânico – e, desse modo, segundo as regras ainda vigentes naquela época, a passagem para Olímpia.

Olímpia! Era lá que Edwards queria estar de qualquer jeito. O pedreiro de profissão inquestionavelmente era um esquiador talentoso. Por pouco ele havia deixado de ingressar na equipe olímpica de descida livre dos britânicos. Para mesmo assim conseguir chegar aos jogos olímpicos, ele se concentrou no salto de esqui, mesmo que estivesse um pouco acima do peso e, já por isso, aterrissasse um tanto sem elegância atrás da concorrência internacional. "Eu sabia que era o pior, mas eu só queria superar a mim mesmo", conta ele. Muitos espectadores o amavam por causa disso e, na cerimônia de encerramento dos jogos, 100.000 pessoas gritaram entusiasticamente "Eddie, the Eagle".

Edwards tinha alcançado o seu objetivo. "Eu trabalhei duro para isso, não foi piada", diz ele em retrospectiva. "Imagine o que tive de fazer para chegar até Calgary, sem dinheiro e sem patrocinadores! Dormi em estábulos, catei comida em latas de lixo, uma vez pernoitei na psiquiatria porque ali havia a cama mais barata. Mas consegui chegar aos jogos olímpicos." O fato de as pessoas gostarem dele teria sido um efeito colateral agradável. "Mas o mais bonito foi conseguir o que *eu* tinha me proposto. Eu não queria ser melhor do que os outros. O que eu queria era alcançar o que era importante para *mim*: eu simplesmente estabeleci meu objetivo."

Alcançar objetivos próprios nos deixa imensamente satisfeitos. No entanto, muitas vezes não sabemos quais são os objetivos que nos são próprios. Marcados desde a infância por expectativas, pelo louvor e a reprimenda do pai e da mãe, cumprimos exigências que nem fomos nós que desenvolvemos. Com frequência queremos deixar nosso pai e nossa mãe satisfeitos em vez de a nós próprios. Isso vale até quando não queremos dar continuidade à empresa familiar do papai nem compartilhamos o sonho da mamãe de nos tornar médicos. Muitas pessoas jovens tomam um caminho que não brota das concepções que lhes são próprias – pode ser até por realizarem obstinadamente apenas o projeto oposto aos desejos do pai e da mãe.

Muitas vezes eles passam muito tempo sem se darem conta disso. A maioria das pessoas precisa primeiro entrar em crise antes de se perguntar em que trilhos estão se deslocando, pois as concepções e os ideais que lhes foram inculcados estão profundamente arraigados. Quando ousamos deixar o curso previamente traçado, não nos curvar aos objetivos transmitidos pelo pai e pela mãe, temos de lutar contra a voz interior que nos diz que estamos agindo errado, que estamos nos comportando mal ou que não servimos para nada.

Por essa razão, forçosamente escancara-se um grande vazio quando certo dia registramos o quanto estamos insatisfeitos com o que fazemos, e esse é o momento em que de fato conseguimos desvencilhar-nos das expectativas antigas. Mesmo que as concepções de vida que tínhamos até esse momento não tivessem sido as nossas: os objetivos que tínhamos fazem falta agora. Eles tinham seu lado bom, diz Veronika Brandstätter-Morawietz, professora de psicologia motivacional na Universidade de Zurique. Eles nos deram sustentação e estrutura e proporcionaram sentido à nossa busca. Sustentação, estrutura e sentido faltam agora.

É preciso buscar uma alternativa. Ter sentido é importante para uma vida com satisfação. Apenas poucas pessoas conseguem levar uma existência satisfeita sem ter concepções estabelecidas a respeito de para que vale a pena viver. Essas pessoas vivem em "indiferença existencial", como dizem psicólogos. Elas passam bem, embora não creiam em um ser superior nem em ideais elevados. Elas não precisam disso como estímulo. "No entanto, a sensação subjetiva de bem-estar dessas pessoas é menos nítida", diz Tatjana Schnell, que trabalha como psicóloga na Universidade de Innsbruck com ênfase em "pesquisa empírica do sentido". "Em contraposição, se uma pessoa experimenta sua vida como muito significativa, é muito provável que sua satisfação geral com a vida também seja elevada e seu humor seja bom", infere Schnell de seu trabalho de pesquisa, no qual ela investigou a importância da plenitude de sentido e das crises de sentido para a sensação humana de bem-estar. É por isso que é tão importante perguntar: o que dá sentido à minha vida? Ou: que objetivo quero alcançar? O que é mesmo que *eu* quero? O que é importante para *mim*?

Pessoas que veem sentido em sua vida geralmente são mais alegres e se sentem melhor do que aquelas que não veem. Sua convicção, seus objetivos lhes dão força: em consequência, elas dispõe de mais resiliência – aquela resistência psíquica que capacita as pessoas a se recuperarem melhor de golpes do destino e não sucumbir nas crises. Isso pode ser de ajuda até nos tempos mais sombrios, como constatou em seus companheiros de prisão o psiquiatra e psicoterapeuta judeu Viktor Frankl no período que passou em campos de concentração alemães. Frankl foi o primeiro a captar a enorme força da atribuição de sentido, uma força que conseguiu evitar a morte até nas circunstâncias mais terríveis. Frankl constatou o seguinte: os presos que perderam a esperança, que não viam mais sentido em aguentar firme, em continuar vivendo, morreram nos campos de concentração. Só conseguiram sobreviver ao terror os presos que sabiam por que estavam suportando aquele tempo no campo de concentração: eles queriam rever sua família, voltar a trabalhar em sua profissão, um dia voltar a dançar ou, como o próprio Frankl, escrever um livro. "Frankl também sobreviveu (ao campo de concentração) porque vivia em razão de algo", explicou sua aluna Elisabeth Lukas. Ter perspectiva, poder forjar um futuro a partir das lembranças confere sustentação na vida. O sentido da vida – continuou sendo o tema decisivo para Frankl também depois da guerra. Ele via o fato de as pessoas considerarem sua vida plena de sentido como um elemento essencial no surgimento e no tratamento de doenças psíquicas.

Entrementes a importância do sentido está comprovada para muitas situações na vida. Ela vale para pessoas que tiveram de superar guerras civis ou graves acidentes de trânsito, bem como para vítimas de furacões ou pessoas que são abandonadas por seus parceiros. Há alguns anos, médicos da Universidade Rush em Chicago fizeram um relatório sobre 1.238 pessoas idosas que moravam na grande Chicago. Os senhores e as senhoras que ainda tinham objetivos e viam um sentido em sua vida correram, nos cinco anos seguintes, 50% menos riscos de falecer do que os idosos que concordaram com frases como estas: "Às vezes me sinto como se já tivesse feito tudo que há para fazer na vida"; "Antigamente eu sempre estipulava objetivos para mim, mas agora isso me parece perda de tempo" ou: "Com frequência, minhas atividades diárias me parecem triviais e sem importância".

Não se acha o sentido da vida, pois é preciso desenvolvê-lo

No entanto, é preciso fazer algo para dar sentido à própria existência. Muitas pessoas acreditavam que bastaria encontrar o sentido da vida, diz o psicólogo estadunidense Todd Kashdan. "Isso é um equívoco. O sentido não cai no nosso colo." As pessoas precisam desenvolvê-lo pessoalmente. Ou, como explica Elisabeth Lukas, aluna de Frankl: "O sentido que uns viam em sua vida e os outros não. Esse sentido não pode ser posto arbitrariamente; cada qual tem de detectá-lo por si mesmo".

Isso nem precisa ser aquele sentido único e grande da vida. A maioria das pessoas obtêm sua sustentação de várias pilastras. A família é importante para elas, mas também sua profissão ou seu engajamento a favor de outros. Kashdan diz que uma boa estratégia, em busca de seus objetivos pessoais, seria perguntar-se pelo que vale a pena lutar. Isso pode perfeitamente se alterar no decorrer da vida. Ao passo que para pessoas jovens as amizades são tudo, mais tarde a vida com o parceiro e a profissão ganham mais importância – e também poder desfrutar da natureza.

Só encontramos sentido na vida quando diversos pressupostos estão dados, diz Schnell, a pesquisadora do sentido. Importante é, por exemplo, a "orientação": ela resulta de valores que também seguimos em situações difíceis, como fez Sócrates até em circunstâncias extremas, quando ele, depois de condenado à morte, rejeitou a chance de fugir por respeito à lei. Viktor Frankl também viu seu sentido em "continuar agindo com decência e manter sua dignidade", como diz Elisabeth Lukas – até nas circunstâncias horríveis em que teve de viver, porque outros estavam dispostos a espezinhar todos os valores humanos. "Pois também houve presos que, por puro desespero, furtaram o pão dos seus companheiros de prisão", conta Elisabeth Lukas. Frankl, porém, dividia o seu. O que para ele significava que um resquício de liberdade de decisão resta para o ser humano em toda situação, não importando o quanto esteja passando mal. Assim ele manteve sua dignidade, mas também a sensação de controle: apesar de estar totalmente à mercê, ainda podia controlar situações isoladas.

Importante também é a sensação de "pertencimento". Faz sentido quando pessoas vivenciam ser parte de um todo maior, no qual elas podem contribuir e ser úteis. Por essa razão, a escolha dos objetivos não é irrelevante. Objetivos materiais, sucesso financeiro tendem a não aumentar a satisfação. "Em contraposição, o que deixa satisfeito é engajar-se a favor de outros", diz Todd Kashdan. E Tatjana Schnell complementa: "Não é imprescindível que a pessoa lucre com isso".

E, por fim, o ser humano precisa de "coerência": nos anos da juventude, eu não estava sempre engajado a favor dos fracos? A justiça social não era uma questão importante para mim? E agora, ao final da terceira década de vida, encontro-me na condição de funcionário de banco, tentando convencer os clientes a fazerem aplicações financeiras absurdas! "Quando se constata tal discrepância, é importante dar uma parada para refletir", diz Tatjana Schnell. "Quanto me afastei dos meus objetivos originais? E: que possibilidades existem para me aproximar deles de novo?"

Quando fazemos isso, a sensação momentânea de felicidade pode muito bem passar para o segundo plano. Quando nos decidimos por deixar o emprego insatisfatório e reorientar-nos, talvez esse seja o caminho para mais coerência, pertencimento e orientação. De todas as maneiras, é um caminho difícil e que demanda esforço. Em consequência, os passos que conferem sentido à vida agora ou mais tarde podem perfeitamente torpedear a atual sensação de bem-estar. Porém, se no fim de nossa vida estivermos satisfeitos com a maneira como a vivemos depende muito pouco do quanto ela foi agradável.

Fixar objetivos com ponderação

Para que no final o balanço seja favorável, vale isto: é preciso fixar objetivos sensatos. É útil aproveitar a ocasião para examinar a busca empreendida até aquele momento, distanciar-se interiormente de velhos hábitos e decidir com calma o que de tudo aquilo de fato queremos levar adiante. Ao fazer isso, deveríamos ser um pouco céticos em relação às concepções nutridas até aquele momento, pois não é nem um pouco improvável que as tenhamos glorificado até esse momento ou justamente nas épocas em que não podiam ser realizadas. Uma chance perdida nem precisa ser considerada perdida se tivermos ideias novas que possivelmente nos levarão para outro lugar.

Ora, isso sempre soa tão simples: fixar objetivos, pôr mãos à obra e – pronto! – realizar os objetivos. O problema é que no caminho há muitas armadilhas. Sobretudo quando há muito já desejamos ter alcançado algo. Afinal, há uma razão pela qual até agora não concretizamos esses objetivos. Ou, dito de outro modo: talvez não calcemos as pantufas porque elas nem nos agradam tanto.

Mas supondo que realmente queiramos: nesse caso, deveríamos nos propor objetivos mais realistas – e formulá-los da maneira mais concreta possível. As habituais intenções de ano novo, como "quero praticar mais esporte" ou "quero emagrecer" se desfazem no ar porque elas frequentemente permanecem muito inespecíficas. Por isso, no mesmo momento em que desenvolvemos objetivos, deveríamos descrever com precisão o que significará em detalhes sua concretização. Não no sentido destrutivo – de acordo com o *slogan*: vamos deixar por isso mesmo, pois você não conseguirá mesmo –, mas no sentido construtivo: eu de fato gostaria de ir duas vezes por semana na academia. É claro que não vou gostar muito de fazer isso. Mas vou levar os fones de ouvido e me motivar com músicas para esportistas à maneira de *Rocky Balboa*. E depois disso eu me recompenso com minha série favorita. Ou: eu gosto tanto de comer que emagrecer vai ser o inferno. Mas poderia dar certo se, no refeitório, eu renunciasse à sobremesa e não comesse nada no intervalo entre as três refeições diárias.

É que o otimismo exagerado na formulação de objetivos pode inibir a pessoa, diz a psicóloga Gabriele Oettingen, que pesquisa o tema "expectativas" na Universidade de Hamburgo e na Universidade de Nova Iorque. Isso acontece não só porque tiramos os obstáculos do campo de visão; ademais, é possível que nem demos início à concretização dos objetivos. Pois nos falta a motivação: já repassamos em nossa mente como é boa a sensação que algo nos proporciona, que já nem deixamos os atos decorrerem dela. "Os sonhos das pessoas as levam por assim dizer a um beco sem saída", conclui Oettingen a partir de vários estudos. Mostraram-se mais motivadas em seus testes as pessoas que tinham expectativa de êxito, mas também visualizavam bem concretamente as dificuldades no caminho até ele e ponderaram como poderiam circum-navegá-las. Quem tiver uma convicção muito forte de que vai conseguir, perde a chance de se preparar bem. Na medida em que de fato busca realizar o seu objetivo.

A intuição ajuda a tomar decisões

Portanto, para fixar os objetivos corretos para nós só nos falta tomar as decisões corretas. Provavelmente é por isto que é tão difícil encontrar objetivos próprios: quem quiser formular objetivos tem de estabelecer prioridades e deixar de lado algumas alternativas até bem atraentes.

Acabou de ligar um caçador de talentos oferecendo um posto de trabalho no exterior. Associado a ele um salário bem mais elevado, uma missão estimulante, um impulso gigantesco na carreira. Mas justamente também ainda mais horas extras, maior responsabilidade, o risco de não estar à altura das exigências e naturalmente a mudança. Quando não se é do tipo aventureiro, um telefonema desses geralmente deixa a pessoa noites ruminando o assunto. Com frequência dificultamos terrivelmente a tomada de decisões complexas, determinantes para a vida. Porém não somente estas: muitas vezes até para o italiano a escolha entre pizza e massa não é fácil (cf. *O que pessoas satisfeitas fazem de outra maneira,* p. 111). Isso se deve, em primeiro lugar, ao fato de que não querermos admitir certas coisas. Talvez queiramos ter sucesso, mas, sendo sinceros, não somos o tipo que faz carreira, porque gostamos na mesma medida do nosso lazer e de estar em casa. Em segundo lugar, muitas decisões são difíceis para nós porque temos medo de cometer algum erro. Tememos que não conseguiremos atender às expectativas do emprego no exterior ou temos sensações ruins quando o nosso prato está cheio de massas, enquanto a pizza do vizinho cheira tão bem.

Por essa razão, o caminho para tomar decisões que fazem sentido é cismar menos! No fundo, conhecemos bem nossas predileções. Sabemos bem o que nos faz felizes, o que nos proporciona coerência, orientação e pertencimento. Há mais sabedoria dentro de nós do que acreditamos. Essa sabedoria se chama intuição. Com a rapidez do raio o nosso sexto sentido decide o que é bom para nós. E com frequência de fato acertamos com ele. A intuição parece ser misteriosa, irracional, de algum modo suprassensível. Mas isso "não é mágica", esclarece Cornelia Betsch. Essa psicóloga pesquisa, na Universidade de Erfurt, o fenômeno que simultaneamente nos fascina e nos deixa desconfiados. A intuição não cai do céu. Betsch diz: "Muito antes, nossa voz interior recorre a todo o nosso tesouro de experiências, a todos os padrões de reação, estimativas e conhecimentos imediatamente acessáveis – sem que pensemos sobre isso".

Diferentemente do instinto que, em situações extremas, roda automaticamente um programa de comportamento, a intuição é pura criatividade. Ela emite juízos, promove predileções ou leva a tomar decisões. A intuição é uma espécie de talento que cresce com o tesouro da experiência. Só há uma razão pela qual ela dá a impressão de ser tão insondável: não sabemos o quanto sabemos.

Essa é razão pela qual a intuição frequentemente não é bem vista. "Muitos administradores se envergonham quando decidem algo por intuição", diz Betsch. "Mas sua intuição no cotidiano dos negócios frequentemente se sai muito bem, por terem muita experiência nessa área." Portanto, o sexto sentido é sumamente individual. Motoristas de ônibus têm uma intuição diferente da dos comissários criminalistas. E, enquanto o leigo fica sem saber o que fazer diante de um tabuleiro de xadrez, o enxadrista experiente reconhece imediatamente que peça ele deve mover e para onde. "E quando, apesar disso, um campeão fica longo tempo pensando, ele quase sempre retorna à sua primeira ideia", diz o psicólogo Markus Raab, diretor do Departamento de Psicologia do Desempenho na Faculdade Alemã de Esportes em Köln. Portanto, exatamente no caso dos especialistas, repassar mentalmente todas as possibilidades não leva necessariamente a decisões melhores. O próprio Albert Einstein sabia: "Se não pecarmos nem um pouquinho contra a razão, não lograremos coisa nenhuma".

Afinal de contas, a razão nem é tão racional como ela promete ser. Ainda assim, o ser humano gosta de se distanciar dos talentos que se situam abaixo do nível superior de consciência – no mais tardar, desde que o filósofo francês René Descartes emitiu o seu dito "penso, logo existo". "Durante muitos milênios, o ser humano teve de tomar decisões dispondo de escassas informações sobre os fatos reais, o que o tornou muito bom nisso", disse certa vez ao jornal Die Welt o diretor do Instituto Max Planck Gerd Gigerenzer, que escreveu um livro sobre *Decisões intuitivas*. "Na esteira do Iluminismo, a ponderação lógica da maior quantidade possível de fatos se tornou uma meta a ser mais e mais buscada e decisões intuitivas passaram a ser malvistas."

No entanto, coisas inconscientes interferem bastante até em decisões supostamente racionais. Pois emoções e experiências ajudam a decidir o que se põem nas listas dos prós e contras da lógica. "Temos de aprender a nos sentir bem diante do fato de que às vezes simplesmente não sabemos por que fazemos algo", diz Arvid Kappas, professor de psicologia na Universidade Jacobs de Bremen. Ou, dito de outra forma: quem quer pensar *tem de* sentir.

"Em algumas coisas, a nossa intuição é terrivelmente boa", disse certa vez o especialista em intuição David Myers do Hope College em Michigan. Julgar outras pessoas, ler sentimentos em suas feições ou avaliar situações – nisto a intuição seria simplesmente imbatível. "Há muito tempo eu mesmo gostei espontaneamente de uma jovem", graceja Myers. "Hoje estou há quase 40 anos casado com ela." Psicólogos da Universidade de Harvard fizeram uma abordagem científica de tudo isso: eles mostraram à pessoa-teste vídeos de poucos segundos de duração sobre professores dando aulas. O que essas pessoas disseram logo depois sobre os pedagogos coincidiu em grande medida com a avaliação de alunos após um semestre de aulas.

O pensamento intuitivo é "similar à percepção, rápido e não exige esforço", conclui o cientista da cognição Daniel Kahneman; em contraposição, o pensamento lógico exige esforço e é lento. Já por essa razão as pessoas que decidem só após ponderação minuciosa não conseguem nada.

Em consequência, Cornelia Betsch recomenda que o talento intuitivo seja usado propositalmente para tomar decisões: o melhor seria deixar que fale primeiro a sua voz interior, diz a psicóloga; só depois deveríamos ponderar se, no campo em questão somos mesmo suficientemente experientes para tomar uma decisão intuitiva. "Cada pessoa tem de saber quando empregar sua intuição", diz Betsch. "Não deveríamos dar ouvidos a ela precipitadamente ou só quando estamos com preguiça de pensar."

Isso vale, por exemplo, quando queremos comprar um novo telefone celular ou um carro e não entendemos lá muito da técnica. Nesse caso, é perfeitamente recomendável buscar antes algumas informações. Porém também seria bom não se perder na pesquisa. É suficiente que o aparelho faça o que precisamos e achamos importante que ele faça. Saber mais do que isso é desperdício de tempo.

Às vezes, quando uma decisão é especialmente difícil, também ajuda lançar um olhar para o futuro: como estarei me sentindo daqui a cinco horas depois de ter tomado este ou aquele caminho? Como me sentirei em cinco meses? Como em cinco anos? Quem faz esse experimento cognitivo percebe que a longo prazo decisões raramente são tão fundamentais como parecem ser no momento em que estamos diante delas.

Se a intuição estiver bloqueada, haverá duas possibilidades de ajudá-la a ter mais espaço: a primeira coisa que se recomenda é a distração. A melhor maneira de tomar decisões complexas é não se aferrar aos argumentos a favor e contra, mas distraindo-se, como descobriram há não muito tempo cientistas da Universidade de Nijmegen na Holanda. Nesses momentos, o inconsciente consegue trabalhar com calma. E ele então nos apresenta o resultado, frequentemente de modo inesperado, de repente debaixo do chuveiro, ao fazer o café da manhã ou no metrô.

Quando nada acontece, ainda podemos montar a lista de pontos positivos e negativos, tão apreciada em toda parte. Ela se parece muito com algo que provém do entendimento, mas isso só à primeira vista. O melhor é atribuir um valor a cada um dos pontos: se forem especialmente importantes, eles entrarão no cálculo com mais cinco ou menos cinco pontos. Se praticamente não tiverem importância, recebem apenas um ponto. Quem empreende um cálculo desses, geralmente usa a intuição. Ou ela já influencia a atribuição de valor ou aparece claramente assim que vemos o resultado do cálculo. A intuição nos diz, então, se estamos satisfeitos com esse resultado.

Há um fator de alívio para decisões em geral: sempre deveríamos ter em mente que não existe solução perfeita. Geralmente toda possibilidade tem suas vantagens – mas também seu preço. É por isso que tomar uma decisão é tão difícil! Mas isso também quer dizer: muito errado na verdade não será, independentemente de qual for a decisão. Na medida em que levamos isso propositalmente em conta, aceitamos de antemão os aspectos negativos de uma decisão. Então podemos até acabar aceitando melhor quando alguma vez nos sentimos solitários em um país estrangeiro ou quando o velho emprego na nossa pátria é um tanto aborrecido. Para quem sabe que teve boas razões para tomar determinado caminho e conscientemente levou em conta as desvantagens dele será mais fácil ficar satisfeito com a decisão.

Satisfeito com o emprego

O trabalho é parte importante da identidade. Ele também pode conferir sentido e tornar atraentes os objetivos. Brent Rosso, que ensina administração na Universidade Estadual de Montana, mostrou em 2010 que um trabalho com sentido aumenta a motivação, reduz o estresse, diminui a quantidade de faltas no trabalho e melhora o empenho, a carreira e a satisfação.

Diante disso, pode até aparecer um sorriso cansado no rosto de algumas pessoas que, em sua atividade na esteira de produção ou na administração não conseguem ver nenhum sentido mais profundo além do ganha-pão. Manifestamente isso diz respeito a muita gente: consoante o *Engagement Index* da assessoria empresarial do Instituto Gallup, apenas 15% de todos os empregados na Alemanha se sentem "estreitamente ligados em termos emocionais" ao seu local de trabalho, outros 15% já se demitiram interiormente e 70% estão "pouco ligados em termos emocionais", o que significa que eles simplesmente vão lá para cumprir o turno de trabalho. No entanto, uma pesquisa mais recente mostra isto: até mesmo pessoas com empregos mais monótonos e cansativos conseguem encontrar maneiras de conferir importância ao seu trabalho.

"Há diversas formas de ver sentido em seu trabalho", diz Michael Pratt, professor de administração e organização do Boston College. Ele conta a história dos três pedreiros que estão fazendo o seu trabalho. Alguém pergunta o que eles estão fazendo. O primeiro diz resmungando: "Estou colocando uma pedra em cima da outra". O segundo diz entediado: "Estou construindo um muro". Mas o terceiro diz orgulhoso: "Estou edificando uma catedral". Em suma: podemos estar fazendo a mesma coisa, mas o modo como vemos o que estamos fazendo faz diferença. E cada pessoa pode mudar o jeito que vê o seu trabalho.

"O sentido também se refere ao como, não só ao quê", diz Pratt. A concepção a respeito disso pode ser muito diferenciada. Para uns o sentido já está contido no que fazem. Os outros querem acima de tudo ganhar dinheiro e alimentar a família com seu trabalho. Outros ainda veem sentido no conjunto para o qual contribuem com sua atividade. Para isso, eles não precisam ser cuidadores de animais ou médicos, para os quais muitas vezes fica fácil identificar-se com sua profissão. "As pessoas também dão grande importância à sua profissão quando podem empregar seus talentos ou quando obtêm reconhecimento por suas realizações", diz Michael Steger da Universidade Estadual do Colorado. Por isso é importante que, em um local de trabalho, haja parâmetros para o que é um trabalho bom e o que é um trabalho ruim. "Poder fazer reluzir seus pontos fortes tem um papel importante." O salário, em contraposição, é quase irrelevante nesse contexto.

Em todo caso, sem que haja sentido dificilmente pode haver satisfação no trabalho, diz Michael Steger. Não é para menos que a "profissão" está associada à "vocação". Mas, diferentemente do que se pensou por muito tempo, o sucesso profissional de modo nenhum leva por si só a uma maior satisfação com a vida. Isso foi mostrado em um estudo pela psicóloga social Andrea Abele da Universidade Erlangen-Nürnberg: ela entrevistou duas vezes, em um intervalo de dois anos, 990 trabalhadores. O resultado foi claro: de acordo com ele, o sucesso profissional só deixa mais satisfeito quando os próprios trabalhadores avaliam positivamente um sucesso objetivo. Portanto, a satisfação depende sobretudo do juízo subjetivo. Alguém pode ter um emprego dos sonhos de causar inveja em muitos. "Mas talvez ele tenha imaginado sua atividade profissional de maneira bem diferente", diz Abele. Nesse caso, apesar de tudo, ele estará insatisfeito.

Três pontos para dar mais sentido ao cotidiano do trabalho
1. Constituir o trabalho da maneira que for pessoalmente importante para nós. Jane Dutton, professora de *business administration* [administração de empresas] e psicologia na Universidade de Michigan, fala de "*job crafting*", de constituir o trabalho artesanalmente. Dentro dos limites dados, o trabalhador pode dar mais espaço ao que o realiza – mesmo correndo o risco de acabar trabalhando mais. É preciso descobrir o que de fato queremos, registrar isso por escrito e fazer o balanço regularmente. Houve progressos? Em caso negativo: por que não? O importante é a cada dia fazer primeiro as coisas que nos dão satisfação. Caso contrário, isso acaba naufragando no decorrer do dia.
2. Investir em relações no local de trabalho! "Nunca vemos sentido no vácuo", diz Dutton. "E o trabalho é algo bem social." Passar tempo com colegas tóxicos pode ser muito tóxico. Em contraposição, conversar apenas cinco minutos com uma pessoa com a qual temos uma boa relação já é um ganho.
3. Enquadrar nosso trabalho em um contexto maior. Mesmo que nossa atividade principal seja grampear contas, estamos contribuindo para um todo maior: todo trabalhador é parte de uma missão.

A pessoa subutilizada:
Porque lazer em demasia provoca insatisfação

A mulher agora na metade da quarta década de vida tinha realizado muita coisa nos últimos 20 anos. O pai e a mãe de Andrea Falk* tinham financiado seu estudo de farmacêutica, e isso foi tudo.

---
* Nome modificado.

Mais apoio não obteria da família. Assim sendo, ela sempre se engajou pessoalmente e teve de encontrar seu caminho na vida – e fez muito para conseguir isso. Já durante a faculdade Falk auxiliava em farmácias para ganhar algum dinheiro a mais. Enquanto seus colegas viajavam por países distantes nas férias semestrais, ela despertava todo dia às seis e meia da manhã para estar pontualmente na farmácia em que trabalhava nas férias para a abertura das portas.

Quando finalmente se tornou farmacêutica, essa mulher natural da Baixa Baviera trabalhou por muitos anos como substituta de colegas. Quando em algum lugar alguém tinha de faltar ao trabalho por um tempo mais longo por motivo de doença ou planejava férias mais demoradas, ela fazia a representação. Assim, Andrea Falk trabalhou alguns meses num lugar, outros meses em outro lugar. Isso nem sempre foi agradável, mas assim ela aprendeu muita coisa. Ela teve noção das diferentes maneiras de administrar uma farmácia. De cada emprego como substituta ela trazia novos conhecimentos. Quando completou 35 anos de idade, tinha aprendido o suficiente. Ela ousou dar o passo rumo à autonomia, contraiu todas as dívidas possíveis e comprou sua primeira farmácia. Logo veio a segunda. A mulher trabalhava sem descanso e pôde verificar os frutos do seu trabalho diretamente na sua conta bancária: suas farmácias vendiam bem e sua dívida diminuía rapidamente.

Até que, em algum dia do ano de 2013, ocorreu-lhe que nem precisaria mais trabalhar tanto! Já fazia 10 anos que dirigia suas farmácias. Nesse meio tempo, até houve muitas mudanças de colaboradores, mas alguns tinham ficado. Nas duas farmácias, ela tinha gerentes de filial de confiança e a quem podia muito bem confiar o negócio. Sua presença já não era mais necessária 24 horas por dia. As farmácias também funcionavam sem ela. Ela podia se dar o luxo de chegar mais tarde e também sair um pouco mais cedo. Ela só precisava dar uma checada de vez em quando para manter suas farmácias funcionando.

A farmacêutica começou a se aproveitar disso cada vez mais. No início, Andrea Falk só saía durante o expediente para comprar algo a toda pressa e voltava o mais rápido possível para a farmácia. Mas depois ela começou demorar-se mais: havia tempo para uma fatia de bolo na cafeteria. De que adiantava voltar direto para a farmácia? Era suficiente estar de volta na hora de maior movimento do dia, para que não se formassem filas muito longas no caixa.

No início, Andrea Falk desfrutou muito isso. Afinal, durante muitos anos, ela tinha levantado cedo. Sempre havia sido a primeira, a que abria a farmácia. E a última, a que depois de fazer a ronda pela farmácia ainda verificava as encomendas e, por fim, cerrava as portas. Agora, finalmente ela também tinha tempo como tantos outros de se sentar durante o dia ao sol e beber um cappuccino; ela observava isso diariamente nas belas cafeterias e bares vizinhos da nobre rua do comércio de Munique, onde fica uma de suas farmácias. Ela se alegrava em poder ir às compras em horários, nos quais a maioria das pessoas trabalhava e frequentar a sessão vespertina de cinema, em vez da sessão noturna, na qual ela tantas vezes adormeceu.

Com o tempo a farmacêutica até começou a extrapolar. Ela empreendeu viagens curtas à Itália ou simplesmente ficava um dia em casa, sem ter algo de especial para fazer.

Esses dias se tornaram mais frequentes – até ela perceber que esse jeito de viver não lhe fazia bem. De manhã ela se alongava demais na leitura do jornal e ainda resolvia os passatempos, procurava alguma coisa na *internet* ou encomendava coisas – só para ter o que fazer. "Percebi nitidamente como eu me desfazia", conta ela. "Simplesmente havia tempo livre demais. Isso não era bom para mim."

Pois a farmacêutica não fazia nada de significativo com suas horas de ócio. "Pensei que faria algo com o tempo que eu tinha. Mas não foi o que aconteceu. Não fiz nada com pé e cabeça, nem pratiquei tanto esporte como eu tinha imaginado que faria. E tampouco elaborei planos." É que não havia pressão de tempo; sempre haveria oportunidade de fazer tudo no dia seguinte.

Assim, ao anoitecer lhe faltava aquela sensação boa de ter realizado algo. Forçosamente não se instalou aquele maravilhoso relaxamento que acontece quando o estresse cessa e ficamos satisfeitos com o que conseguimos realizar. E simultaneamente as liberdades que a farmacêutica ainda havia apreciado no início de sua vida de preguiça já não significavam mais nada para ela. Beber cappuccino ao sol e ir ao cinema em plena luz do dia tinha se tornado um hábito, acontecia com demasiada frequência e era fácil demais de conseguir. As visitas à cafeteria e ao cinema eram solitárias e sem sentido. O estresse que a farmacêutica sentia era bem menor do que antes e a pressão do tempo também. Mas lhe faltava a recompensa, o relaxamento, a oportunidade duramente conquistada de recostar-se.

Isso não acontece só com a farmacêutica. De fato não é só o pouco lazer que diminui a qualidade de vida – mas também o lazer em demasia. E quando não somos exatamente um artista do bem viver como Félix Quadflieg (cf. *A pessoa frugal*, p. 121), o lazer em demasia já começa com algumas horas que ficam à disposição para fazer o que se queira. "O ideal é uma quantidade moderada de tempo livre – ou seja, não ficar pressionado para fazer tudo às pressas e tampouco dispor de horas de ócio em demasia", escrevem os psicólogos Chris Manolis da Universidade Xavier em Cincinnati e James Roberts da Universidade Baylor, em Waco, no Texas. Com a ajuda de 1.300 adultos jovens, eles investigaram que efeito tem sobre a satisfação as muitas pausas para tomar fôlego. "A conexão é evidente", dizem Manolis e Roberts. "Tempo livre em demasia faz com que não nos sintamos tão bem." Nesse contexto, uma quantidade ponderada de pausas para descanso influencia não só diretamente a sensação de bem-estar, mas também por uma via indireta: estar inserido em tarefas ajuda justamente pessoas jovens a fazerem uma pausa benéfica em sua vida frequentemente orientada para o consumo.

Andrea Falk não precisou ler esse estudo para experimentar isso. "A cada semana que passava, eu me sentia mais desequilibrada; eu comprava cada vez mais coisas e procurava novos passatempos, mas isso não mudava nada", conta ela. Um dia ela decidiu voltar a frequentar a farmácia. Ela fez um novo contrato de trabalho consigo mesma: não teria mais tempo de férias do que seus empregados, nem mais liberdades do que eles. Ela diz: "As pessoas precisam de regras, elas precisam de um sistema em que fases de cumprimento do dever se alternam com fases de livre-disposição do tempo". Agora, às vezes, ela acha muito ruim ter de levantar pela manhã com o toque do despertador. Às vezes, ela também gostaria de voltar a resolver algumas coisas pessoais durante o dia. Mas ela se proíbe de fazer isso. "Sei que não me faria bem."

Os ingredientes da satisfação

"A felicidade se abate sobre a pessoa, felicidade é destino", escreveu o poeta Rainer Maria Rilke e exaltou a alegria porque podemos fazê-la "florescer dentro de nós". Mas o ser humano não precisa ficar esperando que a felicidade lhe seja destinada e pode fazer mais do que só alegrar-se de tempos em tempos: ele pode promover sua satisfação. "Há possibilidades de influenciar positivamente a própria sensação de bem-estar", enfatiza a psicóloga Sonja Lyubomirsky. Há alguns anos, ela vem se ocupando com a maneira de intensificar a sensação psíquica de bem-estar, embora o ser humano tenha a tendência de, após fases mais breves de alegria, felicidade e júbilo, voltar a se estabilizar no nível habitual de satisfação (cf. *Satisfação como traço essencial,* p. 47). Entrementes, ao lado de Lyubomirsky, toda uma geração de cientistas investigou esse fenômeno e desenvolveu técnicas de intensificação da satisfação. Assim sendo, uma das estratégias mais importantes é treinar as qualidades e forças que provocam satisfação.

Por mais estranho que possa soar, realmente é possível treinar pontos fortes do caráter como curiosidade, gratidão, otimismo ou senso de realidade. E até capacidades essenciais para a existência como autoconfiança, sentido e esperança. O conhecimento a respeito disso brotou há 20 anos em um roseiral, começando como uma história comovente entre capina e acesso de raiva: foi quando Martin Seligman foi arrancar o inço de seus canteiros de rosas. Pelo menos foi assim que o professor de psicologia contou a história. Naquela época, ele já estava trabalhando na Universidade da Pensilvânia e acabara de ser eleito para suceder o cargo de presidente da *American Psychological Association* (APA) [Associação Americana de Psicologia (AAP)]. Depressões eram sua especialidade. Seligman queria saber por que seus pacientes permaneciam em luto profundo e falta de iniciativa e como se poderia conseguir curá-los de sua depressão. Como faziam os psicólogos habitualmente – e às vezes ainda hoje precisam fazer –, ele prestava atenção sobretudo nas fraquezas dos seus pacientes, para ajudá-los a se curar. Porém o referido momento no seu jardim mudou radicalmente sua visão das almas humanas e de suas doenças. Esse momento é considerado a hora de nascimento da psicologia positiva: no centro da teoria da alma, não deveriam estar mais só os transtornos, as neuroses e psicoses das pessoas, conclamou Seligman a seus colegas em um discurso de posse como presidente no congresso da APA dois anos depois. Os psicólogos deveriam investigar mais o que fortalece o ser humano e o que torna sua vida mais digna de ser vivida.

Quem lhe deu essa ideia foi sua filha Nikki, que mal completara cinco anos de idade e estava com ele no roseiral. Porém, diferentemente do que seu pai gostaria, a pequena não tinha nenhum interesse em arrancar inço. Em vez disso, ela ficava pulando descontraída no meio das flores delicadas, cantava e jogava para o ar o inço recém-arrancado. O pai, que evidentemente não tinha a serenidade como porto forte, berrou com sua filha e a afugentou dali. No entanto, pouco tempo depois a menina retornou e disse com cara séria: "Papai, eu gostaria de falar com você. Ainda lembra como eu era antes do meu quinto aniversário? Eu era muito chorona. Mas, quando completei cinco anos, decidi que não queria mais chorar. Foi a coisa mais difícil que já fiz. E, se eu posso parar com a choradeira, você também pode parar de ser um estraga-prazeres".

Seligman ficou pasmo. Nikki lhe havia deixado algo bem claro: o ser humano pode mudar seu caráter – é só querer. Ele pode treiná-lo como treina um músculo. "Deveríamos ensinar isto a nossas crianças e a nós mesmos: olhar mais para as nossas forças pessoais do que para nossas fraquezas", disse ele no ano de 1998 em seu discurso de posse diante de uma audiência entusiasmada. "Não se trata de descobrir o que há de errado conosco e com nossas crianças e tudo que não funciona direito, mas de identificar e promover nossas qualidades mais fortes, descobrir no que somos bons e descobrir nichos, nos quais podemos viver da melhor maneira nossas forças pessoais."

Para poder fazer isso, no entanto, é preciso primeiro determinar quais são de fato nossas forças pessoais. Para isso, Martin Seligman desenvolveu um teste que o psicólogo da personalidade Willibald Ruch da Universidade de Zurique validou para o âmbito de língua alemã.[2] Com o auxílio de 254 perguntas, o teste *Values in action* [Valores em ação] investiga com que nitidez os 24 pontos fortes do caráter – os mais importantes, na opinião dos cientistas – estão formados em uma pessoa. Expressamente só pontos fortes, nenhuma fraqueza! (O teste também pode ser encontrado na *internet*, na *homepage* da Universidade de Zurique. Quem tomar meia hora para preenchê-lo terá o resultado na hora.)

Muitas pessoas que fazem o teste se alegram com o resultado num primeiro momento: "90% de capacidade de vinculação" talvez conste bem no alto, "85% curiosidade" e "80% gratidão". Mas quando leem até o fim – já não continuam mais tão animados. Quase sem humor, pouca persistência e uma esperança extremamente trôpega! "Infelizmente percebemos bem melhor nossas fraquezas do que nossos pontos fortes", diz Willibald Ruch. "Fomos treinados para isso desde a mais tenra idade." Pais e professores criticam mais do que elogiam, dirigem o foco para a nota cinco em matemática, em vez de se alegrarem com um nove em leitura. Com grande empenho se tenta então melhorar o cinco. Seria muito mais efetivo, direcionar a energia para as áreas que agradam a criança e nas quais ela produz com alegria e por sua iniciativa. Ruch diz: "A realização de nossos potenciais psíquicos nos traz satisfação duradoura. Além disso, ela é a melhor proteção contra enfermidades psíquicas".

A concentração em fraquezas nos deixa infelizes e, no pior dos casos, depressivos, enquanto as forças trazem satisfação. Toda pessoa tem forças: em cada pessoa ressaltam-se com especial nitidez entre três e sete das 24 forças pessoais, como descobriu Martin Seligman. Deveríamos nos alegrar com essas "forças que constituem uma assinatura" pessoal, deveríamos prestar atenção nelas, deveríamos cultivá-las e incrementá-las, em vez de dirigir um olhar consternado para as 17 a 21 forças pessoais que não se ressaltam tanto. "*Build up what's strong, don't fix what's wrong*" – "Incremente o que é forte,

---

2. No Brasil, o Instituto de Psicologia Positiva & Comportamento (IPPC) adaptou o teste norte-americano com base em ensaios experimentais, do que resultou o inventário Forças Pessoais em Ação (FPA). Cf. https://psicologiapositiva.com.br/test-center/introducao-ao-teste-avi/. (N. T.)

não fique consertando o que está errado": esse é o credo de Seligman. Essas três a sete forças que constituem uma assinatura não são só uma espécie de marca registrada da pessoa, mas têm ainda outra peculiaridade: exercitar essas forças não custa esforço ao seu possuidor. Ao contrário, as pessoas acham convidativo viver suas características mais pronunciadas.

Em todo caso, o êxito do treinamento das forças é expressivo. Em numerosos estudos ao redor do mundo, cientistas entrementes conseguiram demonstrar que a satisfação aumenta quando as pessoas testadas incrementam as forças que de qualquer modo são inerentes a elas. Sob esses pressupostos, quem treina, por exemplo, ser solícito, curioso ou grato, já fica mais satisfeito com a vida após poucas semanas. Em um estudo atual feito na China, o efeito do treinamento foi especialmente bem controlado: dos 285 estudantes que participaram dele só a metade sabia que a meta de seus exercícios era proporcionar-lhes mais satisfação. Desse modo, visava-se excluir a possibilidade de que só acreditar no treinamento já elevasse o nível de satisfação. Além disso, só a metade de cada um dos grupos fazia um verdadeiro treinamento de forças, ao passo que as outras duas metades faziam exercícios-placebo que não têm influência sobre a sensação psíquica de bem-estar. Como também aconteceu em estudos mais antigos de grupos de trabalho internacionais, os estudantes relataram já depois de seis semanas de treinamento de forças um grau mais elevado de satisfação com a vida – não importando se tivessem tido conhecimento do sentido de seus exercícios ou não. Quem praticou os outros exercícios não teve aproveitamento. Os efeitos ainda puderam ser constatados ao final do estudo, ou seja, quatro meses depois. "Treinamentos relativamente curtos de poucas semanas produzem um grau maior de satisfação e menos depressões", diz também Willibald Ruch. "Isso dura meio ano."

O modo de satisfação de uma pessoa é um assunto bem individual. E, no entanto, como este livro já mostrou, há uma lista de ingredientes que elevam o grau de satisfação de quase todas as pessoas – não importando que característica pessoal essa satisfação acabará tendo. Nesse caso chama a atenção que quase todos os fatores que contribuem para a satisfação também fortalecem psiquicamente. Desse modo, pessoas satisfeitas também dispõem de mais resiliência. Inversamente, a robustez psíquica representa um fundamento sólido para uma vida satisfeita. Pois pessoas psiquicamente estáveis não são tão fáceis de intimidar e preferem trilhar um caminho próprio.

Nem todos os ingredientes visando à satisfação são forças pessoais. Entre eles estão também conceitos e estratégias como busca de sentido, receptividade a críticas e benevolência ou a autocofiança e a autoeficácia. Esses ingredientes da satisfação também podem ser incrementados por meio de exercícios, do mesmo modo que as forças pessoais.

Não é indiferente qual de suas forças pessoais a pessoa treina. Entrementes, isso igualmente foi demonstrado por muitos estudos. O treinamento das forças funciona melhor quando encontramos entre nossas forças pessoais alguns dos ingredientes da satisfação ou quando nos concentramos nas forças pessoais que mais contribuem para a satisfação (cf. o gráfico na p. 58): esperança, entusiasmo (sede de ação), capacidade de vínculo (amor), curiosidade, gratidão, valentia e humor. Não é só o último aspecto que pode ser bem divertido.

Ficar mais satisfeito – bem concretamente

Capacidade de vínculo/amor Poucas pessoas conseguem estar satisfeitas sozinhas. A chave para a satisfação é o amor em todas as suas formas – pela própria vida, pela natureza, pelos animais, pelo trabalho –, mas sobretudo por pessoas. Uma boa convivência é a base da vida satisfeita. "A diferença marcante entre pessoas especialmente satisfeitas e pessoas especialmente insatisfeitas se encontra em suas fortes ligações com amigos e família", diz o psicólogo Ed Diener, cofundador de uma pesquisa sobre a satisfação na Universidade de Illinois. E o cientista social australiano Bruce Headey diz: "As pessoas estão no grau máximo de satisfação quando estão rodeadas de amigos. Estar só ou apenas buscar a realização profissional promove bem menos a satisfação." (Cf. p. 114 e ss.)

▶ Cultive suas relações sociais, expresse sua afeição por outros e tome tempo para seus amigos e sua família. Abra espaço para novas pessoas. Não brigue tanto durante sua vida. Em vez disso, exercite um olhar benevolente e amoroso para as demais pessoas. Se alguém corta a sua frente no trânsito é porque talvez só não tenha visto você. Ou está com pressa. Abrace uma pessoa da qual você gosta, mas com a qual raramente tem contato. Sorria!

Altruísmo "Dar é mais bem-aventurado que receber", diz o belo ditado. E dar também deixa a pessoa bem mais satisfeita do que receber, como enfatiza a professora de psicologia Sonja Lyubomirsky. Solidariedade, amor ao próximo e altruísmo constituem a base da coesão social e ademais promovem a satisfação própria. Temos uma sensação de plenitude ao ajudar outras pessoas ou apoiá-las, envolver-se ativamente na sociedade ou se engajar politicamente. Desse modo, "põe-se em marcha toda uma cascata de consequências sociais positivas", diz Lyubomirsky: "Nós nos sentimos melhor; isso significa que as demais pessoas também nos veem de modo mais positivo, o que, por sua vez, melhora nossas relações". Mas ainda há outra coisa que faz bem às pessoas altruístas, pensa Martin Seligman: "Elas estão menos focadas em si mesmas". Por essa razão, elas estão mais abertas – inclusive para experiências positivas. À semelhança do que ocorre com pessoas curiosas. (Cf. p. 115 e s.)

▶ Faça coisas boas propositalmente. Para fazer isso não é preciso doar somas astronômicas. Trata-se das pequenas coisas do dia a dia: ceda a alguém a sua vaga no estacionamento, conceda que seu colega apresentou o projeto mais atrativo. Dê a preferência a alguém no caixa do supermercado. Ajude.

Curiosidade "Curiosidade, esse estado pulsante e excitante do não saber – é o fundamento de uma vida satisfeita", diz o psicólogo Todd Kashdan da Universidade George Mason em Fairfax, Virgínia. Quem é curioso amplia seu horizonte. Ele empreende atividades mediante as quais ele desenvolve a si mesmo e incrementa suas capacidades. Além disso, pessoas curiosas geralmente são mais bem-humoradas e já preveem a possibilidade de insucessos: quem experimenta propositalmente coisas desconhecidas sabe que, ao fazer isso, as coisas também podem se tornar desagradáveis. Pessoas curiosas buscam novas experiências. Elas desfrutam das mudanças na vida e, por isso, também aceitam mais facilmente quando, num primeiro momento, as coisas pioram. (Cf. p. 113 e ss.)

▶ Faça a cada dia algo novo: fale com pessoas que você não conhece, vá passear onde você ainda não esteve ou vá a um concerto em que se toca uma tendência musical que não lhe é familiar. Experimente cozinhar comida tailandesa, comece um novo *hobby*. Escute com interesse pensamentos, ideias e argumentos de outras pessoas. Abra-se para o mundo real, deixando seu *smartphone* em casa – como fez uma classe escolar suíça que renunciou ao telefone celular durante toda a excursão da turma. "A questão era: o que representa um desafio para mim?", contou a professora Franziska Tanner da escola secundária em Dietlikon (no cantão Zurique) após a viagem à revista *Spiegel online*. "Muitos escreveram que não conseguiriam ficar sem o celular." Mas conseguiram: durante a excursão, os alunos inclusive deram a impressão de estarem "mais satisfeitos", constatou a professora.

Abertura Suportar eventos desagradáveis e ainda assim estar em harmonia consigo mesmo e com o mundo: é mais provável que consigamos fazer isso quando estamos abertos para mudanças. Pessoas abertas sempre se mantêm cientes de que mais adiante se pode pensar de modo muito positivo a respeito de acontecimentos que, num primeiro momento, dão uma sensação negativa. Essas pessoas não percebem tão facilmente as dificuldades que aparecem no seu caminho como atentado contra sua sensação de bem-estar, dizem Elisabeth Hahn e Frank Spinath, da Universidade de Saarbrücken. Frases como "isso só acontece comigo" não fazem parte do seu repertório. Só quem de vez em quando enfrenta um desafio e tira suas conclusões disso é capaz de aprender algo para a próxima crise. Isso fortalece a autoconfiança e a resistência psíquica. (Cf. p. 55 e s.)

▶ Tenha clareza de que vida significa mudança constante. Por mais que você se empenhe por algo, jamais poderá determinar seguramente seu desfecho. De qualquer modo, você não tem controle sobre o comportamento de outras pessoas (nem a do seu parceiro nem a de suas crianças). Quando acontecem coisas de que você não gosta, diga para si mesmo: "Nunca se sabe para o que isso será proveitoso!" Isso vale inclusive no caso de se tratar de acontecimentos graves como uma separação. Possivelmente, em alguns anos, você verá esse fato de um modo bem diferente, porque você encontrou um parceiro ou uma parceira que combina bem mais com você.

Aceitação Não só a aceitação de acontecimentos indesejados, mas também a de sentimentos desagradáveis ajuda as pessoas a terem mais satisfação. Quem reconhece isso terá mais facilidade de lidar com melancolia, mau humor e tristeza e conseguirá estar satisfeito mesmo quando o ânimo não está bom. Por essa razão, o psicólogo Joseph Forgas da Universidade de Nova Gales do Sul em Sydney exige "*Don't worry, be sad!*" ["Não se preocupe, fique triste!"]. As pessoas não deveriam se esconder da sua tristeza, mas "aprender a lidar com todo o seu repertório emocional". De qualquer modo, emoções negativas nem são tão negativas assim: elas não só deixam a pessoa mais aberta, mas também a deixam criativa, despertam a resistência e aumentam a capacidade da memória. (Cf. p. 33 e ss.)

▶ Sentimentos negativos fazem parte da vida tanto quanto acontecimentos ruins. Sempre esteja ciente disso. Convide os sentimentos desagradáveis para passarem um momento com você. Tome tempo para isso. Então você descobrirá que o medo do pesar, da dor e da decepção frequentemente é pior do que esses sentimentos. Só quem de vez em quando tiver emoções deprimentes também vivencia alegria e felicidade.

Autoconfiança/autoestima Sem ter uma imagem positiva de si mesmo em uma cultura tão individualista como a ocidental dificilmente alguém conseguirá estar de fato satisfeito. Essa interdependência entre satisfação e autoestima já foi elaborada por Ed Diener. Pessoas que têm uma opinião elevada a respeito de si mesmas "estão relativamente satisfeitas consigo e com sua vida, vivem em parcerias satisfatórias e apresentam alto desempenho", diz Astrid Schütz, professora de psicologia pessoal na Universidade de Bamberg. Além disso, uma forte autoconfiança frequentemente anda em companhia de certa extroversão, e esta, bem como a estabilidade emocional, está associada à satisfação com a vida. Pois quem não perde tão facilmente a compostura, quem não oscila constantemente entre extremos, mas está mais propenso a vivenciar erupções emocionais moderadas com alguns altos e baixos, consegue digerir melhor evoluções desfavoráveis. Quem é mais extrovertido tem mais facilidade para encontrar amigos e constrói redes sociais de apoio. Isso aumenta a satisfação, dizem Elisabeth Hahn e Frank Spinath. Como essa pessoa espera em primeiro lugar coisas boas, ela também vivencia mais coisas positivas. (Cf. p. 54 e ss. e 96 e s.)

▶ Teste suas forças pessoais (cf. *Autoteste: o fosso entre desejo e realidade*, p. 147) e imprima só a parte de cima da tabela: suas forças bem pessoais! Fixe a lista na sua geladeira, recorde regularmente o que você é capaz de fazer. No escritório, pendure seus diplomas na parede. Crie, na sua caixa de *e-mail*, uma pasta chamada "Louvor e êxitos". Pense em tudo que você já conseguiu realizar na vida. Se isso for difícil para você: registre por escrito. Reflita à noite sobre o que você fez melhor hoje do que em outros dias. Aprenda a não levar a crítica tão a sério.

Esperança/otimismo Quem espera coisas boas tem esperança – e, desse modo, adota uma atitude basicamente positiva em relação ao futuro. É confiante e otimista. Muitas pessoas são assim por natureza – e elas não só são psiquicamente fortes, mas também especialmente satisfeitas. "Ao lado de amor, gratidão, curiosidade e dinamismo, o otimismo figura entre as forças pessoais que têm uma correlação especialmente forte com a satisfação com a vida", diz o psicólogo da personalidade Willibald Ruch de Zurique. Para quem é otimista é mais fácil ser curioso e aberto e geralmente também dispõe de uma boa porção de dinamismo. Arrisca fazer algo e acredita que, no final, tudo ficará bem. (Cf. p. 57 e ss.)

> ▶ Pense em um problema com que está lidando agora e escreva três pensamentos otimistas sobre ele. Deixe que lhe ocorram possibilidades de como tudo ainda poderá ficar bem. Quando você tiver preocupações concretas: pinte o pior cenário que poderia acontecer e reflita sobre como você poderia lidar com ele. Pergunte-se, em termos bem realistas, se as coisas de fato poderiam ficar tão ruins. Ao fazer isso, crie intencionalmente espaço para a esperança. Observe no seu dia a dia quantas vezes você é positivamente surpreendido pelo destino. Reflita: o que eu fiz e quais foram as circunstâncias que contribuíram para que tudo acabasse bem? O que posso aprender com isso?

Humor Pessoas com humor conseguem encarar situações difíceis "a partir de um ângulo mais leve", como diz Willibald Ruch. Elas desanuviam não só a si mesmas, mas também as demais pessoas, o que, por sua vez, contribui para a formação de uma rede social estável. Pessoas que têm humor saúdam a vida e se alegram quando as coisas nos surpreendem e se desenvolvem de outra maneira. A camisa mal abotoada? Deu com a língua nos dentes? Resolveu uma tarefa há muito já resolvida? Podemos incomodar-nos com isso – ou simplesmente rir disso. Quem não leva tudo tão a sério e até consegue achar graça nas reviravoltas da vida, é flexível e não sairá tão facilmente decepcionado. Por isso, fica mais satisfeito com o que acontece. (Cf. p. 129)

> ▶ Rodeie-se de coisas divertidas. Volte a assistir uma peça de humor político ou veja uma comédia na televisão. Decida não achar que essas apresentações são pura bobagem. Permita-se achar graça delas. Caso seu intelecto se sentir muito ofendido: reflita sobre como se desenvolveu o cômico e a razão pela qual outros acham graça da peça. Exercite o ato de rir de si mesmo.

Serenidade É preciso conseguir separar-se. Não só de hábitos e pessoas que aprendemos a querer bem e que, por mais que se queira, não ficarão para sempre. Mas também de ilusões que não se realizarão. É a vida que ensina isso. Por isso, quem consegue soltar e aceitar despedidas com alguma serenidade não briga tanto com as adversidades da vida e é mais satisfeito. Outra coisa importante é descartar possibilidades de escolha. Quem não consegue isso em um mundo das mil e uma possibilidades acaba se ocupando só com a própria otimização. Afinal, sempre haverá algo por fazer. E a melhorar. Acabamos gastando nosso tempo em busca da operadora de celular que, naquele momento, é mais barata, em vez de ligar para um amigo ou otimizar *workflows* [fluxos de trabalho], em vez de trabalhar. O que nos deixa satisfeitos é focar no essencial, alegrar-nos com o que temos e aprender a apreciar as circunstâncias como elas são. (Cf. p. 177 e ss.)

> ▶ A serenidade começa dentro da cabeça. Se você notar que seus hormônios estão começando a ferver, a primeira coisa é respirar fundo. Analise a situação: que possibilidades se abrem agora para você? Como você poderia reagir? Qual seria o efeito de cada reação? Quando você se sente provocado por outra pessoa: considere se a pessoa não poderia ter tido uma intenção bem diferente, que não tenha sido incomodar você. Veja com clareza até que ponto seu interlocutor poderia ter razão. Quando você se estressar: pondere que uma ação apressada nem leva necessariamente a um resultado melhor. Faça uma coisa de cada vez. Pense bem com qual delas você deveria começar. Em todo caso, o que ajuda é imaginar qual ainda seria a importância desse evento que acaba de tirar sua serenidade daqui a cinco anos. Isso relativiza muita coisa.

Autoeficácia Da serenidade faz parte a convicção de conseguir lidar com uma situação e encontrar uma boa solução. É relaxante quando se tem a sensação de ser capaz de agir e também de corrigir o rumo de situações desagradáveis ou possivelmente até convertê-las em algo bom. Quem dispõe de autoeficácia ("Vamos conseguir!") não se sente desamparado, nem sacaneado, nem como joguete das circunstâncias sociais. Ser capaz de moldar as coisas deixa satisfeito. "É eminentemente importante poder determinar a própria vida", diz o psicólogo Kahneman. A pessoa consegue aceitar mais facilmente coisas que irão abalá-lo bastante se puder ao menos ter alguma influência sobre elas – por exemplo, como ele as integra em sua vida. (Cf. p. 180 e ss.)

> ▶ Relembre dificuldades e crises de anos passados. Reflita sobre como você controlou essas situações e como acabou se saindo bem. Tome consciência do que contribuiu para dar conta desses desafios. Diga para si mesmo que também encontrará soluções para problemas futuros.

Dinamismo/entusiasmo Naturalmente o dinamismo ajuda a encontrar uma solução. Pessoas com essa qualidade são capazes de se entusiasmar, elas "buscam alcançar seus objetivos com muita energia e entusiasmo", diz Willibald Ruch. Em uma situação difícil, elas procuram obter o melhor resultado possível para si e seu entorno. Elas estão repletas de alegria de viver e procuram para si um campo de atuação em que conseguem criar algo e realizar-se dessa forma. Pessoas dinâmicas e entusiásticas costumam dispor de muita autoeficácia e uma boa rede social, dado que estão dispostas a fazer algo pelas relações. Além disso, elas estabelecem metas a alcançar. "Elas sempre se empenham totalmente em suas tarefas e as concluem", diz Ruch. Isso as deixa satisfeitas e lhes dá energia para serem ativas. Ademais elas se perguntam: o que *eu* posso fazer hoje para me sentir bem? Sempre que conseguem ser bem-sucedidas em algo, isso, por sua vez, aumenta sua autoeficácia e, desse modo, sua satisfação. (Cf. p. 57 e ss.)

> ▶ Não se trata de realizar o tempo todo projetos monumentais, mas de encaixar no seu dia a dia mais atividade, inclusive física: use a escada em vez do elevador. Sinta seu corpo. Redescubra passatempos

antigos: é motivo de alegria tirar o violino do estojo empoeirado ou voltar a pintar. Em caso de dúvida, decida cozinhar pessoalmente em vez de acionar o entregador de pizza. Conviva com pessoas. Estabeleça metas.

Valores/sentido Valores e ideais são importantes para formular metas que podemos buscar com dinamismo. Nesse sentido, valores sociais como confiança e compaixão são mais significativos do que valores que se referem só a poder ou desempenho, diz a psicóloga social Andrea Abele. Porém valores sociais não trazem felicidade por si sós, mas sobretudo quando podemos concretizá-los por nossa ação. Abele apresentou uma pesquisa interessante sobre isso: só a combinação de valores sociais, altruístas (como confiança, honestidade, polidez, espírito humanitário, altruísmo) com qualidades ativas (como perseverança, dinamismo, competência, presteza, justiça e eficiência) leva a uma maior satisfação com a vida. "As pessoas que têm as duas coisas são as mais satisfeitas com sua vida", diz Abele. Pois os valores motivam e, portanto, promovem o dinamismo. Mas são as qualidades de caráter que se encarregam de que a pessoa possa mobilizar essa força para alcançar suas metas determinadas por valores. Por essa razão, o êxito também aumenta a satisfação com a vida, diz Abele, só que o êxito profissional só faz isso se estiver inserido em um contexto social e em consonância com valores. Representantes da psicologia positiva dizem: as virtudes básicas de cunho ético como sabedoria, coragem, espírito humanitário, justiça e moderação são tão fundamentais para a natureza humana quanto o andar ereto. (Cf. p. 196 e s. e 204 e ss.)

▶ Pense em coisas do seu dia a dia que não gosta muito de fazer. Pergunte a si mesmo por que, ainda assim, você as faz. Se ajudam alguém, para que servem. Reflita sobre que proveito você tem delas e que repercussões haveria se você não lavasse mais a roupa, não escrevesse mais as ofertas para os clientes da firma ou não fosse mais visitar sua tia na geriatria. Fazendo isso, você terá clareza a respeito do

> sentido da maioria das atividades; no futuro talvez você conseguirá executá-las com mais amor e convicção. Porém se suas atividades não fizerem mais nenhum sentido: deixe-as para trás!

Senso de realidade Metas podem proporcionar enorme satisfação – quando as alcançamos. Se constantemente deixamos de alcançá-las, isso sem dúvida reduz a sensação de bem-estar. Por isso, um saudável senso de realidade contribui consideravelmente para uma vida satisfeita. "Quem estima chances e riscos de modo realista e não constrói castelos no ar possui elevada resiliência e consegue lidar melhor com situações difíceis", diz o psicólogo Friedrich Lösel da Universidade de Erlangen-Nürnberg. Também é mais fácil ficar satisfeito quando não se tem expectativas e exigências tão elevadas em relação a sua satisfação com a vida ou a esferas de satisfação como o trabalho ou a relação conjugal. "As exigências que hoje em dia se faz à paixão acabariam por apagar até a chama mais ardente", diz a terapeuta de casais Sandra Konrad de Hamburgo. "Quem parte do pressuposto de que, depois de 25 anos, um ainda abraçará o outro com a mesma empolgação do início da relação, observará qualquer pequeno desvio dessa atitude com temor e decepção." Em relação ao trabalho se aplica algo similar: exatamente aqueles que se lançam à profissão cheios de entusiasmo rapidamente se decepcionam. Em contraposição, quem está ciente de que o cotidiano no trabalho acarreta altos e baixos inclusive no trabalho dos sonhos e prevê problemas é capaz de desfrutar dos aspectos positivos sem que os aspectos ruins o devorem. "A satisfação no trabalho depende acima de tudo da avaliação subjetiva", enfatiza Andrea Abele. Positivo é isto: o senso de realidade costuma aumentar com a idade, pois a sabedoria de vida adquirida contribui para uma estimativa realista das coisas. Foi com essa sabedoria de vida que o fundador da Universidade de Berlim, Wilhelm von Humboldt, observou certa vez: "A maioria das pessoas provoca a própria insatisfação fazendo exigências exageradas ao destino". (Cf. p. 114)

▶ Pense em situações incisivas em sua vida. Ao fazer isso, não diga: "puxa, como fui burro!" ou "como fui fazer aquilo!". Naquela época, as circunstâncias e você eram assim. Também no futuro sempre haverá situações em que você não agirá da melhor maneira. Você tampouco concretizará seus objetivos pessoais sempre da maneira que sonhou. Preveja as dificuldades que surgirão. Reflita sobre estratégias para lidar com elas.

Conscienciosidade Num primeiro momento, esta qualidade não soa tão atrativa, a ponto de poder ser associada à satisfação. Porém, desde que alguém não seja pedante nem perfeccionista, mas se dedique a suas tarefas com alegria e engajamento, ela contribui para sua satisfação. A influência positiva da conscienciosidade, dizem Elisabeth Hahn e Frank Spinath, provavelmente se deriva do fato de essa qualidade geralmente andar de mãos dadas com um alto grau de estruturação, "o que ajuda a dar conta das demandas da vida cotidiana e assim poderia contribuir para uma maior sensação de bem-estar". (Cf. p. 55)

▶ Resolva suas tarefas e cumpra suas obrigações com mais dedicação. Todo dia temos de fazer muitas coisas desagradáveis. Lavar a louça suja com cuidado, pendurar a roupa lavada no varal com esmero e classificar a papelada com calma deixa a pessoa mais satisfeita do que fazer isso às pressas e sem vontade. A sensação positiva advinda de fazer conscienciosamente as coisas dia a dia motivará você a ponderar também outras coisas com mais cuidado.

Receptividade a críticas Uma pessoa receptiva a críticas é mais satisfeita. Pois, no mais tardar, quando se começa a frequentar o jardim de infância, tem início a avaliação de fora, que nem sempre será amigável. Nesse caso, é bom ser capaz de suportar críticas e, na medida em que elas forem justificadas e construtivas, mudar sua vida ou seu comportamento para melhor com o auxílio desse *feedback*. O que também pode trazer satisfação é considerar com frequência autocriticamente nossas maneiras de pensar e sobretudo verificar nossos "dogmas" negativos: "Simplesmente não consigo organizar nada!" "Não sou bom em discutir!" Mas isso está mesmo correto? A pessoa autoconfiante geralmente se conhece bem, diz a filósofa Ina Schmidt de Hamburgo. Logo, um olhar acurado vale a pena. (Cf. p. 97 e s. e 180)

▶ Diariamente a vida oferece oportunidades suficientes para você treinar sua receptividade a críticas. Naturalmente não é lá muito bom quando outros dizem o que não lhes agrada a nosso respeito. Porém sempre devemos ter clareza sobre isto: o *feedback*, mesmo que seja negativo, pode ser muito proveitoso. "Não tenho nenhum problema com críticas, desde que elas me agradem", disse certa vez com fina ironia o escritor Mark Twain. Nós mesmos podemos contribuir para que nos agradem. É importante tomar certa distância em relação ao que foi dito: não encare a crítica como ataque pessoal. Pense sobre aquilo que seu interlocutor está dizendo sem partir logo para o contra-ataque. Decida por si mesmo e com distanciamento o que aceitar das observações. Provavelmente haverá alguns pontos dos quais poderá aprender algo. Isso é valioso. Podemos ser até gratos a outras pessoas pela coragem de expressar seus pensamentos, desde que não o façam de modo malicioso nem destrutivo.

Benevolência Não obstante, não se deveria exagerar na crítica. Tendo em vista a própria autoconfiança, não é uma boa estratégia levar demasiadamente a sério todo e qualquer *feedback* negativo, nem desqualificar todo e qualquer elogio, dizendo que o interlocutor certamente só quis ser gentil. A benevolência em relação não só aos outros, mas também a si mesmo incrementa a satisfação. O que vale de modo geral é dar mais atenção às forças do que às fraquezas. Pessoas satisfeitas também não são críticas em demasia, não levam tudo ao pé da letra e simplesmente fecham um olho para algum detalhe inoportuno, diz Todd Kashdan. Dito de outro modo: elas dispensam a busca da perfeição. (Cf. p. 119 e ss.)

▶ Tenha um olhar mais benevolente para si mesmo e para os outros. Não fale mal de colegas e amigos. Fazer isso nos exercita sobretudo em dar atenção ao negativo – em primeira linha nos outros, mas também em si mesmo. Exercite-se em ver o lado bom das outras pessoas e também de sua pessoa. Anote três qualidades positivas de uma pessoa da qual você não gosta muito. Fora com o olhar para as deficiências – inclusive as próprias!

Gratidão Não é para menos que o imperador e filósofo romano Marco Aurélio, um dos últimos representantes do estoicismo, iniciou as memórias de sua vida (*Meditações*) com uma longa lista de pessoas para com as quais sentia gratidão. Seu avô, seu pai, sua mãe, seu educador e muitos outros que o acompanharam – a todos ele agradece pelo que lhe deram para levar por toda a vida. A gratidão não só fortalece a resistência psíquica e física, mas também proporciona satisfação duradoura, diz Willibald Ruch. Mesmo que estejamos contrariados com alguma situação, podemos refletir sobre o que experimentamos de bom em outro aspecto de vida. O que conseguimos e do que nos orgulhamos. Que crises já superamos e o que hoje sabemos melhor do que antes. Possivelmente nos lembraremos de momentos em que se evidenciou que desvios e dificuldades também serviram para algo. É por isso que o detentor do prêmio nobel Kahneman diz: "Aprenda a valorizar o que você tem (teve)!" O que deixa satisfeito também é pensar concretamente em quem e no que ajudou a obter os êxitos e comodidades na vida até agora. "Nesse caso, na medida do possível não deveríamos guardar nossa gratidão para nós mesmos, mas expressá-la", recomenda Ruch. (Cf. p. 25 e 114 e s.)

▶ Ao findar o dia, escreva três coisas pelas quais você é grato. Podem ser coisas que se referem de modo bem geral à sua vida. Mas faz bem usar certa variação: o que exatamente aconteceu de bom neste dia? Que detalhes o levaram a ficar grato? Uma lista como esta possivelmente teria levado a coordenadora do seminário que se lembrou sobre-

> tudo das palavras ofensivas do único crítico (cf. p. 96 e s.) a lembrar os muitos bons encontros e retornos daquele dia, em vez do *feedback* desagradável. Seja grato também no trato com pessoas. Expresse sua gratidão quando alguém lhe fez alguma coisa boa. Diga por escrito o que você sempre quis dizer de amigável às pessoas.

Abandonemos as trilhas neurais já batidas

A lista de possíveis exercícios é longa. Porém, a vantagem é esta: muitos desses pilares de uma vida satisfeita exercitam-se reciprocamente. A maioria dos ingredientes da satisfação dispõem de um sistema de retroalimentação positivo: quem fizer algo bom colherá gratidão. Isso o deixa mais satisfeito e, por sua vez, aumenta a probabilidade de que volte a fazer algo bom. Ou: quem ousar iniciar algo novo também fará experiências positivas. Assim essa pessoa obterá mais competência e autonomia, o que, além da satisfação, gerará também uma maior autoestima, o que, por sua vez, facilitará experimentar algo novo.

Essas experiências influenciam o pensamento de modo permanente: "Evidencia-se que simples emoções positivas modificam o modo como as pessoas pensam e se comportam. Desse modo, elas reforçam os recursos psicológicos como otimismo e resiliência", constataram há alguns anos Barbara Fredrickson e Thomas Joiner da Universidade da Carolina do Norte. Os velhos padrões de pensamento negativos são abandonados, olha-se automaticamente a vida de modo mais positivo.

Mas atenção! Inversamente também podemos estabelecer sistemas de retroalimentação negativos, quando persistimos em padrões de pensamento negativos. Os neurônios são preguiçosos. Embora haja em nosso cérebro 100 bilhões de conexões entre eles, ainda enviam seus sinais sempre pelas mesmas sinapses. Também por essa razão é tão importante trilhar novos caminhos e fazer novas reflexões: dessa maneira, nossas ideias abandonam as trilhas neurais batidas, nas quais cobrem novos acontecimentos sempre com a mesma luz negativa.

5
PARA TERMINAR

Não fomos feitos para ser felizes o tempo todo. Momentos de felicidade são tremendamente atrativos – não importa se nossos hormônios espalham entusiasmo por meio de uma paixão aguda, em decorrência de um sucesso, após uma visita ao *shopping center* ou mediante o êxtase da droga. Mas duram pouco tempo. Na vida real, só de vez em quando se encontra a grande felicidade. Sigmund Freud já escreveu isto: "Pode-se dizer que a intenção de que o ser humano seja 'feliz' não está contida no plano da 'criação'". É que o ser humano foi projetado de modo a poder desfrutar intensamente tão só do contraste; a felicidade duradoura provoca uma "sensação de conforto moderado". Freud diz: "Em consequência, nossas possibilidades de felicidade já são limitadas por nossa constituição".

É com essa constituição que – por mal ou bem – teremos de nos acertar. Por bem? Ou por mal? Isso nem é tão ruim assim. É por boas razões que o ser humano tem acesso restrito à felicidade. Caso contrário, ninguém nos faria sair de nosso conforto; ou, como os ratos daquele famoso experimento de recompensa, acabaríamos desfalecendo de tanta felicidade. A vida real com todos os seus altos e baixos, com alegrias e tristezas, com desejo e frustração é uma maravilha. Ela nos ensina a desfrutar intensamente os bons momentos e a treinar-nos para a próxima crise com a ajuda dos momentos ruins. A nossa postura é a única coisa que decide se vamos encontrar em nossa existência mais coisas boas ou mais coisas ruins e se vamos estar mais satisfeitos do que insatisfeitos.

Em vez de ficar o tempo todo brigando com o destino, podemos decidir ativamente ter mais satisfação. Às vezes isso pode significar que, por sensatez ou falta de vontade de brigar, nos adaptemos às circunstâncias; às vezes, porém, estaremos dispostos a nos desentender – isso é ainda melhor sobretudo quando temos a chance de modificar as circunstâncias a nosso favor. A psicologia moderna nos fornece ferramentas suficientes, que nos abrem a possibilidade de lidar de maneira inteligente com esses distintos caminhos para obter mais satisfação. Essas perspectivas não são nada sombrias. Uma vida com satisfação é, em última análise, a maior felicidade.

ANEXO

ÍNDICE DE ESPECIALISTAS CITADOS

Abele-Brehm, Andrea, Prof.-Dr.: docência de Psicologia Social e Pesquisa de Gênero, Universidade Erlangen-Nürnberg.

Allport, Gordon, PhD: psicólogo social, cofundador da psicologia humanista, Universidade de Harvard, Cambridge (Massachusetts), 1967 falecido.

Amendt, Günter, Dr.: cientista social com ênfase em esclarecimento sexual (*Das Sex Buch*) e drogas, foi colaborador voluntário da Seção de Pesquisa Sexual na Clínica Universitária de Hamburg-Eppendorf e Presidente da Sociedade Alemã de Pesquisa Sexual, 2011 falecido.

Argyle, Michael: professor de psicologia social, pioneiro da pesquisa de formas de expressão não verbal, Universidade de Oxford, 2002 falecido.

Asendorpf, Jens, Prof.-Dr.: Instituto de Psicologia, psicologia da personalidade, Universidade Humboldt, Berlim.

Bayda, Ezra: docente de zen-budismo, Centro Zen, San Diego (Califórnia).

Betsch, Cornelia, Dr.: gerente científica do Centro de Pesquisa Empírica em Economia e Ciências Comportamentais, Seção de Psicologia Social, Organizacional e Econômica, especialidade psicologia, Universidade de Erfurt.

Binswanger, Mathias, Prof.-Dr.: Instituto de Competitividade e Comunicação, Faculdade de Economia, Escola Técnica Superior do Noroeste da Suíça, Otten (Cantão Soloturno).

Boehm, Julia, PhD: professor assistente, Escola Superior Crean de Saúde e Ciências Comportamentais, Departamento de Psicologia, Universidade Chapman, Orange (Califórnia).

Bose, Dorothee von: moderadora, assessora e treinadora de comunicação, Munique.

Boswell, Wendy, PhD: professor de administração, Departamento de Administração, *Mays Business School*, Universidade A & M do Texas (Texas).

Boyce, Chris, Dr.: Centro de Ciência Comportamental, Universidade de Stirling, Escócia; atua também na Universidade de Manchester.

Brandstätter-Morawietz, Veronika, Prof.-Dr.: Seção de Psicologia Geral (motivação), Instituto de Psicologia, Universidade de Zurique.

Brandtstädter, Jochen, Prof.-Dr.: Área de Psicologia, Seção de Psicologia do Desenvolvimento, Universidade de Trier.

Brickman, Philip, PhD: ex-professor do Instituto de Psicologia, Universidade do Noroeste, Evanston (Illinois), 1982 falecido.

Brisch, Karl Heinz, Dr.: Seção Psicossomática Pediátrica e Psicoterapia, Clínica Infantil e Policlínica, Hospital Infantil Dr. von Haunersch da Universidade Luís Maximiliano de Munique.

Brockmann, Hilke, Prof.-Dr.: Grupo de Pesquisa sobre Felicidade, Escola de Humanidades e Ciências Sociais, Universidade Jacobs de Bremen.

Carr, Deborah, PhD: professor de sociologia, Escola de Serviço Social, Departamento de Sociologia, Universidade Rutgers de New Brunswick (Nova Jérsei).

Caspi, Avshalom, PhD: professor de Psicologia e Neurosciência, Psiquiatria & Ciências Comportamentais, Universidade Duke de Durham (Carolina do Norte).

Chan, Micaela: Centro de Longevidade Vital, Laboratório de Envelhecimento da Mente, Ciência Comportamental e do Cérebro, Universidade do Texas, Dallas (Texas).

Cheng, Helen, Dr.: Faculdade de Política e Sociedade, Departamento de Educação Vitalícia e Comparativa, Instituto de Educação, Universidade de Londres.

Cohen, Daniel, Prof.-Dr.: Departamento de Economia, Escola de Economia de Paris.

Corssen, Jens: psicólogo diplomado, Munique.

Corts, Arnd: treinador e *coach*, ênfase em redução de intensidade, objetivos de vida, Hagen.

Csikszentmihalyi, Mihaly, PhD: Centro de Pesquisa sobre Qualidade de vida, professor de psicologia e administração, Universidade de Claremont, Claremont (Califórnia) e professor emérito do Departamento de Psicologia, Universidade de Chicago.

DePaulo, Bella, PhD: professor visitante de Psicologia Social, Psicologia e Ciências do Cérebro, Universidade da Califórnia, Santa Bárbara (Califórnia).

Diener, Edward F. PhD: professor emérito do Departamento de Psicologia, Divisão de Personalidade Social, Universidade de Illinois, Urbana-Champaign (Illinois).

Dutton, Jane, PhD: professora de Administração de Negócios e Psicologia, Departamento de Administração e Organizações, Escola Ross de Negócios, Universidade de Michigan, Ann Arbor (Michigan).

Easterlin, Richard, PhD: professor de economia, Universidade do Sul da Califórnia, Los Angeles (Califórnia).

Ehrenreich, Barbara: jornalista, Alexandria (Virgínia).

Eid, Michael, Prof.-Dr.: Área de Ciência da Educação e Psicologia, Área de Métodos e Avaliação, Universidade Livre de Berlim.

Feinman, Saul, PhD: professor emérito, Departamento de Família e Ciências do Consumidor, Universidade de Wyoming, Laramie (Wyoming).

Fiedler, Klaus, Dr.: Seção de Psicologia Social, Instituto de Psicologia, Universidade de Heidelberg.

Firebaugh, Glenn, PhD: professor de instituições norte-americanas, sociologia e demografia, Departamento de Sociologia e Criminologia, Universidade do Estado da Pensilvânia, Universidade de Park (Pensilvânia).

Forgas Joseph, PhD: professor de ciências, Escola de Psicologia, Universidade de Nova Gales do Sul, Sydney.

Franke, Andreas, Prof.-Dr.: professor de Medicina no Serviço Social, Formação e Educação, Área de Serviço Social, Formação e Educação, Escola Superior de Neubrandenburg.

Frankl, Viktor, Prof.-Dr.: atuou na Clínica de Neurologia e Psiquiatria, Universidade de Viena, Áustria, 1997 falecido.

Fredrickson, Barbara, PhD: professora de psicologia, Laboratório de Emoções Positivas e Psicofisiologia, Universidade da Carolina do Norte, Chapel Hill (Carolina do Norte).

Furnham, Adrian, PhD: professor de psicologia, Psicologia Clínica, Educacional & de Saúde, Divisão de Psicologia e Ciências da Linguagem, Colégio Universitário de Londres.

Gable, Shelly, PhD: professor de psicologia, Laboratório de Emoção, Motivação, Comportamento e Relações, Ciências Psicológicas e do Cérebro, Universidade da Califórnia, Santa Bárbara.

Gaschler, Gabriele, Dr.: Ärztehaus Gaschler, Oy-Mittelberg.

Gigerenzer, Gerd, Prof.-Dr.: Campo de Pesquisa Comportamento Adaptativo e Cognição, Instituto Max Planck para Pesquisa sobre Formação, Berlim.

Hahn, Elisabeth, Dr.: Departamento de Psicologia Diferencial e Diagnóstico Psicológico, Universidade de Saarland, Saarbrücken.

Harkness, Kate, PhD: professor de psicologia, Laboratório de Pesquisa Mood, Psicologia Departamento, Queen's University, Londres.

Headey, Bruce, PhD: professor adjunto, Instituto Melbourne de Economia Aplicada e Pesquisa Social, Faculdade de Negócios e Economia, Universidade de Melbourne.

Hochschild, Arlie, PhD: professor emérito, Departamento de Sociologia, Universidade da Califórnia, Berkeley.

Höfer, Thomas, Dr.: Coordenador do Grupo Especializado 31 "Transporte de materiais perigosos", Instituto Federal de Avaliação de Riscos.

Holt-Lunstad, Julianne, PhD: professor adjunto, Faculdade da Família, Lar e Ciências Sociais, Departamento de Psicologia, Universidade Brigham Young, Provo (Utah).

Hüther, Gerald, Prof.-Dr.: Pesquisa de Prevenção Neurobiológica, Clínica e Policlínica de Psiquiatria e Psicoterapia, Medicina Universitária de Göttingen.

Joiner, Thomas, Dr.: Departamento de Psicologia, Universidade do Estado da Flórida, Tallahassee (Flórida).

Jordan, Alexander, PhD: professor assistente adjunto da Administração de Negócios, Escola de Negócios Tuck, Dartmouth College, Hanover (Nova Hampshire).

Junker, Thomas, Prof.-Dr.: Docente de Ética das Ciências Biológicas, Faculdade de Biologia, Universidade de Tübingen.

Kabat-Zinn, Jon, PhD: professor emérito, Clínica de Redução do Estresse e Centro de *Mindfulness* na Medicina, Cuidados de Saúde e Sociedade na Escola Médica da Universidade de Massachusetts, Worcester (Massachusetts).

Kahneman, Daniel, Prof.-Dr.: professor de Psicologia e Assuntos Públicos, Escola Woodrow Wilson, Universidade de Princeton, Princeton (Nova Jérsei).

Kaluza, Gert, Prof.-Dr.: Instituto GKM de Psicolologia da Saúde, Marburgo.

Kappas, Arvid, Prof.-Dr.: docente de Psicologia e Métodos, Faculdade de Psicologia, Universidade Jacobs, Bremen.

Kashdan, Todd, PhD: professor no Centro para o Progresso do Bem-estar, Universidade George Mason, Fairfax (Virgínia).

Kasten, Hartmut, Prof.-Dr.: psicólogo do desenvolvimento, pedagogo e pesquisador da família, atuou no Instituto de Pedagogia Infantil de Munique e na Universidade de Munique.

Konrad, Sandra, Dr.: consultório de terapia de casais e famílias, Hamburgo.

Kubzansky, Laura, PhD: professor de ciências sociais e comportamentais, Escola Harvard de Saúde Pública, Boston (Massachusetts).

Laureys, Steven, Dr.: Grupo de Ciência do Coma, Centro de Pesquisa Cyclotron e Seção de Neurologia do Hospital Universitário de Lüttich.

Leary, Mark, PhD: professor de psicologia e neurociência, diretor do Centro de Pesquisa Comportamental Interdisciplinar, Universidade Duke, Durham (Carolina do Norte).

Leménager, Tagrid, Dr.: Clínica de Comportamento Dependente e Medicina do Vício, Instituto Central de Saúde Psíquica, Mannheim.

Ley, Katharina, Dr.: psicanalista e socióloga, Berna.

Lieb, Klaus, Prof.-Dr.: Clínica de Psiquiatria e Psicoterapia, Medicina Universitária de Mainz.

Lösel, Friedrich, Prof.-Dr.: docente honorário de Diagnóstico Psicológico, Teoria dos Métodos e Psicologia do Direito, Universidade Erlangen/Nürnberg; Instituto de Criminologia, Universidade de Cambridge, Cambridge.

Luhmann, Maike, Prof.-Dr.: Métodos da Psicologia da Personalidade, Seção de Psicologia, Faculdade de Ciências Humanas, Universidade de Colônia.

Lukas, Elisabeth: psicoterapeuta e psicóloga, uma das mais conhecidas sucessoras de Viktor Frankl, por muitos anos diretora do Instituto de Logoterapia do Sul da Alemanha, Fürstenfeldbruck.

Lykken, David, PhD: ex-professor do Departamento de Psicologia, Universidade de Minnesota, Mineápolis (Minnesota), e um dos cientistas responsáveis pelo *Minnesota Twin Family Study*, falecido em 2006.

Lyubomirsky, Sonja, PhD: professor de psicologia, Laboratório de Atividades Positivas e Bem-estar, Departamento de Psicologia, Universidade da Califórnia, Riverside.

Malinow, Robert, PhD: professor no Centro de Circuitos Neurais e Comportamento, Ciências da Saúde, Seção de Neurobiologia, Divisão de Ciências Biológicas, Universidade da Califórnia, San Diego (Califórnia).

Manolis, Chris, PhD: ex-professor de Marketing, Universidade Xavier, Cincinnati (Ohio), falecido em 2013.

Mayring, Philipp, Prof.-Dr.: Instituto de Psicologia, Seção de Psicologia Aplicada e Pesquisa de Métodos, Universidade Alpen-Adria, Klagenfurt.

Mello, Anthony de: sacerdote jesuíta, fundador do Instituto de Aconselhamento Pastoral e Espiritualidade no De Nobili College, Pune, falecido em 1987.

Morrien, Birgitt: *coach* de negócios, orientação profissional, organização e relações públicas, Köln.

Muffels, Ruud, Prof.-Dr.: Ciências Sociais e Comportamentais, Área de Sociologia, Universidade de Tilburg.

Myers, David, PhD: professor de psicologia, Hope College, Holland (Michigan).

Neels, Petra: pedagoga diplomada, Consultório de Psicoterapia, Oldenburg.

Neumann, Inga, Prof.-Dr.: Docente de Neurobiologia e Fisiologia Animal, Faculdade de Biologia e Medicina Pré-clínica, Universidade de Regensburg.

Noll, Heinz-Herbert, Dr.: ex-diretor do Centro de Pesquisa de Indicadores Sociais, Instituto Leibniz de Ciências Sociais (GESIS), Mannheim.

Oettingen, Gabriele, Prof.-Dr.: Docente de Psicologia Pedagógica e Motivação, Faculdade de Psicologia e Ciências do Movimento, Universidade de Hamburgo e Laboratório de Motivação, Departamento de Psicologia, Universidade Nova Iorque, Nova Iorque (Nova Iorque).

Olds, James, PhD: ex-professor do Departamento de Psicologia, Universidade de Michigan e Instituto de Tecnologia da Califórnia, descobridor do sistema de recompensa no cérebro, falecido em 1976.

Olshansky, Stuart Jay, PhD: professor no Instituto de Epidemiologia, Escola de Saúde Pública, Universidade de Illinois em Chicago, Chicago (Illinois).

Ortmann, Andreas, PhD: professor de Economia Experimental e Comportamental, Escola de Economia, Escola Australiana de Negócios, Universidade de Nova Gales do Sul, Sydney.

Oswald, Andrew, PhD: professor de Economia, Divisão de Ciências Sociais, Universidade de Warwick, Coventry.

Pfaller, Robert, Prof.-Dr.: professor de Filosofia, Universidade de Arte Aplicada, Viena.

Pratt, Michael, PhD: professor do Departamento de Administração e Organização, Escola Carroll de Administração, Boston College, Chestnut Hill (Massachusetts).

Proto, Eugenio, PhD: professor adjunto de Economia, Divisão de Ciências Sociais, Universidade de Warwick, Coventry.

Przyrembel, Hildegard, Prof.-Dr.: ex-diretora da Seção de Segurança de Gêneros Alimentícios, Instituto Federal de Avaliação de Riscos e ex-presidente da Comissão Nacional de Amamentação.

Raab, Markus, Prof.-Dr.: diretor da Seção de Psicologia do Desempenho, Instituto de Psicologia, Escola Superior Alemã do Esporte.

Riedel-Heller, Steffi, Prof.-Dr.: diretora do Instituto de Medicina Social, Medicina do Trabalho e Saúde Pública, Faculdade de Medicina, Universidade de Leipzig.

Roberts, James, PhD: professor de *Marketing* (Ben H. Williams), Escola Hankamer de Negócios, Universidade Baylor, Waco (Texas).

Roberts, Robert E. PhD: professor de Promoção da Saúde & Ciências Comportamentais, Centro Michael & Susan Dell de Vida Saudável, Universidade do Texas, Austin (Texas).

Rosso, Brent, PhD: professor assistente de Administração, Jake Jabs College de Negócios & Empreendimento, Universidade do Estado de Montana, Bozeman (Montana).

Roth, Gerhard, Prof.-Dr.: Instituto de Pesquisa do Cérebro, Área de Biologia e Neurobiologia, Universidade de Bremen.

Ruch, Willibald, Prof.-Dr.: diretor do Campo de Pesquisa sobre Psicologia da Personalidade e Diagnóstico, Instituto de Psicologia, Universidade de Zurique.

Ruckriegel, Karlheinz, Prof.-Dr.: Instituto de Administração, Faculdade de Economia Empresarial, Escola Superior Técnica de Nürnberg.

Sachse, Rainer, Prof.-Dr.: diretor do Instituto de Psicoterapia Psicológica, Bochum.

Scheidt, Carl Eduard, Prof.-Dr.: diretor da Seção de Psicossomática Psicoanalítica, Clínica de Medicina Psicossomática e Psicoterapia, Clínica Universitária de Freiburg.

Schilling, Anne: gerente da Fundação Elly Heuss-Knapp, Serviço de Alemão de Convalescença Materna, Berlim.

Schmid, Wilhelm: filósofo e professor no Seminário de Filosofia, Universidade de Erfurt.

Schmidt, Ina, Dr.: filósofa, Reinbek.

Schneiderman, Kim: psicoterapeuta e autora, Nova Iorque.

Schnell, Tatjana, Prof.-Dr.: Pesquisa Empírica do Sentido, Instituto de Psicologia, Universidade de Innsbruck.

Schütz, Astrid, Prof.-Dr.: docente de Psicologia da Personalidade e Diagnóstico Psicológico, Centro de Competência para Psicologia Pessoal Aplicada, Universidade de Bamberg.

Schwab, Katja: psicóloga diplomada, treinadora de comportamento e comunicação, Berlim.

Schwandt, Hannes, Dr.: professor assistente, Economia do Desenvolvimento Infantil e Juvenil, Departamento de Economia, Universidade de Zurique.

Schwartz, Barry, PhD: professor de Teoria Social e Ação Social (Dorwin P. Cartwright), Departamento de Psicologia, Swarthmore College, Swarthmore.

Seligman, Martin, PhD: professor de psicologia (Zellerbach Family), diretor do Centro de Psicologia Positiva, Departamento de Psicologia, Universidade da Pensilvânia, Filadélfia (Pensilvânia).

Selye, Hans, PhD, M.D., D. Sc.: atuou na Universidade McGill, Montreal, Canadá, falecido em 1982.

Sharot, Tali, PhD: professor adjunto de Neurociência Cognitiva, Departamento de Psicologia Experimental, Divisão de Psicologia e Ciências da Linguagem, Faculdade de Ciências do Cérebro, University College de Londres.

Siahpush, Mohammad, PhD: professor no Departamento de Promoção da Saúde, Saúde Social & Comportamental, Centro para o Progresso da Saúde, Centro Médico da Universidade de Nebraska, Omaha (Nebraska).

Sieverding, Monika, Prof.-Dr.: Ciências de Gênero e Psicologia da Saúde, Instituto de Psicologia, Universidade de Heidelberg.

Silva, Phil, Dr. em.: diretor da Unidade de Pesquisa Multidisciplinar sobre Saúde & Desenvolvimento Dunedin, Departamento de Psicologia, Universidade de Otago, Dunedin (Nova Zelândia).

Snyder, Solomon, M.D.: professor de Farmacologia e Ciências Moleculares, Departamento de Neurociência, Escola de Medicina da Universidade Johns Hopkins, Baltimore (Maryland).

Specht, Jule, Dr.: professora júnior de Psicologia da Personalidade e Diagnóstico Psicológico, Área de Ciência Educacional e Psicologia, Universidade Livre de Berlim.

Spinath, Frank, Prof.-Dr.: Departamento de Psicologia Diferencial e Diagnóstico Psicológico, Universidade de Saarland, Saarbrücken.

Spitzer, Manfred, Prof.-Dr.: diretor médico da Clínica Universitária de Ulm.

Stangl, Werner, Prof.-Dr.: Seção de Pedagogia e Psicologia Pedagógica, Universidade Johannes Kepler, Linz.

Steger, Michael, PhD: professor adjunto do Laboratório de Estudos de Opinião e Qualidade de Vida, Psicologia Social e de Saúde Aplicada, Departamento de Psicologia, *College* de Ciências Naturais, Universidade do Estado do Colorado, Fort Collins (Colorado).

Steptoe, Andrew, PhD: professor, Grupo de Psicobiologia, Departamento de Epidemiologia e Saúde Pública, University College de Londres.

Stevenson, Betsey, PhD: professor adjunto de Políticas Públicas, Escola Gerald R. Ford de Políticas Públicas, Universidade de Michigan, Ann Arbor (Michigan), e membro do Conselho de Assessores Econômicos do governo do presidente Obama.

Swann, William, PhD: professor de Psicologia Social e da Personalidade, Departamento de Psicologia, Universidade do Texas, Austin (Texas).

Tellegen, Auke, PhD: professor emérito, Departamento de Psicologia, Universidade de Minnesota, Mineápolis (Minnesota).

Umberson, Debra, PhD: professora de sociologia e diretora do Centro de Pesquisa sobre População, Universidade do Texas, Austin (Texas).

Unger, Hans-Peter, Dr.: Centro de Saúde Psíquica, médico-chefe da Seção de Psiquiatria, Psicoterapia e Psicossomática, Clínica Asklepios de Harburg.

Verleger, Silvia: parteira, Berlim.

Wagner, Gert Georg, Prof.-Dr.: Pesquisa Empírica em Economia e Política Econômica, Faculdade de Economia e Administração, Universidade Técnica de Berlim, e membro da diretoria do Instituto Alemão de Pesquisa Econômica, Berlim.

Weick, Stefan, Dr.: Seção do Observação Permanente da Sociedade, Instituto Leibniz de Ciências Sociais (GESIS), Mannheim.

Weiss, Alexander, PhD: Grupo de Pesquisa sobre Primatas Escoceses, Departamento de Psicologia, Escola de Filosofia, Psicologia e Ciências da Linguagem, Universidade de Edimburgo, Edimburgo.

Wharton, Christopher, PhD: professor adjunto, Instituto Global de Sustentabilidade Julie Ann Wrigley, College de Soluções em Saúde, Universidade do Estado do Arizona, Tempe (Arizona).

Wolfers, Justin, PhD: professor de Economia e Políticas Públicas do Departamento de Economia e da Escola Gerald R. Ford de Políticas Públicas, Universidade de Michigan, Ann Arbor (Michigan).

Zurhorst, Eva-Maria: conselheira de relacionamentos e autora, Berlim.

REFERÊNCIAS BIBLIOGRÁFICAS

1 A desgastante busca da felicidade

SCHMID, W. (2007). *Glück. Alles, was Sie darüber wissen müssen, und warum es nicht das Wichtigste im Leben ist.* Frankfurt am Main/Leipzig: Insel.

Por que não tiramos a sorte grande?

ASIMOV, I. (1998). *Die exakten Geheimnisse unserer Welt. Bausteine des Lebens.* München: Droemer Knaur.

BRICKMAN, P.; COATES, D. & JANOFF-BULMAN, R. (1978). Lottery Winners and Accident Victims. Is Happiness Relative? *Journal of Personality and Social Psychology*, v. 36, p. 917-927.

Deutsches Institut für Wirtschaftsforschung. *Sozio-oekonomisches Panel 2013.* (Os dados referentes a 2014 ainda não estavam disponíveis no momento da impressão deste livro.)

PFALLER, R. (2012). *Wofür es sich zu leben lohnt. Elemente materialistischer Philosophie.* Frankfurt am Main: S. Fischer.

VICIANO, A. (2012). Interview mit Daniel Cohen. Glückssuche. "Wettbewerb kann nur ein Teil des Lebens sein". *Spiegel online*, 29 de dezembro.

O que ainda assim nos ensina a pesquisa sobre a felicidade

DIENER, E.; LUCAS, R.E. & OISHI, S. (2002). Subjective Well-Being. The Science of Happiness and Life Satisfaction. In: SNYDER,

C.R. & LOPEZ, S.J. (Ed.). *Handbook of Positive Psychology*. Oxford: Oxford University Press, p. 63-73.

FIREBAUGH, G. & SCHROEDER, M.B. (2009). Does Your Neighbor's Income Affect Your Happiness? *American Journal of Sociology*, v. 115, p. 805-831.

FIREBAUGH, G. & TACH, L. (2012). Income, Age, and Happiness in America. In: MARSDEN, P.V. (Ed.). *Social Trends in American Life. Findings from the General Social Survey since 1972*. Princeton: Princeton University Press, New Jersey.

MARMOT, M.G.; BOSMA, H.; HEMINGWAY, H., BRUNNER, E. & STANSFELD, S. (1997). Contribution of Job Control and Other Risk Factors to Social Variations in Coronary Heart Disease Incidence. *The Lancet*, v. 350, p. 235-239.

OLSHANSKY, S.J. (2011). Aging of US Presidents. *Journal of the American Medical Association*, v. 306, p. 2.328-2.329.

RODIN, J. (1986). Aging and Health. Effects of the Sense of Control. *Science*, v. 233, p. 1.271-1.276.

ROWE, J.W. & KAHN, R.L. (1987). Human Aging. Usual and Successful. *Science*, v. 237, p. 143-149.

Por que é melhor buscar a satisfação do que a felicidade?

FORGAS, J.P. (2013). Don't Worry, Be Sad! On the Cognitive, Motivational, and Interpersonal Benefits of Negative Mood. *Current Directions in Psychological Science*, v. 22, p. 225-232.

FORGAS, J.P. & TAN, H.B. (2013). Mood Effects on Selfishness Versus Fairness. Affective Influences on Social Decisions in the Ultimatum Game. *Social Cognition*, v. 31, p. 504-517.

FORGAS, J.P. (1999). On Feeling Good and Being Rude. Affective Influences on Language Use and Requests. *Journal of Personality and Social Psychology*, v. 76, p. 928-939.

HU, H.; REAL, E.; TAKAMIYA, K.; KANG, M.G.; LEDOUX, J.; HUGANIR, R.L. & MALINOW, R. (2007). Emotion Enhances Learning Via Norepinephrine Regulation of AMPA-Receptor Trafficking. *Cell*, v. 131, p. 160-173.

KALUZA, G. (2004). *Stressbewältigung. Trainingsmanual zur psychologischen Gesundheitsförderung*. Heidelberg: Springer Medizin Verlag.

SCHWAB, K. (2013). *Das kleine Handbuch für mehr Gelassenheit im Alltag*. Freiburg im Breisgau: Kreuz.

2 Autoteste: qual é o meu grau de satisfação?

DIENER, E., EMMONS, R.A., LARSEN, R.J. & GRIFFIN, S. (1985). The Satisfaction With Life Scale. *Journal of Personality Assessment*, v. 49, p. 71-75.

TENNANT, R.; HILLER, L.; FISHWICK, R.; PLATT, S.; JOSEPH, S.; WEICH, S.; PARKINSON, J.; SECKER, J. & STEWART-BROWN, S. (2007). The Warwick-Edinburgh Mental Well-Being Scale (WEMWBS). Development and UK Validation, *Health and Quality of Life Outcomes*, v. 5, p. 63.

3 A ciência da satisfação

Satisfação como traço essencial

BOYCE, C.J.; WOOD, A.M. & POWDTHAVEE, N. (2012). Is Personality Fixed? Personality Changes as Much as "Variable" Economic Factors and More Strongly Predicts Changes to Life Satisfaction. *Social Indicators Research*, v. 111, p. 287-305.

BRUNO, M.A.; BERNHEIM, J.L.; LEDOUX, D., PELLAS, F., DEMERTZI, A & LAUREYS, S. (2011). A Survey on Self-Assessed Well-Being in a Cohort of Chronic Locked-in Syndrome Patients. Happy Majority, Miserable Minority. *British Medical Journal Open*, v. 1, p. e000039.

CASPI, A. & SILVA, P.A. (1995). Temperamental Qualities at Age Three Predict Personality Traits in Young Adulthood. Longitudinal Evidence from a Birth Cohort. *Child Development*, v. 66, p. 486-498.

DIENER, E. & SELIGMAN, M.E.P. (2002). Very Happy People. *Psychological Science*, v. 13, p. 80-83. (Nota: nesse estudo, "*very happy* [muito felizes]" são as pessoas que têm uma sensação subjetiva muito elevada de bem-estar.)

EASTERLIN, R.A. (1974). Does Economic Growth Improve the Human Lot? In: DAVID, P.A. & REDER, M.W. (Ed.). *Nations and Households in Economic Growth. Essays in Honor of Moses Abramovitz*. New York: Academic Press, Inc., p. 89-125.

FEINMAN, S. (1978). *The Blind as "Ordinary People"*. Visual Impairment and Blindness, v. 2, p. 231-238.

HEADEY, B.; MUFFELS, R. & WAGNER, G.G. (2010). Long-Running German Panel Survey Shows that Personal and Economic Choices, not just Genes, Matter for Happiness. *Proceedings of the National Academy of Sciences of the USA*, v. 107, p. 1.7922-1.7926. (Nota: no título, os autores falam de "*happiness* [felicidade]", mas no livro tratam da satisfação dos alemães com a Leben, a "*life satisfaction*".)

JOHN, O.P.; NAUMANN, L.P. & SOTO, C.J. (2008). Paradigm Shift to the Integrative Big-Five Trait Taxonomy. In: JOHN, O.P.; ROBINS, R.W. & PERVIN, L.A. (Ed.). *Handbook of Personality Theory and Research*, p. 114-117.

LUHMANN, M. & EID, M. (2009). Does it Really feel the Same? Changes in Life Satisfaction Following Repeated Life Events. *Journal of Personality and Social Psychology*, v. 97, p. 363-381.

LUHMANN, M.; HOFMANN, W.; EID, M. & LUCAS, R.E. (2012). Subjective Well-Being and Adaptation to Life Events. A Meta-Analysis. *Journal of Personality and Social Psychology*, v. 102, p. 592-615.

LYUBOMIRSKY, S. & DELLA PORTA, M.D. (2012). Boosting Happiness, Buttressing Resilience. Results from Cognitive and Behavioral Interventions. In: REICH, J.W.; ZAUTRA, A.J. & HALL, J. (Ed.). *Handbook of Adult Resilience. Concepts, Methods, and Applications*. New York: Guilford Press.

PETERSON, C.; RUCH, W.; BEERMANN, U., PARK, N. & SELIGMAN, M.E.P. (2007). Strenghts of Character, Orientations to Happiness, and Life Satisfaction. *The Journal of Positive Psychology*, v. 2, p. 149-156.

RÉTHY, L. (2015). Jule Specht forscht über Glück und das Alter, *Berliner Morgenpost*. 2 de fevereiro.

RUCH, W.; PROYER, R.T.; HARZER, C.; PARK, N.; PETERSON, C. & SELIGMAN, M.E.P. (2010). Values in Action Inventory of Strengths (VIA-IS). Adaptation and Validation of the German Version and the Development of a Peer-Rating Form. *Journal of Individual Differences*, v. 31, p. 138-149.

SPECHT, J.; EGLOFF, B. & SCHMUKLE, S.C. (2011). Stability and Change of Personality Across the Life Course. The Impact of Age and Major Life Events on Mean-Level and Rank-Order Stability of the Big Five. *Journal of Personality and Social Psychology*, v. 101, p. 862-882.

SPECHT, J. (2015). Psychologie des hohen Lebensalters. *Aus Politik und Zeitgeschichte*, v. 38-39, p. 3-10.

SPINATH, F.M. & HAHN, E. (2013). Wovon unsere Lebenszufriedenheit abhängt. *Spektrum der Wissenschaft Spezial. Biologie – Medizin – Hirnforschung*, v. 2, p. 72-79.

SUH, E.; DIENER, E. & FUJITA, F. (1996). Events and Subjective Well-Being. Only Recent Events Matter. *Journal of Personality and Social Psychology*, v. 70, p. 1.091-1.102.

Genes do bem-estar

FURNHAM, A. & CHENG, H. (2000). Lay Theories of Happiness. *Journal of Happiness Studies*, v. 1, p. 227-246.

LYKKEN, D. & TELLEGEN, A. (1996). Happiness is a Stochastic Phenomenon. *Psychological Science*, v. 7, p. 186-189.

PROTO, E. & OSWALD, A.J. (2014). *National Happiness and Genetic Distance. A Cautious Exploration*. Diskussionspapier des Forschungsinstituts zur Zukunft der Arbeit Nr. 8300. http.//ftp.iza.org/dp8300.pdf.

WEISS, A.; INOUE-MURAYAMA, M.; HONG, K.-W.; INOUE, E.; UDONO, T.; OCHIAI, T.; MATSUZAWA, T.; HIRATA, S. & KING, J.E. (2009). Assessing Chimpanzee Personality and Subjective Well-Being in Japan. *American Jounal of Primatology*, v. 71, p. 283-292.

A pessoa inquieta: quando nenhuma parceiro é bom o bastante

KONRAD, S. (2015). *Liebe machen*. München: Piper.

O que acontece no corpo: a química da satisfação

ROTH, G. (registrado por Reinberger S). *Was passiert im Gehirn, wenn wir feliz sind?* In. www.dasgehirn.info

STALLKNECHT, M. (2015). Reden wir über Geld mit Martin Grubinger. *Süddeutsche Zeitung*, 22 de maio.

A pessoa que faz **doping** *cerebral: o perigo de exigir cada vez mais de sua mente*

AMENDT, G. (2003). *No Drugs. No Future. Drogen im Zeitalter der Globalisierung*. Zürich: Europa.

BATTLEDAY, R.M. & BREM, A.-K. (2015). Modafinil for Cognitive Neuroenhancement in Healthy Non-Sleep-deprived Subjects. A Systematic Review. *European Neuropsychopharmacology*, v. 25, p. 1.865-1.881.

FRANKE, A.G. & LIEB, K. (2009). Missbrauch von Psychopharmaka zum Hirndoping. CME-Artikel. Info. *Neurologie & Psychiatrie*, v. 11, p. 42-51.

GREELY, H.; SAHAKIAN, B.; HARRIS, J.; KESSLER, R.C.; GAZZANIGA, M.; CAMPBELL, P. & FARAH, M.J. (2008). Towards Responsible Use of Cognitive-Enhancing Drugs by the Healthy. *Nature*, v. 456, p. 702-705.

VOLKOW, N.D.; FOWLER, J.S.; LOGAN, J.; ALEXOFF, D.; ZHU, W.; TELANG, F.; WANG, G.-J.; JAYNE, M.; HOOKER, J.M.; WONG, C.; HUBBARD, B.; CARTER, P.; WARNER, D.; KING, P.; SHEA, C.; XU, Y.; MUENCH, L. & APELSKOG-TORRES, K. (2009). Effects of Modafinil on Dopamine and Dopamine Transporters in the Male Human Brain. Clinical Implications. *Journal of the American Association*, v. 301, p. 1.148-1.154.

O mau humor na crise da meia-idade

BLANCHFLOWER, D.G. & OSWALD, A.J. (2008). Is Well-Being U-shaped Over the Life Cycle? *Social Science & Medicine*, v. 66, p. 1.733-1.749.

SCHWANDT, H. (2013). *Unmet Aspirations as an Explanation for the Age U-shape in Human Wellbeing*. SOEP Paper on Multidisciplinary Panel Data Research, Nr. 580.

STONE, A.A.; SCHWARTZ, J.E.; BRODERICK, J.E. & DEATON, A. (2010). *A Snapshot of the Age Distribution of Psychological Well-Being in the United States*. Proceedings of the National Academy of Sciences of the USA, v. 107, p. 9.985-9.990.

WEISS, A.; KING, J.E.; INOUE-MURAYAMA, M.; MATSUZAWA, T. & OSWALD, A.J. (2012). *Evidence for a Midlife Crisis in Great Apes Consistent with the U-Shape in Human Well-Being*. Proceedings of the National Academy of Sciences of the USA, v. 109, p. 19.949-19.952.

A mácula feminina: por que as mulheres duvidam tanto de si mesmas e quase nunca estão satisfeitas consigo mesmas?

CARR, D.; FREEDMAN, V.A.; CORNMAN, J.C. & SCHWARZ, N. (2014). Happy Marriage, Happy Life? Marital Quality and Subjective Well-Being in Later Life. *Journal of Marriage and Family*, v. 76, p. 930-948.

MARKEY, C.N. & MARKEY, P.M. (2006). Romantic Relationships and Body Satisfaction Among Young Women. *Journal of Youth and Adolescence*, v. 35, p. 271-279.

SIEVERDING, M. (2003). Frauen unterschätzen sich. Selbstbeurteilungs-Biases in einer simulierten Bewerbungssituation. *Zeitschrift für Sozialpsychologie*, v. 34, p. 147-160.

STEVENSON, B. & WOLFERS, J. (2009). The Paradox of Declining Female Happiness. *American Economic Journal. Economic Policy*, v. 1, p. 190-225.

WHARTON, C.M.; ADAMS, T. & HAMPL, J.S. (2008). Weight Loss Practices and Body Weight Perceptions Among US College Students. *Journal of American College Health*, v. 56, p. 579-584.

O que pessoas satisfeitas fazem de outra maneira

ARGYLE, M. & FURNHAM, A. (1983). Sources of Satisfaction and Conflict in Long-Term Relationships. *Journal of Marriage and Family*, v. 45, p. 481-493.

GABLE, S.L.; GONZAGA, G.C. & STRACHMAN, A. (2006). Will You Be There for Me When Things Go Right? Supportive Responses to Positive Event Disclosures. *Journal of Personality and Social Psychology*, v. 91, p. 904-917.

KAHNEMAN, D. & DEATON, A. (2010). *High Income Improves Evaluation of Life but not Emotional Well-Being.* Proceedings of the National Academy of Sciences of the USA, v. 107, p. 16.489-16.493.

KASHDAN, T.B. (2013). *Mindfullness, Acceptance, and Positive Psychology.* The Seven Foundations of Well-Being. Oakland: Context Press.

KASHDAN, T.B. & STEGER, M.F. (2007). Curiosity and Pathways to Well-Being and Meaning in Life. Traits, States, and Everyday Behaviors. *Motivation and Emotion*, v. 31, p. 159-173.

KÖCHER, R. & RAFFELHÜSCHEN, B. (2013). *Deutsche Post Glücksatlas*. München: Knaus.

LYUBOMIRSKY, S. (2005). Eight Steps Toward a More Satisfying Life. *Time Magazine*, nº 165.

LYUBOMIRSKY, S.; SHELDON, K.M. & SCHKADE, D. (2005). Pursuing Happiness. The Architecture of Sustainable Change. *Review of General Psychology*, v. 9, p. 111-131. (Nota: Lyubomirsky intitula o seu trabalho com o termo "*happiness* [felicidade]", mas, na realidade, testa a satisfação com a vida.)

POWDTHAVEE, N. (2008). Putting a Price Tag on Friends, Relatives, and Neighbours. Using Surveys of Life Satisfaction to Value Social Relationships. *The Journal of Socio-Economics*, v. 37, p. 1.459-1.480.

SCHULZE, G. (2003). *Die beste aller Welten* – Wohin bewegt sich die Gesellschaft im 21. Jahrhundert? München: Hanser.

A pessoa frugal: como ficar satisfeito com pouca coisa

NOLL, H.-H. & WEICK, S. (2015). Consumption Expenditures and Subjective Well-Being. Empirical Evidence from Germany. *International Review of Economics*, v. 62, p. 101-119.

Estar satisfeito é saudável

BOEHM, J.K. & KUBZANSKY, L.D. (2012). The Heart's Content. The Association Between Positive Psychological Well-Being and Cardiovascular Health. *Psychological Bulletin*, v. 138, p. 655-691.

DIENER, E. & CHAN, M.Y. (2011). Happy People Live Longer. Subjective Well-Being Contributes to Health and Longevity. *Applied Psychology. Health and Well-Being*, v. 3, p. 1-43.

DOTE, K.; SATO, H.; TATEISHI, H.; UCHIDA, T. & ISHIHARA, M. (1991). Myocardial Stunning Due to Simultaneous Multivessel Coronary Spasms. A Review of Five Cases. *Journal of Cardiology*, v. 21, p. 203-214.

GRANT, N.; WARDLE, J. & STEPTOE, A. (2009). The Relationship Between Life Satisfaction and Health Behavior. A Cross-

-cultural Analysis of Young Adults. *International Journal of Behavioural Medicine*, v. 16, p. 259-268.

HÖFER, T.; PRZYREMBEL, H. & VERLEGER, S. (2004). New Evidence for the Theory of the Stork. *Paediatric and Perinatal Epidemiology*, v. 18, p. 88-92.

HOLT-LUNSTAD, J.; SMITH, T.B. & LAYTON, J.B. (2010). Social Relationships and Mortality Risk. A Meta-analytic Review. *Public Library of Science Medicine*, v. 7, p. e1000316. doi.101371/journal.pmed.1000316.

HOUSE, J.S.; LANDIS, K.R. & UMBERSON, D. (1988). *Social Relationships and Health*, v. 241, p. 540-545.

KOIVUMAA-HONKANEN, H.; HONKANEN, R.; VIINAMÄKI, H.; HEIKKILÄ, K.; KAPRIO, J. & KOSKENVUO, M. (2000). Self-Reported Life Satisfaction and 20-Year Mortality in Healthy Finnish Adults. *American Journal of Epidemiology*, v. 152, p. 983-991.

KOIVUMAA-HONKANEN, H.; HONKANEN, R.; KOSKENVUO, M.; VIINAMÄKI, H. & KAPRIO, J. (2002). Life Dissatisfaction as a Predictor of Fatal Injury in a 20-Year Followup. *Acta Psychiatrica Scandinavica*, v. 105, p. 444-450.

KOIVUMAA-HONKANEN, H.; KOSKENVUO, M.; HONKANEN, R.J.; VIINAMÄKI, H., HEIKKILÄ, K. & KAPRIO, J. (2004). Life Dissatisfaction and Subsequent Work Disability in an 11-Year Follow-up. *Psychological Medicine*, v. 34, p. 221-228.

LIU, B.; FLOUD, S.; PIRIE, K. GREEN, J.; PETO, R.; BERAL, V., for the Million Women Study Collaborators (2015). Does Happiness Itself Directly Affect Mortality? The Prospective UK Million Women Study. *The Lancet online*, 9 de dezembro.

LYRRA, T.; TÖRMÄKANGAS, T.M.; READ, S.; RANTANEN, T. & BERG, S. (2006). Satisfaction with Present Life Predicts Survival in Octogenarians. *Journal of Gerontology. Series B, Psychological Sciences and Social Sciences*, v. 61, p. 319-326.

SIAHPUSH, M.; SPITTAL, M. & SINGH, G.K. (2008). Happiness and Life Satisfaction Prospectively Predict Self-rated Health,

Physical Health, and the Presence of Limiting, Long-term Health Conditions. *American Journal of Health Promotion,* v. 23, p. 18-26.

STEPTOE, A.; DEATON, A. & STONE, A.A. (2014). Subjective Wellbeing, Health and Aging. *The Lancet,* v. 385, p. 640-648.

YUSUF, S.; HAWKEN, S.; ÔUNPUU, S.; DANS, T.; AVEZUM, A.; LANAS; F.; McQUEEN, M., BUDAJ, A.; PAIS, P.; VARIGOS, J. & LISHENG, L. (2004). Effect of Potentially Modifiable Risk Factors Associated with Myocardial Infarction in 52 Countries (the INTERHEART Study). Case-Control Study. *The Lancet,* v. 364, p. 937-952.

XU, J. & ROBERTS, R.E. (2010). The Power of Positive Emotions. It's a Matter of Life or Death – Subjective Well-Being and Longevity Over 28 Years in a General Population. *Health Psychology,* v. 29, p. 9-19.

A mulher pacífica: como uma paciente com reumatismo consegue estar satisfeita apesar da dor

O'LEARY, A.; SHOOR, S.; LORIG, K. & HOLMAN, H.R. (1988). A Cognitive-Behavioral Treatment for Rheumatoid Arthritis. *Health Psychology,* v. 7, p. 527-544.

4 Como aprender a satisfação

EHRENREICH, B. (2010). *Smile or Die. Wie die Ideologie des positiven Denkens die Welt verdummt.* München: Antje Kunstmann.

STRACK, F.; MARTIN, L.L. & STEPPER, S. (1988). Inhibiting and Facilitating Conditions of the Human Smile. A Nonobtrusive Test of the Facial Feedback Hypothesis. *Journal of Personality and Social Psychology,* v. 54, p. 768-777.

A via ofensiva e a via defensiva

BAYDA, E. (2013). *Wahres Glück* – Der Zen-Weg zu tiefer Zufriedenheit. Freiburg: Arbor.

BOSWELL, W.R.; BOUDREAU, J.W. & TICHY, J, (2005). The Relationship between Employee Job Change and Job Satisfaction. The Honeymoon-Hangover Effect. *Journal of Applied Psychology*, v. 90, p. 882-892.

JORDAN, A.H.; MONIN, B.; DWECK, C.S.; LOVETT, B.J.; JOHN, O.P. & GROSS, J.J. (2011). Misery Has More Company Than People Think. Underestimating the Prevalence of Others' Negative Emotions. *Personality and Social Psychology Bulletin*, v. 37, p. 120-135.

SCHNEIDERMAN, K. (2013). https.//www.psychologytoday.com/blog/the-novel-perspective/201310/compare-and-despair.

As pessoas sensatas

FREUD, S. (1917). Trauer und Melancholie. *Internationale Zeitschrift für Ärztliche Psychoanalyse*, v. 4, p. 288-301.

A arte do desapego

BRANDTSTÄDTER, J. (2015). *Positive Entwicklung. Zur Psychologie gelingender Lebensführung.* Heidelberg: Springer Spektrum.

KABAT-ZINN, J. (2013). *Im Alltag Ruhe finden. Meditationen für ein gelassenes Leben.* München: Knaur.

LEY, K. (2010). *Die Kunst des guten Beendens. Wie große Veränderungen gelingen.* Freiburg im Breisgau: Kreuz.

SCHÖPS, C. (2011). Warum uns Veränderungen so schwerfallen. *Stern gesund leben*, 15 de janeiro.

SLOTERDIJK, P. (2014). *Der ästhetische Imperativ. Schriften zur Kunst.* Berlin: Suhrkamp.

O contador de centavos: como a tentativa de otimização financeira desvia o olhar do essencial

HARDT, C. (2009). Interview mit Gerd Gigerenzer. "Wir sollten dem Bauch vertrauen". *Handelsblatt*, 8 de junho.

A importância de buscar objetivos próprios

ABELE, A.E.; HAGMAIER, T. & SPURK, D. (2015). Does Career Success Make You Happy? The Mediating Role of Multiple Subjective Success Evaluations. *Journal of Happiness Studies*, p. 1-19.

BERG, J.M.; DUTTON, J.E. & WRZESNIEWSKI, A. (2013). Job Crafting and Meaningful Work. In: DIK, B.J.; BYRNE, Z.S. & STEGER, M.F. (Ed.). *Purpose and Meaning in the Work Place*. Washington, American Psychological Association Press, p. 81-104.

BERNDT, C. (2013). *Resilienz* – Das Geheimnis der psychischen Widerstandskraft. Was uns stark macht gegen Stress, Depressionen und Burn-out. München: dtv.

BOYLE, P.A.; BARNES, L.L.; BUCHMAN, A.S. & BENNETT, D.A. (2009). Purpose in Life is Associated with Mortality Among Community-Dwelling Older pessoas. *Psychosomatic Medicine*, v. 71, p. 574-579.

GIGERENZER, G. (2008). *Bauchentscheidungen. Die Intelligenz des Unbewussten und die Macht der Intuition*. München: Goldmann.

GLEICH, C. (2010). Wie unser Bauch unseren Kopf überlistet. *Welt*, 2 de outubro.

KAPPES, H.B. & OETTINGEN, G. (2011). Positive Fantasies about Idealized Futures Sap Energy. *Journal of Experimental Social Psychology*, v. 47, p. 719-729.

LANG, A.-S. (2015). "Er erhielt sich seine Würde". Eine Gedenkveranstaltung im Dachauer Schloss erinnert an den Psychiater Viktor Frankl, der im KZ inhaftiert war. Seine Schülerin Elisabeth Lukas beschreibt den außergewöhnlichen Mann. *Süddeutsche Zeitung*, 26 de março.

NINK, M. (2014). *Engagement Index. Die neuesten Daten und Erkenntnisse aus 13 Jahren Gallup-Studie*. München: Redline.

OETTINGEN, G. (2012). Future Thought and Behaviour Change. *European Review of Social Psychology*, v. 23, p. 1-63.

PETERSON, C. & SELIGMAN, M.E.P. (2005). Orientations to Happiness and Life Satisfaction. The Full Life Versus the Empty Life. *Journal of Happiness Studies*, v. 6, p. 25-41.

RITTER, S.M. & DIJKSTERHUIS, A. (2014). Creativity – The Unconscious Foundations of the Incubation Period. *Frontiers in Human Neurosciences*, v. 8, art. 215, p. 1-10.

ROSSO, B.D., DEKAS, K.H. & WRZESNIEWSKI, A (2010). On the Meaning of Work. A Theoretical Integration and Review. *Research in Organizational Behavior*, v. 30, p. 91-127.

SCHNELL, T. (2009). The Sources of Meaning and Meaning in Life Questionnaire (SoMe). Relations to Demographics and Well--Being. *The Journal of Positive Psychology*, v. 4, p. 483-499.

STEGER, M.F.; DIK, B.J. & DUFFY, R.D. (2012). Measuring Meaningful Work. The Work and Meaning Inventory (WAMI). *Journal of Career Assessment*, v. 20, p. 322-337.

VOLLAND, B. (2009). Der lange Weg zum Selbst. *Stern*, 20 de maio.

A pessoa subutilizada: porque lazer em demasia provoca insatisfação

MANOLIS, C. & ROBERTS, J.A. (2012). Subjective Well-Being Among Adolescent Consumers. The Effects of Materialism, Compulsive Buying, and Time Affluence. *Applied Research in Quality of Life*, v. 7, p. 117-135.

Os ingredientes da satisfação

ABELE, A.E. (2014). *Pursuit of Communal Values in an Agentic Manner. A Way to Happiness?* Frontiers in Psychology, Personality and Social Psychology. Doi. 103389/fpsyg.2014.01320. (Nota: Abele fala no título de seu trabalho de felicidade ("*happiness*"), mas a pesquisa trata da satisfação com a vida ("*life satisfaction*").)

DIENER, E. & LUCAS, R.E. (1999). Personality and Subjective Well-Being. In: KAHNEMAN, D.; DIENER, E. & SCHWARZ, N. *Well-Being. The Foundation of Hedonic Psychology.* New York: Russell Sage Foundation, p. 213-229.

DUAN, W.; HO, S.M.Y.; TANG, X.; Li, T. & ZHANG, Y. (2014). Character Strength-based Intervention to Promote Satisfaction with Life in the Chinese University Context. *Journal of Happiness Studies*, v. 15, p. 1.347-1.361.

FREDRICKSON, B.L. & JOINER, T. (2002). Positive Emotions Trigger Upward Spirals Toward Emotional Well-Being. *Psychological Science*, v. 13, p. 172-175.

KINZELMANN, F. (2015). Smartphone-Verbot auf Klassenfahrt. "12000 Nachrichten auf meinem Handy – völlig verrückt". *Spiegel online*, 29 de outubro.

LAYOUS, K.; CHANCELLOR, J. & LYUBOMIRSKY, S. (2014). Positive Activities as Protective Factors against Mental Health Conditions. *Journal of Abnormal Psychology*, v. 123, p. 3-2.

RUCH, W.; PROYER, R.T.; HARZER, C.; PARK, N.; PETERSON, C. & SELIGMAN, M.E.P. (2010). Values in Action Inventory of Strengths (VIA-IS). Adaptation and Validation of the German Version and the Development of a Peer-Rating Form. *Journal of Individual Differences*, v. 31, p. 138-149. (O *link* de internet do Teste "Valores em Ação" é www.charakterstaerken. org. Quem quiser fazer o teste tem de se registrar. Desse modo, a pessoa também contribui – anonimamente – para a pesquisa da Universidade de Zurique.)

SELIGMAN, M.E. & CSIKSZENTMIHALYI, M. (2000). Positive Psychology. An Introduction. *The American Psychologist*, v. 55, p. 5-14.

SELIGMAN, M.E.P.; STEEN, T.A.; PARK, N. & PETERSON, C. (2005). Positive Psychology Progress. Empirical Validation of Interventions. *American Psychologist*, v. 60, p. 410-421.

WILHELM, K. (2014). "Glück kann unaufmerksam und verführbar machen". Der Psychologieprofessor Joseph Forgas ist überzeugt. Um ein zufriedenes Leben führen zu können, sollte man auch negativen Emotionen einen Platz einräumen. *Psychologie heute*, caderno de janeiro, p. 30.

5 Para terminar

FREUD, S. (1930). *Das Unbehagen in der Kultur*. Berlin: Reclam.

ÍNDICE ONOMÁSTICO

A
Abele, Andrea 200s., 217, 218
Allport, Gordon 53
Amendt, Günter 81
Argyle, Michael 115
Asendorpf, Jens 56s., 59

B
Bayda, Ezra 160
Betsch, Cornelia 196, 198
Bierce, Ambrose 26
Binswanger, Mathias 103
Boehm, Julia 128
Bose, Dorothee von 94, 96, 105
Boswell, Wendy 162s.
Boyce, Chris 60
Brandstätter-Morawietz, Veronika 189
Brandtstädter, Jochen 11, 173s., 176, 178, 180
Brickman, Philip 22
Brisch, Karl Heinz 175
Brockmann, Hilke 19, 29, 87

C
Carr, Deborah 104
Caspi, Avshalom 57
Chan, Micaela 129
Cheng, Helen 61
Clinton, Bill 28
Cohen, Daniel 22, 26, 28
Corssen, Jens 155
Corts, Arnd 92
Csikszentmihalyi, Mihaly 36s.

D
Dalai Lama 156
Deaton, Angus 117
DePaulo, Bella 158
Descartes, René 196
Diener, Ed 42, 53, 55ss., 58, 126, 128s., 137, 209, 213
Dittberner, Philipp 38
Dutton, Jane 201

E
Easterlin, Richard 49
Edwards, Michael 188

Ehrenreich, Barbara 146
Eid, Michael 50
Einstein, Albert 196
Epicteto 177

F
Feinman, Saul 48
Fiedler, Klaus 33
Firebaugh, Glenn 27
Forgas, Joseph 33s., 212
Franke, Andreas 82
Frankl, Victor 190s.
Franklin, Benjamin 121
Fredrickson, Barbara 222
Freud, Sigmund 171, 223
Furnham, Adrian 61

G
Gable, Shelly 118s.
Gaschler, Gabriele 107, 109s.
Gigerenzer, Gerd 185s.
Grubinger, Martin 77
Gutzkow, Karl 17

H
Hahn, Elisabeth 52, 55, 64s., 68, 211, 213, 219
Harkness, Kate 119
Headey, Bruce 50, 209
Heidegger, Martin 174
Hesse, Hermann 176
Hirschhausen, Eckart von 19
Hochschild, Arlie 103
Höfer, Thomas 130
Holt-Lunstad, Julianne 133

Humboldt, Wilhelm von 114, 218
Hüther, Gerald 80

J
James, William 161
Joiner, Thomas 222
Jordan, Alexander 166
Junker, Thomas 101

K
Kabat-Zinn, Jon 181
Kahneman, Daniel 25, 28, 117s., 197, 216, 221
Kaluza, Gert 178, 186
Kappas, Arvid 197
Kashdan, Todd 112ss., 120, 145, 191s., 210, 220
Kasten, Hartmut 164
Konrad, Sandra 71, 218
Kubzansky, Laura 128

L
Lao Zi 37
Laureys, Steven 51s.
Leary, Mark 158s.
Leménager, Tagrid 20s.
Ley, Katharina 175
Lieb, Klaus 82s.
Lösel, Friedrich 218
Luhmann, Maike 50
Lukas, Elisabeth 191s.
Lykken, David 49, 62s.
Lynch, Peter 185
Lyubomirsky, Sonja 50, 115, 205, 210

M

Malinow, Robert 34
Manolis, Chris 204
Marco Aurélio 221
Mark Twain 220
Mayring, Philipp 11
Mello, Anthony de 23
Montaigne, Michel de 24
Montesquieu, Charles de 166
Morrien, Birgitt 95, 98, 101s., 104s.
Muffels, Ruud 50s.
Mundle, Götz 81
Myers, David 197

N

Neels, Petra 170s.
Neumann, Inga 20
Niebuhr, Reinhold 157
Noll, Heinz-Herbert 123

O

Obama, Barack 28
Odbert, Henry 53
Oettingen, Gabriele 194
Olds, James 19s.
Olshansky, Stuart Jay 28
Ortmann, Andreas 185s.
Oswald, Andrew 66s., 85

P

Panizzon, Leandro 79
Pfaller, Robert 24
Platão 173, 180
Pratt, Michael 200

Proto, Eugenio 66s.
Przyrembel, Hildegard 130

R

Raab, Markus 196
Riedel-Heller, Steffi 134
Rilke, Rainer Maria 205
Roberts, James 204
Roberts, Robert E. 132
Rosso, Brent 109
Roth, Gerhard 74ss., 121
Rousseau, Jean-Jacques 157
Ruch, Willibald 22, 57s., 117s., 206s., 214, 216, 221
Ruckriegel, Karlheinz 117

S

Sachse, Rainer 177, 181
Scheidt, Carl Eduard 128
Schiller, Friedrich 174
Schilling, Anne 108
Schmid, Wilhelm 15, 18
Schmidt, Ina 180, 220
Schneiderman, Kim 165
Schnell, Tatjana 190, 192s.
Schroeder, Matthew 27
Schulze, Gerhard 116
Schütz, Astrid 97, 213
Schwab, Katja 35
Schwandt, Hannes 88
Schwartz, Barry 72, 103
Seligman, Martin 52s., 55, 57, 115, 205, 210
Selye, Hans 36
Sharot, Tali 84

Siahpush, Mohammad 138
Sieverding, Monika 99s.
Silva, Phil 57
Snyder, Solomon 73
Sócrates 172s., 177, 180, 192
Specht, Jule 59ss.
Spinath, Frank 55, 211, 213, 219
Spitzer, Manfred 17
Stangl, Werner 61
Steger, Michael 112, 200
Steptoe, Andrew 135
Stevenson, Betsey 102
Swann, William 158

T/U/V
Tellegen, Auke 62s.
Umberson, Debra 132
Unger, Hans-Peter 134
Verleger, Silvia 130

W
Wagner, Gert Georg 50
Washington, George 28
Weick, Stefan 123
Weiss, Alexander 63, 85s.
Wharton, Christopher 99
Wolfers, Justin 102

X/Z
Xenofonte 180
Xu, Jingping 132
Zurhorst, Eva-Maria 95

ÍNDICE TEMÁTICO

A
abertura 53, 54s., 60, 62, 113, 178, 211s.
aceitação 145, 212
adrenalina 18
agressividade 73, 83, 85
altruísmo 114, 118, 210, 217
amigos (círculo de) 24, 62, 74, 89, 90, 98, 105, 113, 115-118, 132s., 145, 151, 158, 165s., 176, 186, 192, 209, 213, 221
amor ao próximo 114, 210
amor-próprio 157
anfetamina 79
autoapreciação 82, 100, 159
autoconcepção 159
autoconhecimento 158, 180
autoconfiança 10, 94, 97, 98, 166, 179, 205, 209, 211, 212, 220
autocuidado 135
autoeficácia 142, 179s., 209, 215s.

autoestima 12, 35, 50, 58, 61, 96s., 148, 161s., 212, 222
autoimagem 99, 101, 148, 154, 212

B
benevolência 105, 160, 209, 220
Big Five 53s., 57, 62
burnout 12, 81, 92, 107, 124, 125, 133s., 162

C
ciclos de ideias (*cf. tb.* ruminação de ideias) 174
coerência 193, 195
comparação 11, 26ss., 48, 66, 87s., 97ss., 102, 114, 164ss.
competência social 135
concorrência, competição 26, 156, 165
confiança 217
conscienciosidade 53-55, 59s., 62, 152, 155, 219
consumo 21 ,117, 123, 131, 163, 204

coração (doenças do) 72, 77, 81, 127s., 131, 137
cortisol 18, 128
criatividade 11, 34, 58, 110, 196, 212
crise da meia-idade 84ss.
crítica (capacidade de aceitar) 209, 213, 219
curiosidade 58, 112-115, 126s., 175, 207, 209s., 213

D

depressão 12, 32ss., 67, 107s., 115, 119, 127, 159, 162, 178s., 205, 207
desemprego 50, 134
dinamismo 58, 209, 214, 216s.
disforia 33
distress [tensão ruim] 36
dopamina 18, 65, 74s., 80, 82, 145
doping cerebral 81ss.
downshifting [reduzir a marcha] 91s.

E

ecstasy 81
endorfina 65, 73
English Longitudinal Study of Ageing [Estudo longitudinal inglês do envelhecimento] 135
entusiasmo 58, 209, 216
esperança 25, 32, 58, 87, 114, 129, 164, 175, 178, 190, 205, 209, 213s.

estimulantes neurais 10
estoicismo 12, 159, 177, 221
estratégias-chave 12
estresse 16, 18, 28, 36, 56, 60, 65, 72, 76, 81, 92, 103, 108, 127s., 134, 178, 181, 199, 203, 215
estresse, hormônios do 18, 34, 76, 128
euforia 10, 19-21, 23, 25, 36ss., 50, 67, 70, 73, 79, 82, 83
eurobarômetro 66, 102
eustress 36
extroversão 53-55, 59, 62, 213

F

fatores ambientais 62, 64s., 68
felicidade (hormônios da) 18, 41, 65, 66, 74s.
felicidade (pesquisa sobre a) 25
flow [fluxo] 36, 76s.
forças (*cf. tb.* forças pessoais) 57, 200, 206ss., 220
forças pessoais (*cf. tb.* forças) 56s., 152, 205-209, 213s.
fraquezas 205ss., 220
frustração 28, 31, 57, 135s., 162, 223

G

gêmeos, estudos sobre 62-65, 129, 136ss.
genes 47, 61-68, 84, 176
gratidão 57s., 114, 181, 205, 207ss., 213, 221s.

H
herança genética 62, 64ss., 68
Honeymoon hangover [efeito ressaca de lua de mel] 163
hormônios 18s., 31, 34, 37s., 65, 73, 76s., 135, 215, 223
humor 129, 209, 214

I
imunidade, sistema imune 128, 138
indiferença existencial 190
indiferença refletida 178
Interheart study 127
intuição 101, 112, 195-199

L
LSD 81

M
medo 23, 31, 53ss., 71, 73, 81, 96, 102, 108, 126, 145, 152s., 175ss., 195, 212
melancolia 32ss., 212
metilfenidato 79-82, 83
Million Women Study 130ss.
modafinila 78-82
monotonia hedonista 22
motivação 18, 20, 36, 75, 114, 194, 199, 217, 219
multiopção, sociedade (*cf. tb.* possibilidades de escolha) 186

N
narcolepsia 78
neuroticismo 53s., 55, 60, 62
neurotransmissores 19, 73s., 75, 128, 135, 175

O
orientação 192s., 195
otimismo 88, 128s., 131, 137, 194, 205, 213s., 222
otimização 9, 12s., 23s., 78, 80, 83, 182, 184, 187s., 215

P
Painel socioeconômico 17, 27, 51, 59, 88
"paradoxo da escolha" (*cf. tb.* possibilidades de escolha) 103
paradoxo do bem-estar 49, 117
parceria/relação conjugal 11, 38, 45, 48, 56, 85, 98s., 104, 116, 119, 127, 132, 137, 147, 177s., 193, 213, 218
perfeccionismo 95, 120s., 177, 180, 219, 221
personalidade (fatores da) 54ss., 58s.
pertencimento 57, 192, 195
pessimismo 120s.
possibilidades de escolha (*cf. tb.* muliopção, sociedade) 72, 103, 112, 153, 155, 174, 193, 196, 215
presteza 114, 217
profissão 13, 27, 30, 36, 50, 57, 71, 76, 84s., 87, 90, 91s., 95, 98s., 102, 105, 109s., 117, 122, 127s., 134,

140, 148, 155s., 162, 179, 190s., 200s., 209, 217
pseudocorrelação 130s.
psicologia positiva 206, 217
psiconeuroimunologia 128

R

recompensa (centro de) 20
recompensa (sistema de) 11, 18, 21s., 74s., 80, 134, 153, 204, 223
rede social (*cf. tb.* relações) 116, 132, 213s., 216
relações (*cf. também* rede social) 26, 55, 71, 95, 115ss., 119, 133, 137, 201, 210, 216
Relatório Mundial da Felicidade 66
resiliência 51, 190, 209, 218, 222
risco de acidente 136
Ritalina 79s., 81s.
ruminação de ideias (*cf. tb.* ciclos de ideias) 159

S

sabático (semestre) 178s.
satisfação, gene da 65ss.
satisfação, hormônio da 67, 80
saúde 13, 21, 28s., 41, 48, 99, 102, 110, 127s., 131-135, 137-139, 147, 151, 153, 172
senso de realidade 113, 145, 205, 218
serenidade 12, 60, 66, 73, 77, 122, 141, 152, 156, 159, 167, 173s., 177-180, 206, 215
serotonina 66s., 73s., 80
set point, teoria do 49
síndrome do coração partido (*cf. também* coração) 127
sociabilidade 53, 54, 60, 62
solidariedade 101, 114, 165, 210
solidão 71, 116, 133, 166, 177, 199, 204, 209
speed 81
"*subjective well being* [bem-estar subjetivo]" 25

T

tristeza 31ss., 34, 73, 90, 102, 145, 154, 166, 212

V

valores 29, 117, 126, 192, 217
Values in action [Teste dos Valores em Ação] 207
vício 16, 20s., 25, 74, 81, 83
vida, concepção de 171, 172
vida, expectativa 29, 66, 86, 129-132, 137
vida, projeto de 174
vida, qualidade de 41, 137, 204
vida, satisfação com a 25, 50s., 56, 58s., 63, 65, 68, 115ss., 124, 129, 132, 137, 147, 189, 208, 212s., 217s.
vinculação (capacidade de) 55, 58, 133, 171, 175, 207, 209

W

work-life balance [equilíbrio trabalho-vida] 48, 125

AGRADECIMENTO

Depois de escrever tantas páginas, uma pausa no processo criativo viria bem. Mas ainda falta escrever o agradecimento. Seria dispensável? Provavelmente. E, no entanto: expressar gratidão, mostrar-se grato, é motivo de grande satisfação! Já por essa razão é bom recompor-se uma vez mais e manifestar apreço, recordando as muitas pessoas, cujo apoio fez deste livro o que ele é.

Em primeiro lugar, sou grata à Katharina Festner, a editora deste livro, que me impressionou com sua grande experiência em fazer livros, como já ocorreu no nosso primeiro projeto conjunto intitulado *Resiliência*. Como jornalista que escreve em jornais, 256 páginas de livro já me deixam zonza; mas a senhora Festner sempre preservou a visão do conjunto, encontrou com precisão todas as duplicações desnecessárias no manuscrito e também algumas contradições. (Na verdade, só duas.)

Agradeço também ao meu agente literário Michael Gaeb, sem o qual eu jamais teria começado a escrever livros e que, sem me pressionar, sempre deu a entender com clareza que, após o sucesso de *Resiliência,* ele gostaria de voltar a ler em breve algo de minha autoria.

Naturalmente também fui enriquecida pelos numerosos especialistas que compartilharam comigo os resultados de suas pesquisas e o conhecimento de sua especialidade. E sou especialmente grata a todas as pessoas que me contaram coisas de sua vida e – anonimamente ou, a exemplo de Katrin Becker e Félix Quadflieg, com seus nomes – permitiram que os leitores deste livro partilhassem de suas experiências. Suas vivências enriquecem muito o livro, tornando-o mais humano e mais vivo.

Porém, a gratidão maior vai para o meu marido, Peter Keulemans, que sempre se alegra sinceramente comigo pelos meus êxitos profissionais e, em prol deles, muitas vezes renuncia às suas coisas. Sua generosidade e disposição de cuidar de nossas duas filhas, mais do que de qualquer modo já fazia, tornaram possível que eu escrevesse este livro – e, ainda por cima, sem que a nossa satisfação sofresse com isso.

CULTURAL

Administração
Antropologia
Biografias
Comunicação
Dinâmicas e Jogos
Ecologia e Meio Ambiente
Educação e Pedagogia
Filosofia
História
Letras e Literatura
Obras de referência
Política
Psicologia
Saúde e Nutrição
Serviço Social e Trabalho
Sociologia

CATEQUÉTICO PASTORAL

Catequese
  Geral
  Crisma
  Primeira Eucaristia

  Pastoral
    Geral
    Sacramental
    Familiar
    Social
    Ensino Religioso Escolar

TEOLÓGICO ESPIRITUAL

Biografias
Devocionários
Espiritualidade e Mística
Espiritualidade Mariana
Franciscanismo
Autoconhecimento
Liturgia
Obras de referência
Sagrada Escritura e Livros Apócrifos

Teologia
  Bíblica
  Histórica
  Prática
  Sistemática

VOZES NOBILIS

Uma linha editorial especial, com importantes autores, alto valor agregado e qualidade superior.

REVISTAS

Concilium
Estudos Bíblicos
Grande Sinal
REB (Revista Eclesiástica Brasileira)

VOZES DE BOLSO

Obras clássicas de Ciências Humanas em formato de bolso.

PRODUTOS SAZONAIS

Folhinha do Sagrado Coração de Jesus
Calendário de mesa do Sagrado Coração de Jesus
Almanaque Santo Antônio
Agendinha
Diário Vozes
Meditações para o dia a dia
Encontro diário com Deus
Guia Litúrgico

CADASTRE-SE
www.vozes.com.br

EDITORA VOZES LTDA.
Rua Frei Luís, 100 – Centro – Cep 25689-900 – Petrópolis, RJ
Tel.: (24) 2233-9000 – Fax: (24) 2231-4676 – E-mail: vendas@vozes.com.br

UNIDADES NO BRASIL: Belo Horizonte, MG – Brasília, DF – Campinas, SP – Cuiabá, MT
Curitiba, PR – Fortaleza, CE – Juiz de Fora, MG – Petrópolis, RJ – Recife, PE – São Paulo, SP